SÓ CORAÇÃO PODE ENTENDER

AMÉRICO SIMÕES
DITADO POR CLARA

SÓ CORAÇÃO PODE ENTENDER

Barbara

Revisão: Katya Laís Patella
Revisado de acordo com o novo acordo ortográfico da língua portuguesa.
Certas palavras e expressões escritas conforme a solicitação do autor.

Projeto gráfico e diagramação: Meco Simões

Foto capa: Laurence Monneret/Getty Images

Impressão e acabamento: Cromosete Gráfica e Editora Ltda.

Ficha Catalográfica
Garrido Filho, Américo Simões
Só o coração pode entender, Américo Simões, pelo espírito Clara,
São Paulo, Barbara Editora, 2010.

1 - Literatura espírita. Romance mediúnico.

ISBN 978-85-99039-27-4

CDD-869.93

Todos os direitos reservados.
Nenhuma parte desta obra pode ser reproduzida ou transmitida por qualquer forma e/ou quaisquer meios (eletrônico ou mecânico, incluindo fotocópia e gravação) ou arquivada em qualquer sistema de banco de dados sem permissão expressa da Editora (lei n° 5.988, de 14/12/73).

BARBARA EDITORA
Av: Dr. Altino Arantes, 742 - 93 B
Vila Clementino - São Paulo - SP
CEP: 04042-003
Tel.: (11) 5594 5385
E-mail:barbara_ed@estadao.com.br
www.barbaraeditora.com.br
Contato com o autor: americosimoes@estadao.com.br

O amor tem feito coisas
que até mesmo Deus duvida
Já curou desenganados
Já fechou tanta ferida...

Ivan Lins & Vitor Martins

Para Rosmaly Pires e Toninho Queiróz Assis,
o verdadeiro "Casal 20".

Capítulo 1

Um carro bonito e possante, na cor vermelha, reluzente, atravessou o grande e desenhado portão de metal que cercava a mansão da família Carminatti. Casa imponente, possuía três salas no andar térreo, uma de estar, outra de visita, outra de jantar e era cercada de janelas longas e envidraçadas, cobertas, quando necessário, por longas cortinas num tecido levemente aveludado, em tom camurça.

Na parte de cima do casarão, ficavam os quartos, amplos, com janelas gigantes em arco, de onde se podia ter uma bela vista do jardim no fundo da casa. Esse jardim, cheio de flores, extremamente bem cuidado, com passarelas para caminhar por entre ele e uma fonte no melhor estilo europeu era um encanto para os olhos.

José Murilo, 23 anos, saltou do carro assim que o estacionou na ampla garagem da casa de sua família. Era filho caçula de Genésio Carminatti, casado com Nicete Carminatti, homem de grande sucesso nos negócios, pertencente à nata da sociedade carioca.

José Murilo era um moço extraordinário, um filho exemplar. Não precisava fazer força para agradar. Fascinava a todos com seu carisma único. Tinha os cabelos pretos, fartos, mas muito bem aparados. As sobrancelhas eram negras, grossas, bonitas e juntavam-se levemente sobre o nariz. Os cílios eram grossos e viçosos tanto quanto os olhos que observavam tudo com muito interesse.

Ao lado dele, estava a noiva: Bianca Tomazoni, prestes a completar a sua trigésima primavera. Seus olhos eram extraordinariamente vivos e inteligentes e castanho-escuros, do mesmo tom dos cabelos, belamente armados com laquê. O contorno dos olhos fora realçado por diversas camadas de lápis preto, o rosto, por muito pó de arroz* e ruge. Os lábios apresentavam um batom rosa, claro, bonito.

Estava elegantemente vestida, a blusa em linho vermelha, graciosa, com a gola fechando-se num laço bonito, exuberante, caía muito bem com a saia xadrez em tons de marrom e laranja.

As unhas, bem pintadas, traziam um esmalte rosa, suave, muito parecido com a tonalidade do batom. As unhas dos pés também haviam sido pintadas

---
*Atualmente chamado de pó facial. (Nota do Autor)

no mesmo tom e ficavam à mostra numa linda sandália de couro legítimo, o que havia de mais caro e mais chique na época.

Os dois entraram na mansão da família de mãos dadas, como todo casal apaixonado.

– Madrinha! Que surpresa agradável! – exclamou José Murilo assim que avistou Hélia Galeno, sua madrinha de batismo, sentada no grande e bonito sofá de couro na sala de visitas na companhia da mãe. Correu até ela e a beijou carinhosamente.

– Ai, como é bom ser beijada por um rapagão bonito como você! – exclamou Hélia Galeno, 48 anos, admirando o afilhado com seus olhos claros e suaves. – Quem me dera voltar no tempo só para poder viver os prazeres da juventude, outrora. Se eu tivesse novamente os meus vinte anos, eu juro que o convenceria a se casar comigo, meu afilhado amado.

– Assim a senhora me deixa envaidecido.

– E certamente a sua linda noiva fica constrangida.

Voltando-se para a moça que permanecia parada à soleira da porta, José Murilo Carminatti a apresentou:

– Madrinha, essa é Bianca Tomazoni, com quem vou me casar...

– Muito prazer, querida.

– O prazer é todo meu.

Hélia Galeno ficou por alguns segundos admirando a moça, por fim disse para ela:

– Cuide bem, por favor, do meu afilhado. Se não cuidar, sou bem capaz de puxar sua orelha.

– Vou cuidar, é uma promessa.

– O dia do casamento está logo aí, não?

– Sim, faltam apenas duas semanas para a grande data.

– Nossa, como o tempo voa...

– Se voa...

– Vocês devem estar na correria com os preparativos, não?

– Sim...

– Já devem estar recebendo os primeiros presentes, não?

– Sim. Já recebemos vários.

– Que maravilha. Quero que vocês escolham, o meu. Podem pedir o que estiverem precisando. Se preferirem dinheiro para inteirar ou comprar o que não ganharem, para mim, tudo bem. É só me pedirem.

– Bem que o José Murilo me dizia que a senhora é muito generosa.

– Vou lhe contar um segredo. De todos os meus afilhados, José Murilo é o meu favorito.

José Murilo avermelhou-se, envaidecido, curvou-se sobre a madrinha e beijou-lhe a testa, emocionado.

Assim que o casal deixou a sala, Hélia voltou-se para Nicete Carminatti, 49 anos, mãe de José Murilo, e disse com empolgação:

— Gostei dela. Pareceu-me ser uma excelente moça.

Diante do silêncio repentino de Nicete Carminatti, Hélia Galeno olhou para a comadre, intrigada.

— O que foi, Nicete? Parece descontente com algo.

Um ligeiro estremecimento percorreu Nicete Carminatti. Sua voz tinha mudado quando falou:

— Com o que será, não?

— Não entendi! Disse algo que não devia? Se disse, desculpe-me.

— Estou descontente com esse casamento, Hélia. Esse casamento sem sentido.

— Eles se amam, Nicete!

— Ele pode amá-la. Ela, tenho minhas dúvidas.

— Ora, como pode saber?

— Simples, minha querida. Não sei se notou a maquiagem pesada que ela usa. Pois bem, há uma razão muito boa para ela se maquiar daquele modo. Encobrir os traços que revelam seus quase trinta anos de idade.

— Ela já tem trinta? Você está brincando?

— Não estou, não. Falta, creio eu, um mês e meio para ela se tornar uma trintona. Observe-a de rosto lavado e você a verá por inteira. Se bem que duvido muito que isso possa acontecer, uma vez que até mesmo à piscina e à praia ela vai extremamente maquiada.

— Mas diferença de idade não é problema, Nicete.

— São praticamente sete anos de diferença entre ela e o meu José Murilo.

— Quando um casal se ama de verdade, a idade pouco importa, Nicete. Eu mesma...

— Soube, de fontes fidedignas, que a *belezinha* estava desesperada para se casar antes de conhecer o meu José Murilo. Estava já com depressão por se ver entrando na casa dos trinta, solteirona. Aí, por sorte, ela conheceu o bobo do meu filho, que se encantou por ela, sei lá o porquê, já que bonita ela não é, e...

— Você acha que...

— Acho, sim. Ou melhor, tenho a certeza absoluta de que ela convenceu o Jose Murilo, que é um bobo, como todo homem, a se casar com ela o mais rápido possível só para tirá-la do sufoco em que se encontra. Que outra razão haveria para se casarem tão rápido, com apenas oito meses de namoro?

— Mas é melhor se casar assim, digo, com pouco tempo de namoro, apenas o suficiente para se conhecerem um ao outro, sem exageros... Namoros longos, na maioria das vezes, acabam em nada. Cada um vai para um lado e acaba se casando com outro em pouco tempo.

— Não gosto dessa moça, Hélia. Não gosto! Para mim, não passa de uma fingida, interesseira. Ai se eu pudesse abrir os olhos do meu filho antes que ele cometa essa besteira. Já tentei e não consegui.

— Nicete, não subestime a pobre moça, ela pode fazer seu filho muito feliz.

— Não fará, eu sei, eu sinto...

Nicete olhou gravemente para a amiga e disse com todas as letras:

— Eu preferia ver meu filho morto a vê-lo casado com essa solteirona.

— Nicete! Onde já se viu falar uma bobagem dessas? Meça suas palavras, comadre.

— É isso mesmo, Hélia. Morto, José Murilo tem mais chance de ter paz do que casado com essa *encalhada*.

— Não diga uma tolice dessas, comadre. As palavras têm poder.

Nicete pareceu não a ouvir. Levantou-se do sofá e começou a andar pela sala, como uma leoa enjaulada.

— A vida é injusta mesmo – desabafou, segundos depois. – Faz-nos criar um filho com todo amor e afeto para depois ser entregue de bandeja para uma pilantra que só quer se casar com ele para não acabar ficando para titia. Eu lhe pergunto, comadre: está certo isso, está? Não! Não esteve nem nunca estará certo!

— Criamos os filhos para o mundo, Nicete.

— Não deveria ser sim.

— Mas é. Os filhos não nos pertencem, como nós não pertencemos aos nossos pais. Os filhos seguem o mesmo caminho que nós seguimos quando atingimos a idade deles. Eles querem se casar, ter sua casa, sua vida conjugal, seus filhos, como nós também quisemos. É o curso natural das coisas.

— Não discordo disso, só não aceito o fato de José Murilo se casar com essa moça.

— Ela é de boa família, não é?

— O que isso importa? Preferia que José Murilo se cassasse com uma moça de família humilde a unir-se com uma moça de família rica como *essazinha*.

— Nossa, você realmente não simpatiza com a moça.

— Quando uma mãe não simpatiza com aquela que será sua futura nora, Hélia, é sinal de que há algo errado nisso tudo.

— Nem sempre. Não rotule, por favor.

Hélia levantou-se de onde estava sentada, aproximou-se de Nicete, pousou a mão no seu braço e, com carinho, disse:

— Aceite esse casamento, Nicete. Será melhor para você. Bianca, em breve, será sua nora, passará a frequentar essa casa, inimizade entre vocês duas só servirá para afastar seu filho de você. Ouça meu conselho, comadre.

Nicete suspirou fundo e, num tom desconsolado, repetiu:

– José Murilo não podia ter me dado esse desgosto.
– Cuidado com o que diz, comadre. Já a preveni, as palavras têm poder.
– Ele não podia ter me dado esse desgosto, não podia.
– Há desgostos bem piores que um filho pode dar para os pais.
– Não há.
– Há. Abrande o seu coração, Nicete. José Murilo haverá de ter filhos com essa moça, filhos que se tornarão seus netos. Um desentendimento entre sogra e nora afastará seus netos de você e de sua casa. E um afastamento desse tipo é muito dolorido. Acredite-me. Por isso, peço-lhe que reconsidere. Procure ver essa moça com outros olhos!
– Se houvesse um modo de provar para José Murilo que ela não o ama, que ela só está se casando com ele por medo de ficar solteirona, aí sim ele saberia quem é Bianca Tomazoni de verdade. Eu tenho de encontrar uma forma de desmascarar essa pilantra. E urgentemente.
– Seu filho ama essa moça, Nicete.
– Não, Hélia. Ele pensa que a ama. Não passa de um tolo, um tolo como todos os homens. E, por serem tolos, casam-se sempre com a mulher errada.
– As mulheres também são tolas, Nicete. Não todas, é óbvio. Mas elas também se enganam na hora de se casar. Por isso, não rotule. Dê um voto de confiança para essa moça. Você pode vir a se surpreender no futuro.
Hélia Galeno recostou-se, unindo as pontas dos dedos, olhando interrogativamente para a comadre.

•••

Dois dias depois, Bianca Tomazoni encontrava-se no ateliê do melhor e mais renomado costureiro do Brasil, experimentando seu vestido de noiva. Ela admirava com encanto seu reflexo no grande e majestoso espelho do ateliê.
– O vestido ficou perfeito em você – elogiou Armando Bellini, no seu jeito mais efeminado de ser.
– Ficou, não ficou? – balbuciou Bianca, emocionada.
– Perfeito! – reforçou o costureiro, com um gritinho agudo.
– Mal posso esperar o dia em que vou entrar na igreja com ele.
– Será um dia memorável, minha doçura.
– Tenho receio até de ter um treco na hora e cair dura aos pés do altar.
– Que nada, meu bem. Relaxa e aproveita!
Nisso a secretária entrou na sala em questão e pediu licença para falar:
– Senhor Bellini.
– Sim, *amorrr?*
– A dona Nicete Carminatti está aí para experimentar seu vestido.

– Dona Nicete?! – espantou-se Bianca. – Ai, por tudo que há de mais sagrado, não deixe essa mulher entrar aqui, não enquanto estiver provando meu vestido. Não quero que ela me veja com ele, não...

– Não precisa se preocupar, minha querida, dona Nicete não é seu noivo, se fosse, aí sim você deveria se preocupar, afinal, dita a superstição que, para um casamento ter sucesso, o noivo não deve ver a noiva usando o vestido de noiva antes da cerimônia, mas com a futura sogra, não há problema algum.

– Ainda assim, não quero que ela me veja vestida de noiva em hipótese alguma.

Um sobressalto do estilista fez com que Bianca voltasse os olhos na direção da porta. A moça, assim que avistou a monumental figura de sua futura sogra parada na soleira da porta, estremeceu.

– Dona Nicete, a senhora aqui... – gaguejou Bianca, pálida.

Nicete Carminatti entrou no aposento sem dizer sequer um "boa-tarde" ou um "como vai?". Olhava para o vestido que sua futura nora experimentava, com visível reprovação e descaso.

– Bianca não está linda, dona Nicete? – perguntou o estilista, em tom afetado e teatral. – O vestido caiu como luva para ela, não?

Nicete Carminatti ignorou mais uma vez as palavras que lhe foram dirigidas. Contudo Armando Bellini não se deu por vencido, jamais se dava. Saltitou até a mulher e tornou a perguntar:

– Ela não está parecendo uma princesa, dona Nicete?

A mulher fuzilou-o com o olhar.

– Ui – sibilou o costureiro, segurando-se para não *rodar a baiana*.

Só nesse momento é que os olhos de Nicete se encontraram com os de Bianca. Havia medo nos olhos da moça, o mesmo que fazia tremerem seus lábios.

– Boa-tarde, dona Nicete – tornou ela, num tom inseguro.

Nicete ignorou a moça mais uma vez, voltou-se para o estilista e lhe pediu que preparasse o vestido dela para experimentar o mais urgente possível.

O profissional atendeu ao pedido no mesmo instante e deixou a sala saltitando como um exímio bailarino, cantarolando uma canção de Edith Piaf. "Non... rien de rien... Non... je ne regrette rien... Ni le bien qu'on ma fait..."*

Assim que Bianca se viu a sós com Nicete, ela disse:

– Foi bom a senhora ter me encontrado experimentando o meu vestido de noiva. Assim, pode me dar uma opinião a respeito dele. Está lindo, não está?

– O vestido é realmente bonito, um primor, eu diria. Mas o que conta mesmo num casamento é o que está por baixo de um vestido encantador

---

*Composição de Michel Vaucaire & Charles Dumont. (N. do A.)

como este. O caráter, a honestidade, a dignidade, a humildade, a decência, a sinceridade da mulher que o veste.

Nicete Carminatti fez uma pausa de efeito, olhou intrigada e interrogativamente para Bianca e fez um pedido muito sério à moça:

— Seja sincera comigo, minha cara, pelo menos uma vez desde que nos conhecemos. Você não ama José Murilo, não é mesmo? Vai se casar com ele somente porque está desesperada para se casar, não é? Eu compreendo seu desespero, não é fácil para uma mulher ver que todas as suas amigas e primas já se casaram e ela não, ainda mais quando essa mulher já está prestes a se tornar uma trintona. É difícil, eu sei... Ainda assim, uma mulher tem de ter caráter, não pode se aproveitar de um bobão só para não acabar solteirona, sendo tachada pela sociedade de "Essa ficou para titia".

— Eu amo seu filho, dona Nicete.

— Já lhe pedi para ser honesta comigo pelo menos uma vez.

— Estou sendo sincera, dona Nicete. Eu amo José Murilo.

— Ama nada.

— Amo sim.

— Por Deus, seja sincera pelo menos uma vez!

— A senhora está fazendo um mau julgamento da minha pessoa. Só porque sou sete anos mais velha do que seu filho, só porque tenho praticamente trinta anos, não quer dizer que eu esteja desesperada para me casar... A senhora bem sabe que eu tive um namorado por cerca de onze anos. Pois bem, se estivesse desesperada para me casar, tê-lo-ia forçado a se casar comigo na época.

Nicete aproximou-se de Bianca, mirou fundo nos olhos dela e disse:

— Você pode enganar qualquer um, sua *encalhada*, menos a mim. Não é só meu filho que você vai fazer infeliz se casando por interesse, você mesma será infeliz se casando por esse motivo.

— A senhora está me ofendendo.

— Antes você ofendida do que eu.

Nicete Carminatti apoiou a mão no queixo, parecendo querer controlar sua irritação. Por fim sorriu, com um leve quê de deboche e, com ar superior, disse:

— Ai, Jesus... Será que você não vê que é velha para o meu José Murilo!

— Temos apenas sete anos de diferença...

— Ainda assim é velha para ele!

— A senhora...

— Calada!

Bianca baixou os olhos, submissa, segurando-se para não chorar.

– Você não tem respeito pelo próximo. Se tivesse, não estaria usando o meu filho, brincando com os sentimentos dele só para não acabar solteirona.

– Eu vou me casar com José Murilo, queira a senhora ou não.

– Infelizmente. Mas eu preferia...

Nicete Carminatti não terminou a frase.

Nisso, Armando Bellini entrou na sala carregando o vestido que estava sendo feito para Nicete.

– Dona Nicete, aqui está o seu...

Ela o interrompeu bruscamente:

– Outra hora, Armando, quando o ar desse lugar estiver menos poluído, eu volto para experimentá-lo. Se é que ainda vou precisar dele.

Sem mais delongas, a mulher deixou a sala pisando duro, parecendo cuspir fogo pelas ventas. Armando fez beicinho de indignação.

Ia dizer alguma coisa, mas calou-se ao perceber o estado em que Bianca se encontrava. Ele, imediatamente, pendurou o vestido que havia em suas mãos e correu até a moça.

– Você está chorando? – perguntou, olhando bem para o rosto borrado de sua freguesa.

– É de emoção – mentiu Bianca. – Preciso ir. Ajude-me a tirar o vestido, por favor.

– Sogra é fogo! – exclamou o costureiro desbocado.

Ela sorriu para ele, um sorriso forçado, e disse:

– Dona Nicete só está nervosa, só isso, depois do casamento, tudo passa. José Murilo é um doce de rapaz, portanto sua mãe também só pode ser um doce de mulher. Nenhum filho tão amável como José Murilo poderia nascer de uma mãe que não fosse tão amável quanto ele, não é mesmo?

Armando Bellini pensou em dar sua opinião sincera a respeito daquilo, mas, por falta de tempo, preferiu não prolongar o assunto.

•••

Enquanto era levada para a casa pelo chofer da família, Nicete Carminatti comentou consigo mesma, com asco:

– Noras! Não é à toa que toda sogra implica com elas. São *umas demônias*.

Bianca chegou à casa em que morava com os pais tremendo por baixo de suas vestes. Assim que a mãe bateu os olhos na filha, percebeu de imediato que algo de errado havia acontecido.

– O que houve, filha? – perguntou Lícia Tomazoni. – Por que minha menina está com esse rostinho abatido?

– É minha sogra, mamãe, ou melhor, minha futura sogra. Ela não me vê com bons olhos. Pensa que vou me casar com o José Murilo só porque foi o único homem que se interessou por mim depois que o José Felício me trocou por outra.

— Isso é ciúme de mãe apegada ao filho, filha. Não se aborreça com isso. Mesmo porque não tem fundamento o que ela fala, não é mesmo, minha adorada?

— Não, é obvio que não tem fundamento o que ela diz. Vou me casar com o José Murilo porque eu realmente o amo. Amo-o de verdade!

— Então, para que dar trela às provocações de uma mãe coruja, filha? Não leve a sério o que ela diz. Ainda que seja ofensivo, não lhe dê confiança. Deixe entrar por um ouvido e sair pelo outro.

— A senhora tem razão, mamãe. Vou seguir seu conselho.

— Isso mesmo, filha.

Lícia Tomazoni, 53 anos, era uma senhora de rosto comum que uma hábil maquiagem tornava interessante. Estava elegantemente vestida, o que também ajudava a torná-la interessante. Após breve reflexão, ela comentou com a filha:

— Mas eu, como mãe, entendo bem a preocupação de sua futura sogra.

— Entende?

— Entendo, sim. Nenhuma mãe quer ter seu filho casado com uma pessoa que não o ama de verdade, que está se casando só para tapar um buraco, por medo de ficar solteiro ou solteira ou para aplicar-lhe o golpe do baú. Quando você for mãe, minha querida, você vai compreender bem melhor a sua futura sogra. Acredite-me.

Dona Lícia sorriu. Um sorriso calmo e feliz. Balançou positivamente a cabeça e disse à filha:

— Agora, vá tomar seu banho para que possamos jantar. Fiz seu prato predileto para esta noite.

— Oh, mamãe... Vou sentir tanta falta da senhora.

— Não vai, não, pois nós vamos nos ver quase que diariamente.

— É verdade.

Mãe e filha se beijaram afetuosamente e Bianca seguiu para o seu quarto para tomar banho. Dona Lícia voltou-se para a imagem de Santo Antônio, juntou as mãos em louvor e pediu em voz alta:

— Que o senhor proteja minha amada filha, meu santo. Que ilumine seu caminho por toda a vida, em nome do Senhor Jesus Cristo.

•••

Eram vinte horas quando José Murilo Carminatti chegou à casa da família Tomazoni, sendo recebido, como sempre, com grande alegria por seu futuro sogro e sogra. De tanto que Lícia Tomazoni insistiu para que o rapaz provasse um bocadinho do doce "Caçarola italiana", José Murilo acabou aceitando um pedaço.

– Uma delicia – elogiou o rapaz, após a primeira garfada. – Assim vou engordar.

– Que nada. Um bocadinho não engorda.

Só quando o rapaz terminou o doce é que Bianca e José Murilo puderam ficar a sós, saíram para a varanda da casa e ficaram abraçadinhos sentados no balanço de madeira que havia ali.

– É impressão, ou você está tensa – perguntou ele, minutos depois.

– ... – os lábios dela moveram-se, mas nenhuma palavra conseguiu atravessá-los.

Ele beijou-lhe a testa e perguntou:

– O que foi, amor? O que está aborrecendo você?

– É sua mãe – confessou ela, ainda que se sentindo insegura para expor os fatos.

– Minha mãe? O que tem ela?

– Ela não me *topa*.

– Mamãe?! Não diga isso. Ela adora você.

– Não seja hipócrita, José Murilo. Sua mãe apenas me tolera, quando está na sua frente.

– É porque ela ainda não se acostumou com você. Só isso. Com o tempo, ela a verá com novos olhos.

– Deus o ouça.

– Ela tem de aceitar você, Bianca, afinal, é a mulher que amo, que me ama, com quem vou me casar e que vai me fazer muito feliz. Nada melhor que o tempo para cicatrizar feridas, pôr os pingos nos "i", meu amor.

Observando que a noiva tinha perdido um pouco da sua costumeira calma, estava pálida e nervosa, José Murilo procurou animá-la:

– Agora, olhe para mim, traga aquele sorriso bonito para o seu rosto, aquele sorriso bonito de que eu tanto gosto. Isso, assim. Não permita que nada estrague a nossa vida. Por favor. Prometa-me.

– Prometo.

Assim que teve oportunidade, José Murilo chamou a mãe para uma conversa particular.

– Mamãe – começou o rapaz em tom ponderado. – Por que a senhora implica tanto com a Bianca?

– Porque ela não me passa confiança, filho. Bianca Tomazoni, segundo soube, não passa de uma garota mimada, filhinha de papai, cheia de melindres e de "não me toques nem me reles". Pode perguntar a qualquer um que a conheça, a qualquer salão de beleza, que todos vão confirmar o que digo.

– As pessoas exageram, mamãe. Mais que isso, as pessoas inventam coisas que não existem ou distorcem e aumentam o que de fato é real.

O rosto de Nicete Carminatti tornou-se ainda mais sério e ansioso. Ela segurou o braço de José Murilo e lhe fez um pedido muito sério:

– Filho, ouça o que sua mãe está lhe dizendo, ouça-me enquanto há tempo. Desista desse casamento, pelo seu bem...

– E do da senhora também?

– De todos nós.

– A senhora está enganada quanto à Bianca, mamãe, e a senhora há de descobrir isso a duras penas.

– Que não seja você quem descubra isso a duras penas, José Murilo. Você!

O filho fechou o cenho e deixou a sala pisando duro. A mãe correu atrás dele, erguendo a voz em protesto:

– Saiba que esse casamento vai acontecer contra a minha vontade, José Murilo!

O filho ignorou a mãe e continuou subindo a escada em curva que levava à parte de cima da suntuosa casa da família.

– Contra a minha vontade! – reforçou Nicete, num berro histérico. E com a mesma histeria na voz tornou a repetir: – Você não pode se casar com aquela solteirona, fingida, mimada e nojenta.

Diante dos berros de Nicete, Genésio Carminatti correu até a sala para ver o que se passava com a esposa. Encontrou Nicete apoiada sobre a coluna que ficava aos pés da escadaria, derramando-se em lágrimas.

– O que houve?

– Esse casamento não pode acontecer, Genésio. Não pode. Aquele imbecil do seu filho tem de abrir os olhos e ver quem é aquela mulher com quem ele pretende se casar. Aquela fingida, mimada, nojentinha.

– Não acha que está exagerando, Nicete?

– Exagerando, eu? Nunca fui chegada a exageros, Genésio, você sabe bem disso.

O marido ficou ligeiramente desconcertado diante das palavras da esposa. Nicete Carminatti fez um gesto impaciente e acrescentou num tom de reprovação:

– Eles podem se casar, mas chegará o dia em que vocês, todos vocês, descobrirão que Bianca Tomazoni se casou com José Murilo só para não acabar solteira. Não foi por amor, jamais. Usou o nosso filho só para não sobrar para titia.

Seu Genésio alisou o bigode, tomado de repentina apreensão. Enquanto isso, no andar de cima da casa, José Murilo ouvia as palavras da mãe que chegavam até ele levadas pelo eco. Refletiu sobre elas por alguns segundos, por fim fez uma careta e se fechou em seu quarto.

•••

O dia do casamento finalmente chegou. Na casa da família Carminatti, Genésio Carminatti acabava de ajudar o filho a colocar a gravata, quando José Murilo exclamou com alegria:

– Hoje é meu grande dia, papai. O meu grande dia.

– Que você seja muito feliz, meu filho.

José Murilo sorriu e beijou a fronte do pai.

Nisso, dona Nicete apareceu no topo da escada.

O filho subiu até lá levando consigo um sorriso bonito na face. Deu o braço para a mãe e desceu ao lado dela como se fosse o pai levando uma filha debutante para o salão. A mãe voltou-se para o filho, mirou fundo nos seus olhos e disse:

– Filho...

– Não diga nada, mamãe. Hoje, agora, aqui, sou eu quem tem que dizer alguma coisa. Obrigado por tudo o que fez por mim. Por ter sido uma mãe maravilhosa, que jamais me deixou faltar nada na vida.

Voltando-se para o pai, o rapaz acrescentou:

– O senhor também, papai. Eu só tenho a agradecer-lhe tudo que fez por mim.

O pai abraçou o filho, debulhando-se em lágrimas.

– Eu – ia dizer Nicete, mas José Murilo a interrompeu.

– Depois, mamãe, precisamos ir, senão vamos chegar atrasados à igreja.

Nicete assentiu com o olhar.

Do lado de fora, prestes a entrar no carro, Nicete perguntou:

– Você não vem conosco?

– Ora, *dona* Nicete... Esqueceu-se de que vocês vão pegar o vovô na casa dele? E que eu fiquei de apanhar o Zeca e a Elenice na casa deles?

– É verdade, havia me esquecido. Até já.

José Murilo não respondeu, apenas sorriu. O carro levado pelo chofer saiu um pouco à frente daquele que o noivo dirigia.

•••

Enquanto isso, na casa de Bianca, Armando Bellini dava os últimos retoques na noiva. Assim que o pai viu a filha, elogiou:

– Você está linda, filha.

– Obrigada, papai.

– Só falta um botãozinho para abotoar – avisou Armando. – Pronto! Veja agora como está.

O estilista voltou a noiva para o espelho. Ao se ver vestida de noiva, Bianca foi invadida por uma forte vontade de chorar.

— Não, não, não... — acudiu o costureiro. — Não pode chorar, senão vai borrar toda a maquiagem.

— O moço tem razão, filha — observou o senhor Aramis, pai de Bianca. — Respire fundo e contenha-se.

Bianca atendeu ao pedido.

— Aguardo vocês lá embaixo — disse o pai, retirando-se do quarto.

Armando Bellini deixou o aposento para dar os últimos retoques no seu terno e na gravata e ajeitar o cabelo com brilhantina. Restaram no aposento apenas Bianca e a mãe. O silêncio caiu pesado no recinto. Bianca permanecia olhando reto e direto para os seus olhos refletidos no espelho, parecendo ter se esquecido de onde se encontrava e que seu casamento estava prestes a acontecer. A mãe aproximou-se dela e perguntou:

— O que se passa por essa cabecinha?

— A vitória — respondeu ela, pausadamente.

— Vitória?

— Sim. Casar, para uma mulher, é uma vitória, pois todas elas sonham em se casar, desde meninas. Cheguei a pensar que esse dia nunca chegaria para mim, mas, finalmente, chegou. Hoje é meu dia. Meu grande dia. O dia de eu cegar todos aqueles que me lançavam olhares abusados, desdenhosos, cínicos...

— Nossa, Bianca — espantou-se a mãe — nunca a ouvi falando assim tão cheia de mágoa...

— Tenho mágoa, sim, das minhas amigas, primas e conhecidas que olhavam para mim caçoando intimamente da minha face, dizendo em pensamento, vez ou outra, em sussurros: "lá vai a riquinha, moça fina da sociedade, que levou um pontapé do namorado e vai acabar solteirona..."

— Tudo isso é passado, filha. Não se deixe mais magoar por isso. Você está prestes a se casar, viver uma nova etapa na sua vida. Pense somente nisso de agora em diante.

— Vou me esforçar.

— Esforce-se. Agora vamos. Está na hora.

A mãe ajudou a filha a seguir até a sala e, com a ajuda de Armando, até o carro que a aguardava para levá-la à igreja.

— Sorria — sugeriu Armando, procurando alegrar a moça que, de repente, tinha o cenho enviesado.

Todos se ajeitaram dentro do carro e partiram.

— Onde mesmo vai ser a festa do casamento? — perguntou Armando Bellini.

— Escolhemos o *buffet* Eriko, que fica a poucas quadras da igreja — respondeu Bianca.

— Nossa, é um *buffet* formidável. *Carézimo*, mas formidável.

Quinze minutos depois, o carro estacionava em frente à igreja.

– Já são oito e quinze – informou Armando Bellini, consultando o relógio de pulso. – Formidável. Não há nada mais chique que uma noiva chegar atrasada ao seu casamento.

Com a ajuda da mãe e do costureiro, Bianca saiu do carro e subiu a grande escadaria que havia em frente à suntuosa catedral.

– Agora, sorria, o seu grande momento chegou, minha linda.

Nisso um rapaz saiu da igreja e se dirigiu até eles. Era Joca, amigo e padrinho de José Murilo.

– Bianca – disse ele, num tom ponderado.

– Sim – respondeu ela, em meio a um sorriso.

– Eu nem sei como lhe falar, Bianca, mas...

Ela estranhou o tom, todos ali estranharam.

– O José Murilo, Bianca, bem ele...

O senhor Aramis cortou o rapaz, rispidamente:

– Não vai me dizer que ele desistiu de se casar com a minha filha?

– Não nos diga isso – alarmou-se Lícia Tomazoni.

– Bem...

Os lábios de Bianca tremiam visivelmente. Foi preciso grande esforço para que ela dissesse:

– Não acredito que o José Murilo fez uma coisa dessas comigo.

– Bianca.

– Não pode ser...

– Bianca – tornou o rapaz, rompendo-se em lágrimas. – O José Murilo faleceu há pouco num acidente de carro.

O chão pareceu fugir dos pés de todos ali.

• • •

Nenhum palavra atravessou os lábios roxos e trêmulos de Bianca. Ela, simplesmente, deu as costas para todos e desceu a escadaria em frente à catedral em direção ao carro.

– Bianca, filha, espere! – gritou a mãe, entre lágrimas.

Mas Bianca pareceu surda aos apelos da mãe, simplesmente abriu a porta do carro e entrou nele.

– Filha, procure ficar calma – pediu o pai.

– Leve-me embora daqui, papai.

– Mas, filha...

– Vamos, papai, por favor.

O pai fez uma careta para a esposa, incerto quanto ao que fazer. Lícia disse logo:

– Vá, Aramis. Faça o que ela lhe pede. Ficarei aqui para dar algum conforto à família do rapaz. Vá!

Sem mais delongas, Aramis Tomazoni entrou no carro e partiu. Armando Bellini voltou-se para Lícia e disse:
– Madame, estou *rosa*... Jamais presenciei algo do gênero.
Lícia Tomazoni ignorou as palavras do costureiro e entrou na igreja, sem esconder a aflição.
Enquanto isso, dentro do carro, Aramis Tomazoni procurava consolar a filha:
– A vida é assim mesmo, filha. De uma hora para outra tudo muda...
– O salão, papai...
– Salão?
– Sim. O salão de festas, papai. Leve-me para lá.
– Para lá, agora?
– Estou pedindo, papai, por favor.
Sem ver escolha, o pai resolveu atender ao pedido da filha. Assim que chegaram ao local, a moça, sem mais se importar em amassar, sujar ou até mesmo rasgar o vestido, saltou do carro e entrou no salão. Parecia calma quando pisou no recinto. Tinha até um leve sorriso nos lábios, mas uma artéria na sua têmpora latejava furiosamente. Os funcionários do *buffet*, ao vê-la, pararam, surpresos pela repentina aparição da noiva. Bianca caminhava no salão a passos lentos, olhando com carinho para os arranjos de flores por entre as mesas lindamente decoradas.
Aramis chamou discretamente os responsáveis pelo *buffet* e explicou a delicada situação. Em seguida, foi até a filha que se encontrava, naquele instante, parada bem no centro do salão reservado para os casais dançarem. Não havia uma lágrima sequer a escorrer de seus olhos. Ela, na verdade, admirava tudo como se nada tivesse acontecido. Era como se o salão estivesse repleto de convidados olhando para ela com admiração a desfilar por entre as mesas ao lado de seu marido.
– Filha – chamou Aramis.
– Deixe-me só, papai.
– Mas, Bianca...
O pedido seguinte saiu num berro:
– Deixe-me só!
O pai, assustado com a reação da filha, achou por bem atender a seu pedido.
– Tire todos daqui, papai – ordenou a jovem a seguir, num tom ácido.
– Mas, filha...
– Estou mandando, papai. Tire todos desse lugar. Quero ficar só.
– Bianquinha.
– Nem mais uma palavra, papai!

O pai baixou a cabeça e se retirou. Depois de conversar com os funcionários do *buffet*, achou por bem voltar à igreja para apanhar a esposa para vir conversar com a filha.

Ao notar que havia alguns garçons parados na porta que dava acesso ao salão, Bianca pareceu perder a compostura de vez. Num tom seco e cortante, começou a gritar:

– Será que vocês ainda não entenderam que eu quero ficar só?!

Diante da forma abrupta e até mesmo estúpida de a jovem falar, os garçons acharam por bem se retirar do local. No minuto seguinte, Bianca andava por entre as mesas, sorrindo para as cadeiras vazias, como se elas estivessem ocupadas pelos convidados. Por fim, voltou para o centro do salão, admirou o buquê que até então segurava entre as mãos, respirou fundo e jogou-o por sobre o ombro, como toda noiva faz durante a celebração de casamento. Ao voltar-se para o local para onde havia arremessado o buquê, o sorriso bonito que havia se estampado na face rosada de Bianca desmoronou. Foi então que ela pareceu cair em si. Seus olhos, agora, olhavam paras as mesas, para os arranjos de flores, para tudo ali, tomados de horror. Olhos, agora, cheios d'água... Derramando-se em lágrimas.

José Murilo, em espírito, havia acabado de chegar ao local e olhava agora para Bianca, com coração cada vez mais partido. Seus olhos também estavam vermelhos, derramando lágrimas sem parar.

– Bianca – disse ele, trêmulo. – Estou aqui, meu amor. Olhe para mim.

Ele aproximou-se da moça, querendo abraçá-la e confortá-la em seus braços. Bianca tremia agora por inteiro, enquanto lágrimas e mais lágrimas riscavam sua face, borrando cada vez mais sua pesada maquiagem.

– Você não podia ter feito isso comigo, José Murilo. Não podia – desabafou ela, em prantos.

– Eu sinto muito pelo que aconteceu, meu amor – suplicou José Murilo, lacrimoso. – Juro que sinto muito.

– Você não podia ter feito isso comigo, José Murilo. Não podia!

– Eu não fiz porque quis, meu amor... Eu juro... Foi um acidente – respondia o espírito, chegando a acreditar que a moça o estivesse ouvindo. – Aconteceu tudo tão de repente, Bianca. Quando dei por mim, eu já havia passado para o lado de cá da vida. Tudo o que eu mais quis naquele momento foi correr até você para vê-la, dizer-lhe o que vai fundo em meu coração...

Ele se interrompeu, quando Bianca, subitamente, arremessou ao chão, com toda força, um arranjo de flores que estava sobre uma das mesas.

– Você não podia ter feito isso comigo, José Murilo – tornou ela, berrando, enraivecida. – Não podia!

Ele ia dizer mais alguma coisa para a mulher amada, quando uma nova torrente de palavras ditas num tom ácido e impaciente saltaram da boca de Bianca:

– Desgraçado. Desgraçado. Tinha de morrer justamente agora, seu desgraçado? Justamente agora?! Se era para morrer, que morresse pelo menos depois de ter terminado a cerimônia religiosa de casamento, seu imbecil!

O desabafo dela foi encoberto por uma nova torrente de lágrimas.

– E agora, o que vai ser de mim, seu cretino? Seu estraga prazeres! – prosseguiu Bianca, espumando de raiva. – Você era a minha única chance de me casar, seu retardado!

– Bianca – tentou dizer José Murilo, mas não foi além disso, as palavras dela o calaram.

– Sabe o que foi ter aturado aquela irritante da sua mãe durante esses oito meses de namoro, José Murilo? Sabe? Você não faz ideia. Tapado como era jamais poderia fazer ideia. E aturar você, sabe o que foi aturar você com suas criancices só para eu poder garantir um casamento?! Faz ideia do que passei, seu chato?!

José Murilo estava surpreso com aquelas palavras e, principalmente, com o tom ácido e chulo de Bianca se expressar. Jamais, em momento algum, pensou que ela tivesse aquelas palavras em seu vocabulário. Fora sempre tão meiga, tão doce, tão fina. Elegantemente fina. Só podia ser o nervoso por que Bianca estava passando diante do acontecido que a transformara naquela mulher que ele via agora diante de seus olhos.

– Você não podia ter feito isso comigo, José Murilo – tornou Bianca, em meio ao pranto. – Não podia! Se era para morrer, que tivesse morrido amanhã, seu asno. Depois de termos casado, pelo menos na igreja. Melhor ser uma viúva do que uma solteirona. Por que, meu Deus, por que você não morreu depois de ter se casado comigo? Um minuto, meio minuto depois bastava. Por que, seu cretino? Por quê? Você acabou comigo, José Murilo! Acabou comigo!

Um ruído ecoou no salão no segundo seguinte, fazendo com que Bianca voltasse para trás. Ao dirigir os olhos para aquela direção, encontrou Nicete Carminati parada a poucos metros de distância de onde ela se encontrava. A mulher era a própria expressão da tristeza e da infelicidade. Seu rosto estava transformado pela dor e pela revolta.

– Mãe – disse José Murilo, choroso. – Estou aqui, mãe. Estou aqui, veja.

Mas Nicete, assim como Bianca, não via nem ouvia o filho. A mulher com os olhos cheios d'água mirou aquela que viria a ser sua nora e disse:

– Eu sempre soube que você não valia nada! Sempre soube que só ia se casar com meu filho para não acabar solteirona, mas lutei contra a minha intuição, juro que lutei, porque sabia que José Murilo a amava e não queria vê-lo sofrer. Queria dar a mim mesma uma chance para mostrar que minha intuição estava errada.

Havia um tom de reprovação na voz de Nicete Carminatti que ficou olhando para Bianca Tomazoni, balançando a cabeça, como se estivesse com muita pena da moça.

– Está contente agora sua... sua víbora? – explodiu Bianca. – Está? Pois bem, eu fiquei sem ele, mas você também ficou. Bem feito.

– Não fale assim comigo. Você não sabe o que significa um filho para uma mãe, o que é ter e perder um filho...

– Bem feito – repetiu Bianca, em meio a uma gargalhada debochada.

Nicete Carminatti continuou a falar, entre lágrimas, com a voz quebrada de tanta dor:

– Você nunca haverá de saber o que significa um filho para uma mãe, porque vai acabar sozinha, solteirona e infeliz. Pois se há justiça nesse mundo, você há de acabar sozinha, sem nunca saber o que é um casamento ou a bênção que é ter um filho. Pode até arranjar um homem, comprar um, é possível, enganar um trouxa para engravidar dele, também... mas nunca há de saber o que é o amor de verdade, o que é ser amada de verdade, porque você não passa de uma menina mimada e mau-caráter. Uma desalmada.

– Deixe-me em paz, sua insuportável, você já conseguiu o que queria, não conseguiu? Impediu meu casamento com seu filhinho bonitinho, dengozinho... Agora me deixa em paz... Vá chorar em cima do caixão, vá fazer qualquer coisa, mas me deixe em paz! Sua insuportável. Cri cri, chata!

Nicete Carminatti apertou as mãos angustiada, enquanto seus olhos pareciam transbordar ainda mais espanto e dor. Num tom de voz partido e entristecido, ela comentou:

– Tenho pena de você... Muita pena...

– Se há alguém aqui digna de pena esse alguém é você... Você ainda tem um filho para enterrar, eu tenho apenas que tirar esse maldito vestido de casamento e o colar de pérolas...

A última palavra foi cortada ao meio devido ao tapa no rosto que Bianca levou de Nicete Carminatti.

– Desalmada. Que Deus permita que meu filho, esteja ele onde estiver, jamais saiba quem você é na verdade, a mulher pavorosa por quem ele se apaixonou, para que ele não se decepcione ainda mais com a vida.

– Fique tranquila, sua carcamana, ele nunca vai saber e sabe por quê? Porque ele está morto, sua detestável! M-o-r-t-o! E agora, fora daqui, não suporto mais olhar para essa sua cara, para esses seus olhos borrados cheios de pé-de-galinha. Fora!

José Murilo olhava entristecido para a cena que se desenrolava a sua frente. Ao ver a mãe se retirando do salão, trêmula e aos prantos, correu até ela na esperança de ampará-la de alguma forma.

— Mãe – chamava ele.

Mas Nicete Carminatti, naquele estado tão deprimente e desesperador, não podia ouvi-lo. Ela, que assim que soube, por intermédio do pai de Bianca, que a moça estava no salão de festas, quis ter uma palavra a sós com ela, na esperança de que uma pudesse confortar a outra. Jamais pensou que haveria de travar um diálogo tão impiedoso como o que travara havia pouco.

A pobre mulher atravessou a porta e entrou no carro com chofer que aguardava por ela e partiu. José Murilo seguiu junto com a mãe na esperança de confortá-la diante de tão desastrosa situação.

Minutos depois, Lícia entrava no salão de festas acompanhada do marido.

— Filha – disse a mulher, assim que se aproximou de Bianca.

A moça encontrava-se agora encostada contra a parede, com o rosto pendido para o chão, parecendo alheia a tudo o que se passava ao seu redor.

— Filha – tornou a mãe –, vamos para casa, você não está nada bem... Precisa tirar essa roupa, tomar algo forte para reanimar.

— Não quero ir. Quero ficar aqui.

— Como assim, filha?

— Deixe ela, mulher. Não vê que nossa filhinha está perturbada, completamente aturdida depois do que aconteceu?

Dona Lícia voltou a olhar para filha com seus olhos protuberantes e sem cor. Apertava as mãos contra o peito para conter a angústia que apunhalava o seu coração naquele instante. Meio minuto depois, disse:

— Bianca, querida, eu sei o quanto tudo isso está sendo difícil para você, meu anjo, não é fácil perder quem se ama, mas você precisa reagir, querida, precisa...

Bianca apertou contra os olhos um pequeno lenço. Quando seus olhos estavam secos, ela readquiriu a compostura e disse com pesar:

— Eu nunca vou me casar...

— Não diga isso, filhinha. Você disse a mesma coisa quando o José Felício terminou com você. Nada como um dia após o outro para recomeçar a vida e encontrar um novo amor.

— Vou acabar solteira, solteirona e infeliz... Uma vergonha...

Olhando para baixo, dona Lícia estremeceu e murmurou quase sem voz:

— Pobre José Murilo...

— Como assim, pobre José Murilo... – estourou Bianca, com uma voz grave e a respiração alterada. – Pobre de mim, isso sim. Se era para ele morrer, que morresse amanhã, não hoje, não enquanto eu estivesse solteira. Melhor ser viúva do que solteirona...

— Filha, você está perturbada... é melhor tomar um calmante.

— Não tenho sorte mesmo. Não adianta, não tenho sorte mesmo.

— Não diga uma coisa dessas, Bianquinha... É até pecado falar isso diante de tudo o que você tem.

— Mas é verdade. Eu não tenho sorte com nada.

— Nada como um dia após o outro, meu amor — ajudou o pai, abraçando a filha amada e, com tato, levando-a para fora do salão de festas.

Um minuto depois, eles seguiam de volta a casa. Com a ajuda da mãe, Bianca tirou o vestido de noiva. Ela, agora, parecia em transe. A empregada logo surgiu, trazendo para a moça uma xícara de chá.

— Tome um bocadinho, minha querida — pediu a mãe à filha —, um chazinho de camomila vai lhe fazer muito bem.

A filha acabou aceitando a sugestão da mãe. Só então Lícia voltou-se para a filha e disse:

— Será melhor você usar aquele vestido preto, rendadinho, que você comprou em Paris, para ir ao velório do José Murilo.

— Não vou a lugar algum, mamãe.

— Mas, filha...

— Não vou e ponto-final.

— Mas você precisa ir...

— Tudo o que preciso agora é distância daquela gente.

— No enterro, amanhã, pelo menos você tem de ir.

— Não vou. Não vou mesmo.

— Mas, filha, não fica bem...

— Estou pouco me lixando com o que as pessoas vão pensar de mim por não ter ido. Eu já estava por aqui com o José Murilo, agora, depois do que ele me fez, não posso nem sequer mais repetir o nome dele de tanto ódio que eu sinto daquele *filhinho de mamãe*.

— Mas eu e seu pai temos de ir.

— Por quê? Perda de tempo...

Lícia achou melhor não falar mais nada e se retirar. As palavras da filha estavam deixando-a assustada.

Quatro dias depois, Lícia estava novamente de frente para a filha, no quarto da moça, procurando reanimá-la.

— Bianquinha, você está trancada nesse quarto há quatro dias, filha. Você precisa reagir, voltar para a vida. Por que não veste um vestido bonito, de cor alegre como o verão? Vai lhe fazer muito bem, você vai ver.

— Vestido? — desdenhou Bianca. — Que vestido?!

Em meio à pergunta dita naquele tom desdenhoso, Bianca levantou-se da cama num salto e foi direto até seu guarda-roupa. Abriu o móvel de forma abrupta e lamentou com histeria:

– Que vestido?!

– Filha, seu guarda-roupa está repleto de vestidos, um mais lindo que o outro, um mais caro que o outro.

– Aqui só tem velharia – bramiu a moça.

– Não diga isso, minha querida. Que tal vestir aquele que você fez para o fim de ano...

– Aquele amarelo canário? Cafona!

– Mas você queria tanto aquele vestido. Custou uma fortuna.

– Eu não suporto aquele vestido.

– Filha...

– Eu sou uma infeliz – exaltou-se a moça e, num acesso de raiva, começou a tirar bruscamente os vestidos do guarda-roupa e jogá-los ao chão.

– Eu vou pôr fogo nisso tudo – rosnava ela, entredentes.

– Bianca!

– Vou queimar toda essa velharia.

– Filha, pelo amor de Deus, controle-se.

Nesse instante, um dos vestidos enroscou no cabide e não queria se soltar dali por nada, o que só serviu para enervar Bianca ainda mais. No limite da impaciência, a moça puxou o vestido até rasgá-lo. Depois, parecendo à beira de uma sincope, Bianca jogou-se na cama de bruços e escondeu seu rosto embaixo do travesseiro, rompendo-se num pranto agonizante.

– Sou uma infeliz. Uma infeliz. Uma pobre, uma miserável.

Lícia assistia a tudo com o coração cada vez mais opresso. Era, como sempre é para toda mãe, uma dor tamanha ver um filho num estado tão lamentável como aquele. Somente quando despertou daquele estado caótico é que ela deixou o quarto em busca da empregada, chamando histericamente por ela:

– Maju... Maju!

A moça saiu correndo da cozinha, assustada com os berros da patroa.

– O que foi, madame?

– Venha cá, por favor.

– Mas eu *tô* com o *armoço* no fogo, dona Lícia.

– Largue tudo! Preciso de você, agora!

Sem ver escolha, a moça acatou o pedido da patroa. Chegando ao quarto, Lícia voltou-se para a empregada e ordenou:

– Pegue toda essa roupa e leve para o quartinho dos fundos da casa.

A moça olhava boquiaberta para o amontoado de roupas no chão.

– Pode se*r* depois, madame? Senão a comida vai queima*r*!

– Está bem, mas não se esqueça de dar um jeito nisso tudo, o quanto antes!

A criada assentiu e deixou o quarto, voando ligeiro para a cozinha de onde vinha um forte cheiro de bife queimado.

Lícia sentou-se na pontinha da cama, massageou as costas de Bianca com carinho e disse:

– Tome um banho, filhinha, e, depois do almoço, vamos sair para fazer umas compras. Uns vestidos novos lhe levantarão o astral.

– Sou tão infeliz, mamãe.

– Tudo isso passa, filha. Logo você encontra outro homem para se casar. Você é bonita, rica, jovem...

– Eu não sou mais jovem, mamãe, sou uma velha.

– Que é isso, minha flor, trinta anos não é nada...

– Vê como estou velha! Nem completei meus trinta anos e a senhora já está me vendo com trinta anos.

– Desculpe-me, filha, mas é que faltam apenas alguns dias para você completar os seus trin...

– Não ouse dizer minha idade em voz alta, mamãe, por favor!

Lícia assentiu, pensativa.

---

*Como todo interiorano puxa o r, a letra aparece em itálico para expressar o sotaque caipira. (N. do A.)

Capítulo 2

Havia um silêncio extraordinário pairando no interior do casarão da família Tomazoni, um casarão bonito, de cômodos amplos, com tudo o que o dinheiro pode comprar de melhor. O silêncio era tanto que parecia não haver ninguém na casa.

Bianca Tomazoni encontrava-se mais uma vez trancafiada em seu quarto, envenenando-se de revolta pelo que lhe acontecera.

Bianca tornara-se uma moça muito temperamental depois que José Felício, seu antigo namorado, terminara o namoro de onze anos com ela. Não que ela não fosse cheia de melindres antes de isso acontecer. Era extremamente melindrosa, cheia de manias, de "não me toques não me reles", fruto do mimo excessivo por parte dos pais, que sempre lhe deram de tudo, presentes e mais presentes, e a cercaram de empregadas até mesmo para lhe passar geleia nas fatias de pão. Com a mesma facilidade que se enervava, Bianca enervava também os outros.

Lícia Carminatti foi até o quarto da filha para lembrá-la de algo que, a seu ver, era muito importante:

– É hoje a missa de sétimo dia, Bianca.

– Missa de sétimo dia?

– Sim, querida, do José Murilo, precisamos ir...

– Ir? Não me faça rir, mamãe?! Não vou nem de pés juntos.

– Mas querida... Trata-se da missa da sétimo dia de José Murilo, seu noivo, aquele que por pouco, não foi seu marido.

– Eu quero que aquele desgraçado que estragou os meus planos de casamento, destruiu praticamente a minha vida, a minha última oportunidade de me casar, queime nos quintos dos infernos!

– Filha!

A seguir, Bianca entrou no banheiro e bateu a porta com toda força. Diante da cena, Maju, que estava no corredor junto à porta do quarto de Bianca, espanando o pó da estante que havia ali, espichando os ouvidos para ouvir a conversa da mãe e da filha, indignou-se:

– Que pecado.

— Dispenso seus comentários, Maju – repreendeu Lícia Tomazoni, seriamente. – Você não é paga para dar opiniões.

A empregada engoliu em seco e continuou executando o seu trabalho. Nisso as duas mulheres sentiram um forte cheiro de queimado vindo da cozinha.

— Alguma coisa está queimando – comentou Lícia, reprovando a empregada com o olhar.

— É a comida, dona Lícia, eu disse que não dá *pra* cozinha*r* e faz*er* faxina ao mesmo tempo.

— Não adianta, Maju, você não dá mesmo conta do seu serviço. Eu preciso de uma mulher que seja polivalente. E não uma inútil como você!

A empregada fixou seus olhos ligeiramente protuberantes na patroa, temerosa mais uma vez de ser demitida. Voltou imediatamente os pensamentos para Nossa Senhora da Aqueropita, pedindo por sua proteção.

...

Naquele mesmo dia, Hélia Galeno foi à casa de Nicete Carminatti atendendo a seu pedido. Encontrou a comadre trajando luto, sentada no sofá repleto de almofadas de uma das salas do imenso casarão. Tinha o olhar vago, pousado sobre um canto qualquer do aposento. Estava branca e com o rosto todo riscado de lágrimas.

— Nicete – chamou Hélia, entrando no aposento.

Nicete voltou-se para a comadre, com seus olhos vermelhos, lacrimejantes, e disse com voz profunda e cansada:

— Hélia.

Hélia Galeno sentou-se junto da comadre, olhando firme para ela.

— Fale, minha amiga. Você queria muito falar comigo, o que há?

Nicete engoliu em seco antes de dizer em tom de desabafo:

— Hélia, você disse, naquele dia, que a palavra tem poder, lembra?

— Esqueça aquilo, Nicete.

— Não posso, Hélia. Não posso. As palavras que usei aquele dia para expressar minha raiva ficam se repetindo na minha mente, ininterruptamente. "Eu prefiro ver meu filho morto a vê-lo casado com essa solteirona'."

— Foi uma coincidência, comadre. Uma coincidência, apenas isso. Agora, apague isso da sua memória, esqueça!

— Não foi uma coincidência, Hélia! Foi uma vingança de Deus por eu ter dito aquilo.

— Deus não se vinga de ninguém, meu anjo.

— Mas parece que se vingou de mim.

— Nicete, ouça! Ouça bem o que eu vou dizer. Você tem outros filhos, netos, eles precisam de você. Não se esqueça deles por causa dessa tragédia.

Não seria justo. Esteja José Murilo onde estiver, tenho absoluta certeza de que ele haveria de lhe pedir o mesmo. Acredite-me!

— Se ele soubesse, Hélia... Se ele soubesse que eu preferi sua morte a vê-lo casado com aquela desalmada, ele não me perdoaria. Se eu estivesse no lugar dele, eu não me perdoaria. Mas eu estava certa, Hélia, eu estava certa quando dizia que Bianca Tomazoni não valia nada. Ela mesma me confirmou isso naquela noite fatídica. Se você tivesse ouvido as coisas escabrosas que ela teve a coragem de me dizer, você teria ficado inteirinha arrepiada. Aquela moça não tem alma, Hélia. Se há algo dentro dela, só pode ser o demônio.

— Todos têm alma, Nicete. Até mesmo quem parece desalmado.

— Não aquela ordinária, comadre. Mas eu desejo, do fundo do meu coração, que Bianca Tomazoni pague com a língua por tudo o que ela falou de mim e do meu filho, por tudo que ela estava prestes a fazer, casando-se com José Murilo.

— Não deseje o mal para ninguém, Nicete. Não vale a pena. As pessoas nunca são o que realmente parecem ser. Por trás de toda pessoa odiosa, que só abre a boca para dizer coisas indevidas, ofensas, há sempre uma pessoa muito frágil e machucada, com medo, um profundo medo da vida. Não é fácil ser prisioneiro da ignorância, da pobreza de espírito, da mediocridade, de valores pequenos e mundanos. Acredite-me, não é fácil. Por isso, comadre, liberte-se dessa mágoa em relação a essa moça, não vale a pena cultivá-la dentro de você. A libertação fará muito bem a sua pessoa... Será uma bênção para você.

Nicete levantou-se, caminhou até a janela e voltou seus olhos para o céu. Disse com ardor:

— Que Deus me perdoe pelo que disse naquele dia. Que José Murilo me perdoe por aquelas palavras tão indevidas.

Hélia Galeno sentiu mais uma vez uma fisgada no peito, de pena da amiga que se tornara sua comadre. Uma pena tremenda. E pensou, mais uma vez, no quanto as pessoas deveriam medir suas palavras antes de deixá-las saltar-lhes à boca. Palavras indevidas como as que Nicete usou poderiam importunar uma pessoa pelo resto de sua vida, roubando-lhe a paz de que o ser humano tanto precisa para ser feliz, para cumprir a sua missão de vida, a missão que lhe foi dada por Deus.

●●●

Naquele mesmo dia, assim que Aramis Tomazoni voltou do trabalho, Lícia Tomazoni comentou com o marido:

— Estou preocupada, Aramis. Hoje é a missa de sétimo dia de José Murilo e Bianca disse que não vai. Está revoltada com o acontecido. E, pensando bem, nossa filha tem toda razão em estar revoltada. José Murilo poderia ter sido mais prudente. Se tivesse sido, não teria estragado os planos de nossa menina. O infeliz partiu o coração dela.

— É uma pena.

— Se é... Bianquinha não precisava estar sofrendo o horror que sofre agora.

Dias depois, preocupada com a filha que há dias estava em profunda depressão, trancada dentro de casa, Lícia Tomazoni resolveu tomar uma providência. Chamou o marido e lhe disse seriamente:

— Aramis, nós precisamos fazer um agrado para a nossa filha.

— Agrado?

— Sim. O baque foi muito forte para ela, pobrezinha, receio que nossa Bianquinha fique traumatizada com o acontecido pelo resto da vida, se não fizermos algo por ela. Já, agora!

— O que você sugere?

— Uma viagem.

— Seria bom.

— Seria ótimo. Pensei numa viagem para a Europa, nada como uns dias em Paris, Milão, Suíça para levantar o astral de uma pessoa. Eu mesma, quando tive aquela depressão horrível, fui para lá e voltei uma outra mulher. Lembra?

— Pois ligue amanhã mesmo para a agência de turismo e compre as passagens, reserve os hotéis. Você vai com ela, não? Sozinha é que ela não pode ir. Não está em condições...

— Vou sim, meu bem.

O homem soltou um suspiro de alívio e disse:

— A Europa vai apagar toda essa tragédia que nossa filhinha viveu. Você vai ver... Deus há de nos ajudar. Deus e a Europa!

Nisso ouviu-se a porta da frente da casa se abrindo. Era César, o primogênito da família Tomazoni, acompanhado de Elisana, sua esposa.

— Papai, mamãe – saudou o moço.

— Filhão! – exclamou o pai, levantando-se e indo ao encontro do rapaz. Todos trocaram cumprimentos afetuosos e se sentaram no sofá.

— E como está Bianquinha? – quis saber o irmão.

— Ainda arrasada. Não é para menos.

— Que situação... Que falta de sorte...

— Eu e seu pai decidimos levá-la para a Europa. Nada melhor que uma viagem para alegrar uma moça que passou o que ela passou. Irei com ela.

— Sem dúvida, mamãe – incentivou o filho. – Basta uma pernada e um banho de loja pela avenida Champs-Élysées em Paris que a gente se torna outra pessoa.

Voltando-se para a nora, Lícia perguntou:

— Você não concorda, Elisana?

Elisana refletiu antes de responder:

— Viajar pode realmente fazer bem à Bianca, a qualquer um, mas o que conta mesmo é o que a pessoa faz com o interior dela. O esforço dela em assentar seus sentimentos conturbados.
— Você está sugerindo que eu a leve a um terapeuta?
— Um terapeuta ajudaria muito, sim.
— Terapia é para louco, Elisana – protestou a sogra. – E nossa Bianca não tem nada de louca.
— Desculpe, dona Lícia, mas não creio que terapia seja só para loucos. Essa é uma visão muito errada das pessoas com relação àqueles que buscam ajuda psicológica.
— Pois eu ainda acredito que não há nada melhor que um banho de lojas para levantar o astral de uma mulher. Eu mesma sou a prova disso: toda vez que saio para fazer uma via-sacra pelas melhores butiques do Rio de Janeiro, sinto-me uma outra mulher. Nunca a convido, minha nora, porque você está sempre trabalhando... Por falar em trabalho, quando é que minha nora vai largar aquele empreguinho mequetrefe? Não tem cabimento uma mulher da sua estirpe, esposa de César Tomazoni, trabalhar para ganhar aquela merreca de salário. Minha nora não precisa trabalhar, não sei por que insiste em continuar trabalhando.
— Mas eu gosto do trabalho que faço, dona Lícia. Além do mais, o trabalho me engrandece. Gosto de me sentir útil.
— Eu não trabalho e me sinto útil do mesmo jeito.
— Cada um é um. Cada um tem uma necessidade.
Nisso Bianca apareceu na sala.
— Bianca, minha irmã – saudou César, indo ao encontro dela. – Como está?
A resposta de Bianca foi emitida por um olhar gelado, de descaso.
— Nada como um dia atrás do outro para se recuperar de um trauma, mana – acrescentou César, querendo ser gentil com a irmã.
— Bianca, se precisar de mim para alguma coisa, pode contar comigo – ofereceu-se Elisana.
Mais uma vez a resposta de Bianca não passou de um olhar frio e desdenhoso. A seguir, o bico de Bianca se acentuou. Era o retrato vivo de uma criança birrenta e mimada no seu pior momento.

• • •

No carro, de volta para casa, César comentou com a esposa:
— Pobre Bianca, ela não merecia tudo isso por que está passando. Estou morrendo de dó. Ela é tão frágil, tão sensível...
— E tão mimada – acrescentou a esposa, com sinceridade.
— Mimada? Ora, Elisana, por favor, não diga isso nem brincando. Bianca é tudo, menos mimada.

33

"Não só mimada como maléfica", comentou Elisana consigo mesma, em silêncio.

— Sabe por que você implica tanto com a Bianca, Elisana? Porque você sempre teve muito ciúme dela!

— Ciúme de Bianca, eu?

— Sim, por você não ter tido a mesma condição financeira que ela teve ao longo da vida.

— Graças a Deus não tive, César. O nível de condição financeira em que nasci foi perfeito para mim, foi-me dado pela vida na medida certa, para que eu pudesse aprender a valorizar o que deve ser realmente valorizado. Eu não reclamo.

As palavras da esposa pareceram entrar por um ouvido do marido e sair pelo outro. César disse a seguir:

— Amanhã mesmo vou comprar um presente para a Bianquinha, nada como um presente para levantar o astral de uma moça.

Elisana preferiu cortar o assunto, sabia que não adiantava discutir com o marido a respeito de Bianca, tampouco a respeito do modo como seus sogros educavam a filha e também o filho. Seria uma discussão em vão. Era preciso lembrar que cada um tem um ponto de vista, valores diferentes dos demais e só a vida pode mostrar a todos se esses valores e esses pontos de vista são adequados e benéficos para o crescimento pessoal e espiritual do ser humano.

Enquanto isso, Bianca dizia mais uma vez para a mãe:

— Eu não quero ir para a Europa, mamãe.

— Vai lhe fazer bem, filhinha.

— Só tem uma coisa que pode me fazer bem nesse momento, mamãe! Tirar-me dessa situação hedionda em que me encontro!

Bianca ia dizer "Um homem", mas achou melhor não se expor tanto assim.

Nisso o telefone tocou. Lícia foi até o console e atendeu.

— Veridiana! — exclamou a mulher, com alegria. — Querida, como vai?

Houve uma pausa até que Lícia dissesse:

— Indo, pobrezinha, foi um baque e tanto...

Nova pausa.

— Amanhã?! Será um prazer. Venham mesmo.

Lícia desligou o telefone, voltou-se para a filha e disse com entusiasmo renovado:

— Sua tia Veridiana vai passar por aqui amanhã, vai almoçar conosco. Ela e Manuela. Não é maravilhoso?

— Que horror — desagradou-se Bianca, fazendo um beiço imenso. — Não sei como é que a senhora aguenta aquela gente caipira, cafona, que fala porta, torta, corta... Para mim, eles não passam de um bando de ignorantes.

Lícia não soube mais o que dizer para a filha. Sorriu sem graça e deixou o quarto em busca de Maju para informá-la de que teriam convidados para o almoço do dia seguinte.

A mulher, que já estava dormindo, quase teve um infarto com a entrada repentina de Lícia no seu quarto, falando alto, derramando um bando de informações que ela não tinha condições de assimilar naquele estado sonolento.

• • •

No dia seguinte, por volta das onze horas da manhã, Veridiana de Freitas Giacomelli, 45 anos, chegou à casa da irmã acompanhada da filha Manuela, moça de 23 anos, de rosto claro, testa quadrada, orelhas e nariz num formato delicado, mimoso, de princesa e cabelos castanhos que, sob o sol, adquiriam uma tonalidade dourada. Era, enfim, uma criatura bela, inteligente e sensível, revelando educação, contenção e algo mais, um potencial de compaixão raro de se encontrar nas pessoas.

— Prima — disse Manuela com delicadeza, assim que encontrou Bianca.

Bianca procurou sorrir, fingindo-se de contente por rever a prima.

— Como vai, Manuela?

— Bem, e você, como tem passado? Foi um baque e tanto, não, prima?

— Nem fale... Foi um choque.

— Eu sinto muito. Não sei se soube, mas não pudemos vir ao casamento, pois o carro do papai quebrou assim que pegamos a estrada. Foi lastimável. Ficamos muito aborrecidos.

— Vocês não perderam nada!

Para alegrar Bianca, Manuela procurou falar de algo agradável:

— Sua mãe me disse que está pensando em levá-la para a Europa.

— Eu não quero ir.

— Vá, será bom para você. Nada melhor que uma viagem para espairecer as ideias, ainda mais depois do que lhe aconteceu.

— Não sinto vontade, não tenho sequer forças para isso...

— Você deveria amar muito o seu noivo, não, prima?

O comentário pegou Bianca de surpresa e despertou nela uma repentina vontade de contar àquela que intimamente chamava de "caipira e cafona" seus verdadeiros sentimentos por José Murilo. Contar-lhe que a tristeza que lhe corroía a alma não se dava pela morte repentina e estúpida do noivo e, sim, por estar completando 30 anos de idade, solteira e com chances cada vez menores de se casar. Bianca respirou fundo e baixou os olhos para suas mãos em forma de concha sobre seu colo. Houve uma breve intromissão do silêncio até que Manuela sugerisse:

— Por que você não passa um tempo conosco no interior?

"Naquele fim de mundo? Cheio de gente pobre, sem cultura, um bando de jacu?", perguntou-se Bianca no mesmo instante, em silêncio. "Aquele lugar em que basta cair uma garoa que a cidade inteira fica enlameada, puro barro? Nunca! Era preferível ser internada num manicômio a passar um dia sequer na cidade do interior onde residia a prima."

– *Magina*... – respondeu Bianca, fingindo-se de fina e educada.
– O ar do campo vai lhe fazer muito bem, prima – insistiu Manuela.
– O ar do campo?
Havia uma discreta ironia por trás de cada sílaba, mas Manuela não notou.
– Sim – reforçou a moça.
– Agradeço muito, Manuela, mas não, obrigada.

"Onde já se viu", comentou Bianca com seus botões, trocar o conforto de sua casa por aquela casa desconfortável e abafada onde morava a prima, os tios, os primos? Um dia hospedada lá, apenas um dia seria mais do que suficiente para levá-la de vez à loucura.

Nisso Manuela levantou-se do pufe onde se sentara e disse com grande alegria:

– Prima, vou ficar noiva a semana que vem.
– Noiva?!
– Sim.
– E quem é o felizardo?
– Péricles Capistrano. Um rapaz encantador, de boa família, trabalhador, culto. Já estamos namorando há quase quatro anos e achamos que chegou o momento de noivar para casar. Pretendemos nos casar no ano que vem.
– Já?
– Sim. Por que não? Nós nos amamos, para que esperar mais? E depois você sabe o que dizem, namoros longos demais acabam em...

Manuela não terminou a frase. Com pesar, disse:

– Desculpe-me, prima, não deveria ter falado a respeito de noivado, tampouco de casamento com você...
– *Magina*, prima. Mas você tem razão, namoros longos demais acabam em nada. Eu sou a prova disso, namorei o José Felício por quase 11 anos para, no final, levar um chega para lá dele. Case mesmo, prima, o quanto antes, para não correr o risco de acontecer o mesmo que aconteceu comigo.

Bianca não pôde reprimir uma lágrima que escorreu de seu olho esquerdo, deixando-a ainda mais séria e infeliz. Manuela inclinou-se para frente, segurou o braço da prima e disse, acreditando muito em suas palavras:

– Você vai encontrar um outro rapaz para você, prima, em menos tempo do que espera.
– Será?
– É lógico que vai. Se aceitar meu convite para passar um tempo lá em casa, você pode até encontrar um por lá...

— Eu, namorar um *cara* do interior e casar com ele? Não daria certo, minha vida é aqui...

— Sua vida será onde o amor a levar...

A frase mexeu com Bianca. Provocou-lhe uma súbita e inexplicável onda de calor na altura do peito, perto do coração. Nisso, a porta se abriu e Lícia pediu licença para entrar.

— Queridas, o almoço está servido — disse a mulher, indo até a filha e fazendo um ligeiro cafuné.

Durante o almoço, Veridiana de Freitas Giacomelli falou do noivado de Manuela e Péricles Capistrano, que estava para acontecer na semana seguinte. Falou também, com grande orgulho, a respeito das qualidades do noivo da filha, seu futuro genro. Por diversos momentos, Manuela tentou mudar de assunto, por achar que depois dos últimos acontecimentos que haviam envolvido os tios e a prima não era o momento ideal para falar daquilo. Mas sua mãe não percebeu suas indiretas.

Foi um almoço repleto de pratos gostosos. Havia cuscus, torta de sardinha, lombo ao forno com batatas douradas, torta de queijo, rocambole de batatas, uma salada farta de legumes, laranjada e, de sobremesa, torta de banana e quindim.

Assim que Bianca e Manuela se viram a sós novamente, Bianca perguntou:

— Quantos anos tem seu futuro noivo?

— Trinta. Ele é sete anos mais velho do que eu, pode? Mas isso não importa.

De repente, os olhos de Bianca abriram-se um pouco mais. A cor subiu lentamente ao seu rosto pálido e altivo, como se houvesse recebido uma injeção de ânimo, o que, de fato, aconteceu. Com súbito interesse na voz, Bianca perguntou:

— Gostaria muito de ver o felizardo. Você, por acaso, não tem uma foto dele aí com você, tem?

— Lógico que tenho, uma *três por quatro*, serve?

Bianca balançou a cabeça com certa empolgação.

— Nossa... Ele é bem bonito — comentou Bianca, assim que pegou a foto nas mãos.

— É, não é?

— Sim, um homem e tanto. Parabéns.

Bianca aproximou a foto dos olhos para poder enxergar melhor o rosto do namorado da prima.

— Ele não tem, por acaso, um irmão gêmeo? — brincou ela.

— Não — respondeu Manuela em meio a um sorriso. — Mas tem muitos amigos, posso lhe apresentar um deles ou todos eles, se você um dia for nos visitar.

— Não seria má ideia, principalmente agora que estou descomprometida.
— Você combinaria muito com o Tarcísio, prima — acrescentou Manuela, pensativa.
— Tarcísio? — empolgou-se Bianca.
— Sim. Tarcísio é um dos melhores amigos, senão o melhor amigo de Péricles.
— Tão bonito quanto o Péricles?
— Bem... igual ao meu Péricles em beleza só ele.
As duas riram. Levou quase um minuto até que Bianca perguntasse:
— Que dia mesmo vai ser o seu noivado?
— Na semana que vem, sábado, à noite.
Bianca ponderou antes de dizer:
— Sabe, prima, estive pensando, refleti melhor e acho que vou aceitar o convite que me fez para passar uns dias com vocês em Passaredo. Assim, poderei participar do seu noivado, o que me dará grande prazer.
— Será um prazer ter você conosco, prima.
— Tem certeza de que não vou incomodar?
— De jeito algum. Será um prazer. Se o Tarcísio estiver na cidade, poderei apresentá-lo a você. Ele viaja muito a trabalho. Só resta saber se ele ainda está solteiro. A última vez que soube dele, estava, pois havia brigado com a namorada mais uma vez e decidido romper com ela terminantemente. É melhor me certificar. Não existe nada pior que apresentar alguém comprometido para um descomprometido. Quem está descomprometido vai se frustrar depois.
Bianca pôs-se em pé num pulo.
— Vamos contar a novidade para a minha mãe e a sua?
— Vamos.
Bianca deixou o quarto, puxando Manuela pela mão. Manuela, distraída, acabou esquecendo a foto do futuro noivo ali, no local que Bianca, estrategicamente, havia colocado sem que a prima notasse. Lícia e Veridiana receberam a notícia com muita alegria.
— Que bom, filha, que você aceitou o convite — alegrou-se Lícia.
— De que adianta eu ficar presa aqui dentro desta casa sofrendo por algo que não vai mudar, não é mesmo? — afirmou Bianca, animada. — Tenho de reagir.
— É assim que se fala, querida — concordou Veridiana Giacomelli.
Bianca sorriu. A tia acrescentou:
— Será um prazer ter você em nossa casa e fique por lá pelo tempo que quiser, volte para cá somente quando estiver se sentindo melhor, uma outra pessoa, uma outra mulher. Não há nada melhor do que viajar por um bom tempo e voltar para casa somente quando se sentir recuperada.

– Veridiana, querida – disse Lícia –, nem sei como agradecer-lhe por hospedar minha filha.

– Lícia, meu bem, tenho a certeza de que você faria o mesmo pela minha querida Manuela.

– E faria mesmo. Manuela é um doce de moça. É para mim como uma filha.

Bianca abraçou Manuela e sorriu. Havia um brilho em seu olhar, um brilho que pareceu para todos de felicidade por ela ter decidido passar um tempo na casa da tia, no interior. Mas o brilho era, na verdade, por um motivo completamente diferente daquele. Era pelo desejo e determinação de conquistar Péricles Capistrano que Bianca se irradiava de empolgação e vontade de passar uns dias na casa da tia no interior.

...

Assim que a tia e a prima foram embora, Bianca Tomazoni voltou para o seu quarto, pegou a foto do futuro noivo de Manuela e admirou mais uma vez o rosto do moço. Era um rapagão bonito, com cara de homem e não de moleque, como ela tanto gostava. Bianca encostou a foto no peito, fechou os olhos e suspirou. Por fim, foi até o guarda-roupa, pegou a imagem de Santo Antônio que havia deixado guardada ali, de ponta-cabeça, e, mirando fundo nos olhos do santo, disse:

– Escuta bem o que vou lhe dizer, se não quiser continuar de cabeça para baixo. Olhe bem para essa foto, o nome dele é Péricles, é namorado de minha prima Manuela, mas esse é apenas um mero detalhe. É com ele que quero me casar, compreendeu? Com ele, Péricles Capistrano. Manuela é muito sonsa, muito caipira para se casar com um homem da estirpe desse rapaz. Qualquer jacu está muito bom para ela.

"Péricles foi feito na medida certa para mim. É de família rica como eu. Graduado em ótima faculdade como eu. É uma pessoa viajada como eu. É, enfim, o homem perfeito para mim. A pessoa certa para eu me casar e acabar de uma vez por todas com esse meu martírio, sair definitivamente da sombra da solteirice.

"Compreendeu? Mesmo? Não vá falhar. Se falhar mais uma vez comigo, eu juro, por tudo o que há de mais sagrado, que você vai permanecer de ponta-cabeça até o dia da minha morte. Compreendeu? Mande-me algum sinal, se me compreendeu! Não fique com essa cara de santo, de pobre coitado, olhando para mim. Se há um pobre coitado aqui, esse pobre coitado sou eu: uma pobre coitada."

Bianca tornou a guardar a imagem de Santo Antônio no guarda-roupa, deixando-a como de costume, de ponta-cabeça, e voltou a admirar a foto de Péricles Capistrano.

Foi então que se lembrou de uma simpatia que era tida pelas mulheres como infalível: escrever o nome do homem com quem quer se casar num pedacinho de pano e pregá-lo na boca de um sapo. Ela se recusara a fazer a simpatia no passado por achá-la extremamente nojenta. Antes tivesse feito, assim não teria se dado tão mal mais uma vez no campo afetivo. Todavia, ela faria a simpatia agora, o mais rápido possível, para garantir o sucesso de seu plano para com Péricles Capistrano, caso Santo Antônio desse para trás mais uma vez. Restava apenas encontrar um sapo. Mas onde?

– Onde posso encontrar um sapo, Maju? – perguntou Bianca à empregada da casa.

– Um sapo?! Ora *diacho*, *pra* que a senhora *qué* um sapo, dona Bianca?

O sotaque caipira da mulher de trinta e poucos anos irritava Bianca profundamente. Por mais que tentasse, não conseguia se acostumar a ele. Maju era também de Passaredo, cidade onde morava Manuela e sua família. Havia sido indicada por Veridiana, quando Lícia precisou muito de uma empregada. Maju, apelido de Maria Júlia Santos, aceitou o emprego no mesmo instante que Veridiana lhe oferecera, porque poderia realizar o seu maior sonho de vida: morar no Rio de Janeiro, algo que ela queria fazia muito tempo, na esperança de encontrar pelas ruas um dos astros do rádio ou da TV e se casar com ele.

– Sapos – prosseguiu Maju, após ligeira reflexão – aparecem em dia de chuva, dona Bianca. Ou no brejo.

– Consiga um para mim que eu hei de recompensá-la com um bom dinheiro.

– Que é isso, dona Bianca, *num* precisa me *pagá* nada não.

– Está bem, mas consiga um o mais rápido possível. É uma questão de vida ou morte.

– *Vô tentá!*

Conversando com o jardineiro, Maju pediu a ele que arranjasse um sapo para ela.

– Um sapo?! – espantou-se o homem.

– Isso *memo*, *home**, um sapo!

– E pra que você precisa de um sapo, Maju?

– Segredo meu, *home*.

– Sei... – sibilou o jardineiro, lançando um olhar maroto à moça. – Na mínima, *tá* querendo amarrar o nome de algum homem na boca do sapo, não é mesmo?

– C-como é que é?

– Ora, Maju, todo mundo sabe que, quando uma mulher quer um sapo, é para amarrar o nome de um homem na boca dele, porque fazendo isso, o

---

*Home, jeito caboclo de falar a palavra "homêm". (N. do A.)

homem vai se casar com ela e vão viver juntos até que a morte os separe. É uma simpatia.

– É *memo, home*? Nunca ouvi *falá, sô*. E funciona?
– Eu não acredito em simpatia. Para mim, não passa de superstição.
– Super... o quê?
– Deixa *pra* lá, mulher.

Maju refletiu por um instante antes de perguntar:

– Que*r* dize*r* que a *muié* tem de costura*r* o nome do *home* na boca do sapo *pra*... Ai, judiação, coitado do bichinho, *sô*!
– Se a mulher quiser que o relacionamento dela com esse homem dê certo, tem de costurar, sim! Segundo a simpatia.
– Que dó do sapinho!
– É pra ter mais dó da moça do que do sapo, pois só uma moça digna de pena para acreditar numa simpatia ridícula dessas. Eu digo mais: uma moça pobre de espírito, cheia de dengo e mimada.

Maju ficou pensativa mais uma vez e, nos dias que se seguiram, tentou fazer com que Bianca mudasse de ideia, mas a patroazinha se mostrava determinada no seu objetivo, incapaz de voltar atrás. Diante da demora do jardineiro em conseguir um sapo, Maju reforçou o pedido.

– Ora, mulher – satirizou o homem – pensei que havia desistido da ideia.
– *Num* posso, é uma questão de vida ou morte.
– *Tá* bom, vou tentar arranjar um sapo para você. Eu disse que vou tentar, não disse que vou conseguir.
– Por favo*r*, consiga, é realmente muito impo*r*tante para *eu*.

O jardineiro fez uma careta gozada e voltou ao seu trabalho. Desde então, Maju ficou ansiosa pela chegada do sapo. Dias depois, enquanto punha as roupas passadas no guarda-roupa de Bianca, aquela mulher prendada avistou a imagem de Santo Antônio virada de ponta-cabeça.

– Ai! – penalizou-se. – Quem foi capaz de faze*r* uma coisa *dessa* com o senho*r*, meu santinho?

Maju imediatamente desvirou o santo, espanou-lhe o pó e ficou, por instantes, acariciando sua cabecinha. Disse:

– Po*r* isso que dona Bianca *tá* sofrendo tanto *pra* arranja*r* um *home*. Ela *num* viu que o senho*r* caiu aqui de ponta-cabeça. Sorte que encontrei o senho*r* e o desvirei, senão... Vou arranja*r* um outro luga*r* *pro* senho*r* fica*r*, um luga*r* mais seguro. *Vamo vê*, onde?

Maju percorreu o quarto com os olhos. Por fim, chegou à seguinte conclusão:

– Se bem que, se o senho*r* foi posto aí dentro do guarda-roupa, é po*r*que a dona Bianca quer o senho*r* guardado aí dentro, né? Po*r* isso vou ajeitá-lo aí *memo*. Pronto, assim *tá mió*, meu Santo Antônio.

A empregada sorriu satisfeita. Voltou-se para a porta do quarto para se certificar de que não havia ninguém parado ali e só então ajoelhou-se diante da imagem, baixou a voz e, num tom de súplica, fez um pedido muito sério ao santo:

– Já que encontrei o senho*r* aqui, meu santinho, vou aproveita*r* para fala*r* um bocadinho com o senho*r*. Po*r* que o senho*r* aprontou *com eu* uma coisa daquelas, meu santinho? Justo com eu que sempre fui muito devota do senho*r*? Tratei o senho*r* sempre com muito carinho, vivo sempre espanando o pó do seu co*r*po *pra* deixa*r* o senho*r* limpinho? Vivo fazendo minhas *oração*... Como é que o senho*r* me faz uma coisa daquelas? Pedi tanto *pro* senho*r* me faze*r* casa*r* com um *home bão* e o senho*r* me fez casa*r* com aquele traste do Edma*r*? Aquele mulherengo de uma figa. Onde já se viu, *sô*?! Quando pedi um casamento *pro* senho*r*, eu pedi um casamento de conto de fada, que fosse com um galã de novela, não com um pobretão mulherengo como o Edma*r*.

Ouviram-se, nesse momento, passos vindo pelo corredor. Maju levantou-se imediatamente, limpou os joelhos e disse:

– Deixa eu i*r* que a patroa vem vindo.

Beijou o santo, fez o sinal da cruz e, quando estava prestes a fechar o guarda-roupa, uma foto *três por quatro* que estava ao lado dos perfumes de Bianca chamou sua atenção.

– Ora, *diacho*, o que a foto do seu Péricles *tá* fazendo aqui nas *coisa* da dona Bianca? Deve ter sido a dona Manuela quem esqueceu a foto, quando teve aqui, só pode.

Maju olhou novamente para a porta para se certificar de que não havia ninguém parado na soleira e só então pegou a foto e levou-a bem rente aos olhos:

– *Eta home* bonito! – exclamou. – É um desse que eu preciso.

E, voltando-se na direção da imagem de Santo Antônio, completou:

– Ouviu? É um *home* assim que eu preciso: bonito, fogoso, de família endinheirada. *Vê lá, hein, num* vai me desapontar.

Sem mais delongas, Maju deixou o quarto de Bianca para continuar seus afazeres pela casa.

⋮

Dias depois, assim que Bianca voltou do cabeleireiro, a moça procurou pela empregada.

– Conseguiu? – perguntou ela, assim que encontrou Maju.

– Dona Bianca?! – assustou-se a moça. – Bom-dia!

Bianca ignorou o cumprimento e, impaciente, repetiu sua pergunta:

– E aí, conseguiu?

– Consegui o quê? – espantou-se Maju, engruvinhando todo o cenho.

– O sapo – explicou Bianca, baixando a voz.
– É *pra* hoje, dona Bianca. Pode ficar tranquila que de hoje *num* passa.
Um sorriso raiou na face de Bianca Tomazoni.
– Seja discreta quando for me entregar o sapo, por favor – observou a moça, antes de deixar o aposento.

Naquela tarde, por volta das 14 horas, Maju entrou no quarto da patroazinha com todos os dentes à mostra num sorriso. Até mesmo os dentes cariados podiam se vistos com grande nitidez de tão largo que era o sorriso. A pobre mulher foi logo dizendo:

– Dona Bianca, o bendito *tá* aqui, *ó*. Dentro dessa caixa.

Bianca se empolgou.

– O sapo?!

– Sim, senhora. O bendito. Agora, a senhora me *descurpe* a pergunta, mas *por* que a senhora precisa de um bicho tão feio como esse, sô?

A pergunta irritou Bianca.

– Não é da sua conta, sua enxerida – respondeu ela, secamente, enquanto olhava para a caixa com grande interesse.

– O Joca, o jardineiro, a senhora sabe, disse *pra* mim que muita *muié* pega sapo *pra* costurar na boca do bicho o nome do *home* com quem ela quer se casar...

Bianca a interrompeu bruscamente:

– Deixe a caixa aí e suma.

Maju fez o que a patroazinha ordenou no mesmo instante. A caixa com o sapo ficou sobre a cômoda e, volta e meia, estremecia conforme o sapo se mexia.

"Como é que eu vou costurar o nome do Péricles na boca desse bicho asqueroso?", era a pergunta que não queria calar dentro de Bianca Tomazoni. Foi então que ela se lembrou da aula de biologia onde haviam sido feitas experiências com sapos.

No minuto seguinte, correu até a escola onde cursou até o terceiro colegial. Por sorte, o professor de biologia ainda era o mesmo que lhe dera aula. Fazendo uso de uma desculpa qualquer, mas convincente, Bianca perguntou ao professor qual era o nome do produto usado por sua turma, na aula para fazer o sapo dormir, antes que fosse operado, entre aspas.

Apesar de considerar a desculpa apresentada por Bianca um tanto quanto sem pé nem cabeça, o professor lhe deu as devidas explicações. Do colégio, Bianca partiu imediatamente para uma farmácia onde comprou o produto indicado pelo professor e uma seringa hipodérmica.

Assim que voltou a casa, Bianca se trancou em seu quarto e deu início a primeira etapa do processo: escreveu o nome de Péricles em letra de forma bem legível num pedacinho de pano para ser costurado na boca do sapo.

A seguir, passou a linha na agulha que serviria para costurar o pedacinho de pano na boca da pobre criatura. Em seguida, injetou na seringa a quantidade certa de clorofórmio para aplicar no sapo e fazê-lo dormir. Só então vestiu as luvas e se posicionou em frente à caixa de papelão que guardava o sapo. Mirou a caixa e disse para si mesma:

– Seja forte, Bianca. Forte e corajosa. O seu futuro amoroso depende disso. Exclusivamente disso.

Para lhe dar definitivamente coragem, Bianca olhou mais uma vez para a foto *três por quatro* de Péricles Capistrano. Visualizou mais uma vez sua vida ao lado dele e só então abriu a caixa com todo o cuidado, procurando não olhar para o seu conteúdo. Ainda que sentindo nojo, um nojo abissal, segurou firmemente o sapo com uma mão e com a outra levou a seringa até ele e lhe aplicou o clorofórmio. Restava, agora, apenas esperar que a droga fizesse efeito.

– Ufa! – bufou Bianca, transpirando em profusão.

Péricles, repetia ela em intervalos cada vez mais curtos, pois o nome do moço lhe dava forças para continuar na empreitada mais inusitada de sua vida.

Quando achou que devia, Bianca olhou para dentro da caixa na esperança de que o sapo já estivesse dormindo. Para seu alívio, o remédio já surtira efeito.

– Pronto! Agora vamos à segunda parte – exclamou Bianca, com empolgação.

Ela, então, tirou o bichinho de dentro da caixa, ajeitou-o sobre a cômoda devidamente coberta por uma toalha que ela previamente havia colocado ali. Pegou o pedacinho de pano onde havia escrito o nome de Péricles, a agulha com a linha e se preparou para costurá-lo na boca do sapo.

Seu coração batia forte, agora, em disparada.

– Vamos lá, Bianca – disse para se encorajar. – Seja forte, em nome de Péricles.

Ela segurou bem o sapo, olhando cada vez mais enojada para o bicho e, então, levou a agulha até ele. Assim que a agulha espetou a boca da pobre criatura, e Bianca fez força para que a agulha penetrasse a sua pele, o sapo abriu os olhos. Bianca soltou um grito e, no mesmo instante, pulou para trás. O sapo começou a se mexer para total desespero dela. Por estar grogue e sem noção de onde se encontrava, a criatura pisou em falso e caiu de cima da cômoda. Ainda que zonzo, começou a se arrastar pelo quarto.

A essas alturas, Bianca estava de pé sobre sua cama, cada vez mais receosa de que o sapo pulasse ali e viesse para cima dela. Para ela, um sapo podia saltar com a velocidade e leveza das rãs, o que não é verdade.

Ela queria gritar, berrar, espernear, mas não podia de forma alguma. Se o fizesse, sua mãe iria descobrir tudo o que ela pretendia fazer. A única que poderia ajudá-la naquele momento era Maju, mas como fazer para que ela a ouvisse daquela distância?

Nisso, a porta do quarto se abriu e sua mãe entrou, chamando pela filha.

– Bianca! – exclamou Lícia, espantada por ver a filha de pé sobre a cama.

– Mamãe! – grunhiu Bianca, avermelhando-se até a raiz dos cabelos.

Nisso Isadora, amiga de Bianca, que estava ali àquela hora para visitar a amiga, apareceu na soleira da porta. Bianca avermelhou-se ainda mais, parecia um pimentão vermelho em forma de gente. Para se safar daquela delicada situação, Bianca começou a gritar:

– Um sapo! Um sapo!

– Sapo?! – espantou-se Lícia.

– Sim, mamãe, um sapo!

Ao avistar a criatura, Lícia gritou apavorada, especialmente porque o sapo agora seguia na sua direção.

– Deus me acuda! Deus me acuda – afligiu-se a mulher, saindo correndo do aposento.

Assim que a criatura se aproximou dos pés de Isadora, a moça deu passagem para ela. O sapo seguiu em direção à escada e, um minuto depois, era retirado de dentro da casa por Joca, o jardineiro, que, por sorte, estava naquele dia, àquela hora, cuidando do jardim.

Assim que teve oportunidade, Isadora voltou-se para Bianca e perguntou:

– Por acaso você estava fazendo a simpatia do sapo, Bianca?

– Eu?! Vê lá... – gaguejou Bianca, fingindo espanto.

E antes que a amiga avistasse os utensílios que ela estava usando para costurar o nome de Péricles na boca do sapo, Bianca puxou a amiga para fora do quarto, rindo, fingidamente.

– Só você mesmo, Isadora – comentou Bianca, em meio a risos fingidos –, pensar que eu, Bianca Tomazoni, seria capaz de me prestar a um papel ridículo de costurar o nome de um homem na boca de um sapo. Imagine se eu iria pôr a mão numa coisa asquerosa como aquela, *eca!!!* Além do mais, eu não preciso fazer simpatia alguma para conquistar um homem, minha querida, sempre tive muitos aos meus pés, você sabe disso...

– Sei... – respondeu a amiga, com certa desconfiança.

– Pois bem... Mas o que a traz aqui em casa a essa hora, meu bem?

– Vim ver como você está. Faz tempo que não nos falamos.

– É verdade.

– Depois que o José Murilo...

Bianca amarrou o cenho e interrompeu a amiga no mesmo instante:

– Não ouse repetir esse nome nesta casa. Só de ouvi-lo, crio brotoejas pelo corpo.

Assim que a amiga se foi, Bianca repreendeu a mãe:

— Mamãe, onde a senhora estava com a cabeça para levar a Isadora até meu quarto sem me consultar?

— Mas vocês são tão amigas.

— Não importa. Nunca mais leve ninguém até o meu quarto sem antes me consultar e receber o meu consentimento. Mande esperar aqui na sala e vá me chamar. Por favor.

— Está bem, minha querida.

E, passando a mão carinhosamente no rosto da filha, Lícia comentou:

— Que susto você deve ter passado ao ver aquela criatura asquerosa em seu quarto, hein? Só não entendo como um sapo conseguiu entrar lá.

— Eu também gostaria de saber como, *mamili*. Eu também gostaria de saber como...

Naquela noite, Bianca teve um pesadelo horrível, um dos piores de toda a sua vida. Sonhou que José Murilo estava presente no quarto no momento em que ela estava tentando costurar o nome de Péricles na boca do sapo e que ria dela a ponto de se contorcer. E que chegou a perder o fôlego de tanto rir, quando o sapo acordou e assustou-a profundamente. Ao lembrar-se do pesadelo, Bianca se perguntou se realmente o espírito sobrevive à morte. Se sim, teria José Murilo estado de fato em seu quarto, àquela hora, vendo-a passar todo aquele ridículo? A resposta foi dada por ela própria: Não! Não estaria! Porque, depois do que ele me fez, ele estaria, certamente, àquela hora, queimando nos quintos dos infernos!

...

No dia seguinte, assim que pôde, Maju foi até o quarto de Bianca para procurar animá-la. Entrou no aposento como de hábito, sem receber permissão.

— Dona Bianca – disse a mulher, agitada.

— Deixe-me em paz, seu estrupício. A culpa é sua pelo sapo ter fugido.

Maju pensou em contestar a moça diante de tal acusação, afinal, quem escapara da caixa fora o sapo, e escapara de livre e espontânea vontade. Ela não tinha nada a ver com aquilo. No entanto, a irritação com o que se sucedeu deveria estar fazendo a patroazinha enxergar tudo de forma errada. Disposta a ajudar a moça, Maju disse:

— A Jussara, a faxineira que ajuda na limpeza da casa, duas vezes por semana, contou *pra* mim, certo dia, que *num* existe coisa *mió pra* arranjar marido do que coar o café numa *carcinha*.

Bianca arregalou os olhos, surpresa e empolgada.

— Sério? – perguntou, cheia de ideias.

— Foi o que ela me disse, sim senhora. Diz que a simpatia *num faia*. É tiro e queda. *Formidave*.

— Essa simpatia, pelo menos, é mais fácil de se fazer – empolgou-se Bianca. – Vou tentar.

— É assim que se fala, dona Bianca!
— Vou agora mesmo comprar uma roupa íntima novinha em folha.
— *Num* precisa! A Neuza disse que pode usar uma *carcinha véia** *memo*...
— Neuza?! Não foi a Jussara quem lhe falou da simpatia?!
— Eu disse Jussara? Ué? Devo ter trocado os *nome*. Essa cabeça aqui já *num* é mais a *mema*... Pois bem, a Neuza disse que a simpatia dá mais *resurtado* se a senhora coar o café numa peça que a senhora já usou varias *vez*. De preferência numa que ainda *num* foi lavada. Sujinha, sabe como é que é, né?
— É mesmo?
— É. E a senhora deve repetir o nome do *home* com quem quer se *casá* entre uma *golada* e outra de café.
— Se isso for alguma brincadeira sua, Maju...
— *Num* é não senhora.
— Acho bom dar certo.
— Vai dar sim. Pode *apostá*!

Havia agora um brilho de esperança renovada nos olhos de Bianca Tomazoni.

•••

Visto que não havia nenhuma calcinha sua para lavar, Bianca resolveu usar a calcinha que estava vestindo para coar o café. Queria porque queria fazer a simpatia o mais rápido possível, antes que fosse tarde demais. Afinal, o tempo urge.

Horas depois, Bianca fechou-se na cozinha e pôs a água para ferver na chaleira. Depois, pegou a peça íntima, prendeu-a sobre o bocal do bule de café com um elástico, pôs o pó de café ali e, assim que a água ferveu, despejou sobre o recipiente. Restava agora apenas beber o café e dizer, entre um gole e outro, o nome do homem com quem pretendia se casar: Péricles Capistrano.

Bianca estava prestes a completar a simpatia, quando surgiu uma dúvida: teria ela feito a simpatia de forma correta? Não teria se esquecido de algum detalhe? Algum detalhe crucial? Era melhor conferir com Maju para não dar bola fora. E, assim, Bianca deixou a cozinha em busca da empregada. Nem bem ela saiu, sua mãe entrou no aposento.

— Hum... Que cheirinho bom de café – murmurou Lícia, inspirando o ar com prazer. – Maju – chamou a senhora. – Que é de você, mulher? Deixa para lá, eu mesmo sirvo o café.

Lícia não se ateve ao fato de que o coador de café havia sido substituído por uma calcinha. Colocou umas xícaras de porcelana sobre a bandeja devidamente forrada com uma linda toalhinha de crochê na cor branca, pegou o açucareiro e umas colherinhas de chá e encheu as xícaras com o líquido fumegante. A seguir, levou até a sala de visitas, onde serviu o café para o casal

---

*Manteve-se o acento para evitar confusões com palavras semelhantes. (N. do A.)

de amigos que estavam fazendo uma visita para ela e o marido. O sócio do marido também estava presente.

– Cafezinho feito na hora – disse Lícia, com alegria.

– Hum, que cheirinho bom... – alegrou-se Afonso, o sócio de seu Aramis.

Todos pegaram uma xícara e foram adoçando a seu gosto.

Nisso, Bianca voltou para a cozinha acompanhada de Maju.

– A senhora fez a coisa certa, sim, dona Bianca – disse a mulher, após olhar o bule de café com atenção. – Só usou pouca água. Devia ter coado muito mais água...

– E coei. Quase um litro d'água.

– Então a água evaporou.

– Como assim, evaporou? – espantou-se Bianca, olhando para o interior do bule. – Você tem razão, Maju, o café parece ter se evaporado... Só falta alguém ter vindo aqui e...

As duas se entreolharam, alarmadas.

– Mamãe! – exclamou Bianca, horrorizada.

– Dona Lícia! – exclamou Maju, apavorando-se.

Ambas correram para o hall que dava acesso à sala onde Lícia e Aramis recebiam seus amigos.

– É tarde demais – murmurou Bianca, palpitante.

Bem nesse momento, ouvia-se Afonso Rossini dizer:

– Faz tempo que não tomo um cafezinho tão bom como esse.

– De fato – concordou Jair Albuquerque.

– É mesmo – alegrou-se Lícia Tomazoni.

– O aroma desse café é diferente, mais saboroso – acrescentou Afonso, olhando com curiosidade para o líquido que bebia. – De que marca é?

Maju levou a mão à boca para conter o riso e, antes que ela rompesse numa gargalhada, Bianca a tirou dali, puxando-a com toda força e rapidez pelo braço.

– Dona Bianca – tentava dizer a empregada, mas o riso não lhe permitia completar a frase.

– Cale-se, mulher – repreendeu Bianca, irritada – eles podem ouvi-la.

– E agora?

– Sei lá... Quem manda a minha mãe ser enxerida?

Bianca tomou, a seguir, o restante do café e disse:

– Espero que dê certo, porque não me resta mais tempo. Amanhã pela manhã parto para Passaredo.

– *Num* esquece de levar para a dona Manuela a foto do seu Péricles que ela esqueceu aqui – observou Maju.

– Foto?! Que foto?!

– A foto que está no guarda-roupa da senhora.

— Você andou mexendo nas minhas coisas, estrupício?
— Eu não, senhora. Vi a foto quando fui guardar a roupa lavada e passada.
Bianca refletiu por instantes.
— Quer dizer então que você conhece o namorado da Manuela?
— O seu Péricles? Sim, quem não o conhece. Moço bonito, educado, de boa família... A *muierada* baba quando ele passa. Um *homão*. A dona Manuela teve muita sorte de ele *ter* se interessado *por* ela. Muita sorte *memo*, pois ele é paparicado *por* toda *muierada* da cidade, até pelas *casada* e *viúva*.
— Sei... — murmurou Bianca pensativa, sentindo-se ainda mais certa de que Péricles era o homem certo para ela se casar.
Maju perguntou a seguir:
— O noivado dos dois é amanhã, *num* é?
— Sim. Estarei lá para conferir.
— Vai *sê* uma festança e tanto!
— Com certeza.
— Faz muito bem à senhora *ir* para o interior, não há nada *mió* que respirar o *ar* puro dos campos, ver o verde.
Bianca não respondeu. Sua mente vagava longe naquele instante. Deixou o aposento sem se despedir de Maju, tampouco agradecer-lhe mais uma vez por seus préstimos, algo bem típico da sua personalidade.
Chegando ao seu quarto, Bianca pegou a foto de Péricles que estava guardada em seu guarda-roupa e admirou o moço mais uma vez.
— Você há de ser meu, Péricles Capistrano. Custe o que custar, você há de ser meu.
Foi bem nesse momento que uma rajada de vento atravessou a janela que estava aberta e derrubou um dos porta-retratos que estava em cima de uma mesinha de canto. O objeto caiu e se quebrou.
Bianca arrepiou-se toda diante do incidente e se viu a seguir envolta numa sensação esquisita e desconcertante. Ao pegar o objeto do chão, notou que havia uma foto por baixo da foto que estava nele. A mãe provavelmente havia colocado uma foto por cima daquela que estava ali anteriormente. Era uma foto sua tirada ao lado de José Murilo. Ao ver o rapaz, Bianca novamente se viu tomada de ódio pelo que ele, na ignorância dela, tinha feito contra ela, ou seja, morrer antes de seu casamento ter sido consumado pelo padre.
— Vou dar a volta por cima, José Murilo — desabafou Bianca, olhando com desagrado para a foto. — Enquanto você apodrece a sete palmos debaixo da terra, eu vou superar o que você me fez, casando com um homem lindo e endinheirado, que vai me deixar cada vez mais linda e feliz. Que pena que você não vai poder assistir à minha vitória. Ah, como eu queria que me visse triunfando. Você e aquele otário do José Felício, que me deu um pontapé depois de onze anos de namoro.

Capítulo 3

Bianca chegou a Passaredo após a cidade ter recebido três dias consecutivos de chuva torrencial, o que agradou muito aos agricultores, pois não havia nada melhor para a plantação crescer forte e viçosa do que uma boa pancada de chuva.

No entanto, a chuva cadenciada deixou a pequena cidade enlameada, com poças da água por todo lugar, especialmente nas ruas que ainda não haviam sido asfaltadas, aliás, a maioria.

"Onde estava eu com a cabeça quando decidi vir para esse fim de mundo?", perguntava-se Bianca, tentando controlar seus nervos. "Eu não devo estar concatenando bem as ideias para ter aceitado o convite de Manuela", repreendia-se ela, em silêncio, a cada minuto.

"Lembre-se por que veio para cá", lembrou-lhe sua voz mental, aquela vozinha que dialoga com todo ser humano. "Depois de conquistar Péricles Capistrano, você vai ver que valeu a pena todo sacrifício que passou aturando essa cidade." Sim, a voz tinha razão, concluiu Bianca. Por Péricles Capistrano, valeria todo o sacrifício!

– Prima querida! – exclamou Manuela, assim que viu Bianca atravessando a porta da frente de sua casa.

A jovem correu de braços abertos até a prima e a abraçou com carinho.

Bianca, fingida como sempre, mostrou-se alegre por rever a prima.

– Manuela querida, que saudade.

– Que bom que você veio, prima. Estava ansiosa por sua chegada.

A jovem contemplou Bianca com um sorriso bonito. Incomodada com o modo com que a prima olhava para ela, Bianca disse:

– Choveu um bocado por aqui, hein?

– Se choveu, graças a Deus! As plantações estavam precisando. A região toda vive da renda da colheita e, se a colheita não é boa, não há prosperidade por aqui.

Definitivamente: um fim de mundo, comentou Bianca consigo mesma. E, ao se lembrar das pessoas que viu andando pelas ruas por onde passara o carro que a trouxe para a cidade, Bianca sentiu-se novamente enojada. Sim, ela sentia literalmente nojo das pessoas do interior. Da jacusada, como ela as chamava em pensamento. Os bichos do mato, como ela também as chamava, e acreditava não haver expressão mais correta para descrever os interioranos do que aquela, pois, para ela, todos não passavam realmente de uns bichos do mato. Só mesmo por Péricles Capistrano para aguentar toda aquela caipirada, senão...

Ao perceber que a sobrinha havia chegado, dona Veridiana correu para dar as boas-vindas à moça. A seguir, pediu ao chofer que havia trazido Bianca até a cidade que levasse, por gentileza, as malas da moça para o quarto que havia sido reservado para ela na casa. Bianca julgou o quarto cafona e desconfortável. Nada ali era, na sua opinião, do seu agrado. Nunca vira em toda a sua vida um aposento decorado com tanto mau gosto como aquele. Mas, certamente, ela guardou suas opiniões para si mesma, caso quisesse manter a aparência de moça fina, educada e ponderada.

Até mesmo Elvira, empregada antiga da casa, tida por todos como membro da família, recebeu Bianca com grande satisfação. No entanto, quando foi beijá-la no rosto, Bianca recuou a face e desconversou. Nunca fora de ter intimidades com subalternos e não seria agora que teria. A mulher, na sua simplicidade, nem sequer notou seu descaso, continuou sorrindo para ela, feliz por sua chegada.

Uma hora depois, o tio, que se chamava Alípio, chegou para o almoço, acompanhado dos filhos Hugo e Camilo.

O senhor Alípio Giacomelli, 55 anos, era baixo, ligeiramente obeso e tinha os cabelos tingidos já bastante desbotados. Simpático, sua face um tanto quanto quadrada, inspirava confiança. Hugo Giacomelli, 26 anos, o filho mais velho do casal Alípio e Veridiana Giacomelli, lembrava muito o pai. Só divergia na altura, no peso e na tonalidade da cor dos cabelos. Camilo, 25 anos, o filho do meio do casal, era, por sua vez, parecido com a mãe. Jovem, de aspecto viçoso, era tipicamente um camponês. O bronzeado da pele indicava que trabalhava boa parte do dia debaixo do sol.

Os três homens cumprimentaram Bianca com grande reserva de carinho. Assim que se sentaram à mesa para almoçar, Hugo voltou-se para a prima e perguntou com seu jeitão acaipirado de sempre:

— A prima veio *pra* cá *pra* caçar um marido, foi?

— Hugo – repreendeu sua mãe. – Isso é pergunta que se faça?

— E *num* é? Que *mar* tem *perguntá* isso, *sô*, se *for* essa a necessidade da prima, que ela fale logo para que eu apresente um dos meus *amigo pra* ela.

— Um dos seus *amigo*, Hugo? – zombou Camilo. – Esqueceu, *home*, que a prima é da *capitar*, estudada, *curta*... Os *amigo d'ocê* são tudo uns *ignorante*, pé de chinelo, *num* sabe nem *escrevê* o nome direito...

– E *ocê* acha que a prima, nessas *artura* do campeonato, vai se *importá* com esses *pormenor*, Camilo? Num vai, né, prima?

– Prima, que vergonha – comentou Manuela com Bianca. – Desculpe meu irmão, ele é tão simplório que nem sabe o que diz.

– O Hugo *num* mede bem é os *quatro arqueire*, prima – falou Camilo, enquanto mastigava, barulhento, um pedaço de carne.

Hugo deu um tapa de leve na cabeça do irmão.

– Vocês dois querem se comportar, o que a prima vai pensar *d'ocês*? – repreendeu a mãe, mais uma vez, os dois filhos.

– Que é isso, tia? – disse Bianca, fingindo não se importar com as palavras do primo.

Hugo disse a seguir:

– O único *bão* partido da cidade é o Péricles Capistrano, mas esse a maninha aí já *laçô, né*, mana?

Manuela fez uma careta. O irmão fez uma pior.

– Há outros *moço* na cidade que *num* é de se jogar fora, minha sobrinha – comentou o tio, querendo se fazer de gentil. – Eles só *num* tem a *curtura* que o Péricles tem, mas de que serve tanta *curtura*, né? Vai *usa pra* que? Uma boa colheita se faz pondo a mão na massa. Por isso que eu sempre digo: *mió* saber manejar bem uma enxada *pra podê capiná* ligeiro do que ter essa *tar* de curtura... Porque a ligeireza colhe bons frutos...

Bianca contou até dez para não gritar da dor que o sotaque caipira de todos ali estava provocando nos seus tímpanos. Que Deus lhe desse forças para suportar aquela gente até conseguir atingir seu objetivo: conquistar Péricles Capistrano. E que isso acontecesse o mais breve possível, antes que ela tivesse um surto de horror por se ver cercada por aqueles que, na sua opinião, não passavam de um bando de jacus.

Manuela voltou-se para Bianca e disse:

– À tarde, quero levar você para dar uma volta pela rua principal da cidade, o que aqui nós chamamos de avenida. Lá há umas lojinhas que vendem um pouco de tudo. Quem sabe a prima não encontra um tecido florido bonito que lhe agrade. Se encontrar, pode comprar, porque aqui em Passaredo o que não falta é costureira boa para fazer vestidos na sua medida. São tão boas que há fila de espera. Mas eu consigo encaixar você rapidinho.

Vestido feito por costureira?, riu Bianca intimamente. Aquilo seria o fim para ela, que estava acostumada a vestir somente roupa de marca e feita com os tecidos mais finos que há no mercado, muitos deles importados.

– *Má ô*, prima – tornou Hugo, despertando Bianca de suas reflexões –, que azar o seu, *hein*, seu noivo *bate* com as *butina* bem no dia do casamento, hein? Vai ter azar assim no q...

– Hugo – repreendeu a mãe, antes que o filho completasse a frase.

– Poxa, mãe, assim vou ter de ficar mudo diante da prima.
– *Mió* – opinou Camilo, rindo. – *Ocê* só abre a boca *memo pra falá* besteira.
– E *ocê*, Camilo?
Os dois começaram a despentear um ao outro até que o pai reprovasse o gesto de ambos:
– *Num* gosto de brincadeira de mão. Já disse isso *p'ocês*!
Os dois rapazes amarraram o cenho como se fossem dois garotos birrentos. Nisso Veridiana perguntou para Bianca, no seu jeito simples de ser:
– Minha sobrinha gostou da comida? Estava do seu agrado?
Bianca esforçou-se para mostrar um sorriso convincente de contentamento.
– Que bom que minha sobrinha gostou. Mas amanhã vai estar bem melhor. Vamos ter *dobradinha*.
Bianca levou a mão imediatamente à boca.
– Você está bem prima? – preocupou-se Manuela.
– S-sim... – mentiu Bianca, amarela. – Apenas um leve mal-estar.
– É melhor você descansar um pouco, prima. A viagem deve tê-la deixado exausta.
– Você tem razão, prima.
Voltando-se para todos, Bianca pediu licença e deixou a copa na companhia de Manuela.
– Sei não – comentou Camilo, assim que as duas moças se retiraram. – A prima *num* parece que *gostô* muito de saber que vai ter *dobradinha* amanhã no *armoço*.
– Essa gente da *capitar* é cheia de frescura – opinou Hugo, palitando os dentes, espalhafatosamente. – A prima *num* deve ser exceção.
Veridiana voltou-se para os filhos e lhes fez um pedido muito sério:
– Vocês dois, por favor, procurem tratar a Bianca com respeito e muita paciência. Não quero que ela volte para a capital com má impressão de nós. Tenham paciência com ela, pois a pobrezinha ainda está se recuperando do abalo que sofreu. Não é fácil perder quem se ama, ainda mais a um passo do altar.
Hugo espreguiçou-se à mesa, depois massageou a barriga e disse:
– *Mar* vejo a hora de chegar a hora do *armoço* amanhã só pra *eu* encher o *bucho* de *dobradinha*. *Eta* comida boa! A Elvira bem que podia fazer *dobradinha* mais *veiz* na semana, *né* mãe?
Camilo deu novamente sua opinião:
– Se a Elvira fizer *dobradinha* mais *veiz* na semana, mano, *ocê vai* virar um botijão de gordo.
Hugo deu mais uma vez um peteleco na cabeça do irmão que não deixou por menos, revidou no mesmo instante.
– *Diacho. Ocês* dois querem parar – reclamou o pai.

— Cadê os modos... – indagou Veridiana, tomada de indignação.

Hugo espreguiçou-se novamente, arrastou a cadeira para trás tão abruptamente que o assoalho rangeu. Levantou-se, puxou a calça para cima, ajeitou o cabelo e deixou o aposento, arrotando.

— E a sobremesa?! – quis saber Camilo. – Cadê a sobremesa?

— *Tá* no fogo, meu *fio* – informou Elvira, entrando na copa.

— É o que eu *tô* pensando?

— Isso *memo*, Camilinho.

— *Avisa eu* assim que *tirá* o doce do fogo, Elvira, *ocê* sabe que eu só gosto de arroz doce pelando.

— Pode *deixá*, meu menino.

Assim que Camilo e o pai deixaram a copa, Veridiana comentou com a cozinheira:

— Esses meus dois filhos não têm mesmo modos.

— Mas são *ajuizado*, dona Veridiana. Isso é o que impo*r*ta!

— É... espero mesmo que sejam ajuizados. Pelo menos isso.

Elvira sorriu e, enquanto tirava a mesa, disse:

— A sobrinha da senhora parece ser uma boa moça.

— E é mesmo, Elvira. Bianca é um encanto de moça, uma filha exemplar. Pobrezinha, não merecia o que lhe aconteceu.

— Foi ela que pe*r*deu o noivo, *num* foi?

— Foi – respondeu Veridiana, ajudando a empregada a tirar a mesa. – Deve te*r* sido um choque tremendo para ela. Minha irmã, mãe dela, me disse que ela era louca pelo rapaz.

— A pobrezinha deve *tá* sofrendo muito – opinou Elvira, tomada de pena de Bianca.

— Se está...

— Coitadinha...

— Não sei po*r* que isso foi acontece*r* com uma moça de alma tão boa, tão gentil, tão honesta como a Bianca.

— O mundo é assim *memo*, dona Veridiana, cheio de injustiça! Mas dona Bianca há de encontra*r* um novo moço *pra* se casa*r*, um tão *bão* quanto o anterio*r*, vou pedi*r* por ela nas minhas *oração*.

— Peça mesmo, Elvira. Bianca, pobrezinha, merece encontrar um homem que a faça muito feliz, que a faça esquece*r* a tragédia que matou seu amado noivo.

...

Enquanto isso, no quarto de visitas, agora ocupado por Bianca, Manuela acabava de ajeitar a prima na cama.

— Descanse um pouquinho, prima.

– Não tenho o hábito de fazer a sesta depois do almoço, mas vou tentar – respondeu Bianca, com forçosa amabilidade na voz.

– Tente, prima, você vai acordar se sentindo muito melhor depois de um cochilo.

Manuela beijou a testa de Bianca e deixou o quarto fechando a porta atrás de si para que ninguém atrapalhasse o sono da prima por quem tinha carinho e consideração.

Incomodada com o travesseiro, Bianca tentou mais uma vez afofá-lo.

– Que travesseiro pobre esse – reclamou, baixinho. – Não sei por que não trouxe o meu, importado, maravilhoso, macio, de penas de ganso legítimo...

Como o sono não vinha, Bianca ficou a passear os olhos pelo quarto.

– Que pintura malfeita... – criticou. – Que móveis cafonas... Como alguém pode ter tanto mau gosto para decorar uma casa? Que cortinas horríveis... Nem um sanatório é tão mal decorado quanto esse quarto. Que horror, que pobreza...

"Acalme-se", lembrou-lhe uma voz mental. "Resista a tudo isso que a incomoda tanto para que possa concretizar o objetivo de sua vinda a esta cidade cafona: tirar Péricles Capistrano de sua prima, para que ele se case com você! No final, você verá que valeu a pena ter se submetido a tamanho sacrifício."

– Eu vou aguentar tudo isso por causa do meu Péricles, ah, se vou... Não saio desta cidade sem levá-lo comigo como meu marido. E isso, custe o que custar. Doa a quem doer.

Foi pensando em Péricles que Bianca acabou cochilando. Foi bem mais que um cochilo, foi realmente uma sesta e uma sesta bem longa.

Quando ela despertou, já era por volta das quatro horas da tarde. Espantou-se com o horário e consigo mesma por ter dormido tanto. Seria melhor tomar seu banho a seguir para que pudesse se maquiar e se vestir sem pressa para a grande noite, quando ia ser apresentada a Péricles Capistrano, finalmente.

E foi o que Bianca fez a seguir. Ainda que ficasse o tempo todo reclamando do chuveiro, da pouca água que escorria dele, ela tomou um banho demorado. Enxugou-se demoradamente também e, por fim, foi se maquiar. Uma bela maquiagem a tornaria ainda mais bonita, iria mascarar sua idade, faria com que ela parecesse ter pelo menos dez anos a menos.

Enquanto se pintava, Bianca comentava consigo mesma:

– Eu preciso estar linda esta noite. Mais do que linda, deslumbrante. Magnífica. Estupenda. Eu tenho de endoidecer Péricles Capistrano, fazê-lo ir dormir esta noite pensando em mim, somente em mim. Sonhar comigo e acordar pensando em mim e não na tonta da Manuela.

Meia hora depois, Bianca estava lindamente maquiada e satisfeita consigo mesma por tê-lo feito tão bem.

A seguir, Bianca vestiu o vestido mais caro e bonito que possuía, aquele que, na sua opinião, mais valorizava os contornos do seu corpo, o que fora especialmente reservado por ela para vestir no noivado da prima e causar uma tremenda impressão e um tremendo impacto em Péricles Capistrano, quando ele a visse pela primeira vez. Pretendia deixar o moço de queixo caído, vidrado nela, já que a primeira impressão é a que fica, já ouvira ela alguém dizer.

Bianca sempre fora da opinião que nada torna uma mulher mais atraente do que um belo vestido que salienta suas curvas, um vestido caro, extremamente caro e sensual. Ela sempre usava um e nem por isso conseguia atrair um homem que estivesse disposto a ter um compromisso sério com ela depois que José Felício havia terminado o namoro de onze anos.

Bianca mirou-se no espelho por diversas vezes, virou-se de um lado, depois do outro, para ver se estava tudo em ordem, impecavelmente em ordem. Por fim sorriu para si mesma, realizada.

— Perfeito — congratulou-se. — Nada como um corpinho de uma adolescente de 18 anos e um rostinho cuja maquiagem me faz parecer ter apenas 21 anos de idade para fisgar um homem bonito e interessante como Péricles Capistrano. Ele vai ficar louquinho por mim assim que me *ver!*

Bianca deixou o quarto. Desceu as escadas vagarosamente, como se fosse uma daquelas princesas de contos de fada descendo por uma longa escadaria para o baile que está ocorrendo num lindo castelo encantado. A casa estava silenciosa, não havia ninguém por ali, ela parecia ser a única presente.

Ao parar em frente a uma bela janela em formato retangular, toda em vidro, Bianca avistou o jardim que ficava na frente da casa, repleto de rosas, cravos e camélias, todas muito bem cuidadas e aparadas.

A moça se viu atraída a sair para o jardim para respirar o ar puro, perfumado pelas flores. E foi o que ela fez. Atravessou a porta de frente da casa e ganhou o ar. Estava uma tarde bonita, nem muito quente nem muito fria, de clima realmente agradável, um frescor. Bianca inspirou o ar com o perfume das flores por uma, duas vezes, e tornou a sorrir, sentindo-se feliz. Era como se ela já tivesse conseguido atingir seu objetivo: roubar o namorado da prima, fazendo-o se casar com ela.

A casa da família Giacomelli fora construída num nível bem mais elevado que o da rua e por isso havia uma escada com aproximadamente dez degraus que ligava a frente da casa à calçada. Bianca desceu as escadas até alcançar a grade de metal que cercava a casa, abriu o portão e saiu. A rua estava tranquila, não havia ninguém transitando por ali naquele instante, tampouco algum barulho vindo de dentro das casas vizinhas à da tia. O sossego era total.

As copas das árvores balançavam ligeiramente com a brisa, o que fez Bianca prestar atenção a elas. Eram árvores bonitas, de várias espécies, todas altas, frondosas, altaneiras, maravilhosas...

Bianca ficou por instantes rememorando o passado, lembrando-se da época em que ela, menina, visitava os tios na companhia dos pais e do irmão, algo que era sempre muito sofrível para ela e o irmão, pois nenhum dos dois simpatizava com o interior. Para eles, Passaredo era tida como o lugar onde Judas perdeu as botas. Qualquer lugar que não tivesse a grandeza, a infraestrutura e a riqueza das cidades grandes não prestava para os dois.

De repente, Bianca se viu prestando atenção a uma casa de aspecto suntuoso que ficava do outro lado da rua e que parecia ter sido construída recentemente. Quem morava nela deveria ter muito dinheiro, ser um daqueles fazendeiros que, ao invés de montar cavalo, montava em dinheiro, como se diz na gíria.

Bianca aproximou-se do meio fio para poder enxergar melhor a casa do outro lado da rua. Estava tão entretida com o que via que nem sequer notou a aproximação de uma velha caminhonete vindo pela rua de paralelepípedo enlameada pelas fortes chuvas que haviam coberto o lugar nos últimos dias. Ainda que tivesse visto o veículo, não teria tido tempo de se resguardar do que lhe aconteceu. A caminhonete passou sem querer por sobre uma das poças, arremessando toda água enlameada que havia ali em Bianca.

Tudo aconteceu tão rápido que, quando Bianca percebeu o que havia lhe acontecido, ela já estava enlameada da cabeça aos pés. Por pouco, ela não caiu dura tamanho o choque e o desespero.

Capítulo 4

A caminhonete freou com tanta força que chegou a derrapar na pista enlameada. De dentro dela saltou um moço alto, barbudo e cabeludo. Com sobrancelhas grossas, lembrava, e muito, a figura de Papai-Noel, só que vestido de forma completamente desleixada.

– Ih, meu Deus do céu – comentou o moço, coçando a cabeleira desgrenhada. E, aproximando-se de Bianca, perguntou: – A moça *tá* bem? *Num* vi a poça. Se *visse*, *num* teria acontecido uma coisa *dessa*, *descurpe*.

Bianca fuzilava o rapaz com os olhos. Queria saltar sobre ele como se fosse uma leoa e arranhá-lo inteiro com suas unhas. O moço, na sua simplicidade, pegou no ombro de Bianca como quem faz para confortar alguém, mas, assim que suas mãos pousaram ali, ela rosnou entredentes:

– Tire as suas patas de cima mim!

– Opa! – ironizou o rapaz. – A *muié virô* onça, sô.

– Seu matuto imundo – bramiu Bianca, perdendo totalmente a compostura.

– Ma... o quê?

– Seu caipira! Jacu! Bicho do mato! Pobre!

– *Sô* pobre, sim, moça, *mais* pobreza *num* é doença não, viu?

– Pois para mim é!

– Ih, a *muié ficô* queimada *memo* comigo, sô.

– Sabe quanto custou esse vestido que você acaba de cobrir de lama, seu imbecil, faz ideia?

– Deixa me *vê*... uns dois *cruzeiro*?

– Meu Deus, como você é ignorante.

O moço aproximou o rosto do dela e brincou:

– Ô, moça, *num* fui eu quem *jogô* toda essa lama na senhora não, viu?

– Não?! Quem foi então?!

– Ora, diacho, foi a roda da minha caminhoneta.

Bianca segurou-se para não esbofetear o estranho. Ao dar-lhe as costas, o barbudo tornou a pegar no ombro dela. Ela travou o passo no mesmo instante e, sem voltar o rosto para trás, repetiu, com todo o ódio que podia impor na voz:

— Eu já lhe disse para tirar as patas de mim, seu imundo, tosco, pobre!
— *Iche* — sibilou o caipira —, mas a *muié* é uma fera *memo*, sô! Uma onça. Pelo jeito de *falá num* é da cidade.
Bianca voltou-se para o estranho e grunhiu:
— Não sou mesmo, não sou nem nunca serei! Olha bem para mim, você acha que eu, uma mulher de berço, teria nascido para viver num fim de mundo imundo como esse?
— *Iche Marquinho...* A senhora é *braba memo, hein*?
Ele tornou a pegar no ombro dela.
— Solta de mim! — trovejou Bianca, trepidando de ódio.
— *Num qué* que eu levo a madame *pra* casa?
— Quero apenas que você fique o mais longe de mim que puder. Você cheira mal... Deve conviver com os porcos.
— E *num* é que vivo *memo, sô!* Como é que a madame sabe? É por acaso cigana, é?
— Quando repartiram o cérebro, você deve ter sido contemplado com a medida de um dedal. Deve ser tão minúsculo que cabe num confete.
O assunto morreu ali, Bianca voltou para a casa da tia pisando duro e explodindo de ódio por dentro e por fora.
O matuto permaneceu ali até que Bianca sumisse de vista. Só então entrou na sua humilde caminhonete e partiu.
— *Mai* que *muié* danada, *sô* — comentou consigo mesmo. — E que par de coxa. *Fiu!*

• • •

Assim que Veridiana viu a sobrinha enlameada da cabeça aos pés entrando pela porta da cozinha, gritou:
— Bianca, filha, o que houve?
Por mais que a moça tentasse falar, não conseguia. Caiu num choro agonizante.
— Acalme-se, querida, acalme-se. Elvira, traz um copo d'água com açúcar para ela, rápido!
Enquanto isso, Veridiana procurava acalmar a sobrinha, soprando-lhe o rosto. Gostaria muito de passar a mão por sobre seus cabelos, mas eles estavam tão enlameados que certamente sujariam as unhas que ela fizera naquela manhã na manicure.
— Como isso foi acontecer, meu bem? — perguntou Veridiana a seguir.
— Um carro... uma poça — tentava explicar Bianca, aos soluços. — Aquele demônio...
— Demônio, que demônio?
— *Ocê* viu o demônio? — interessou-se Elvira, empertigando-se toda.

— Foi como se tivesse visto — explicou Bianca, soluçando. — Para mim era o próprio, em pele e osso.

— Ela não está falando coisa com coisa, pobrezinha. Está tão atarantada que...

— Beba a água com açúcar, dona Bianca, vai fazer muito bem pra senhora.

Foi preciso muito controle por parte de Bianca para que ela não arremessasse longe o copo com água açucarada. Sua vontade era vê-lo estilhaçado contra a parede. Era bem mais que isso, sua vontade era quebrar tudo que estivesse por ali nem que fosse a pontapés.

— Isso *memo, fia*, bebe *tudinho. Tudinho...* — dizia Elvira, com sua voz doce como doce de leite, que irritava Bianca profundamente.

Tal irritação seria capaz de fazê-la apertar o pescoço da simpática senhora até estrangulá-la. Mas, mais uma vez, Bianca procurou se acalmar.

— Tia — disse a seguir, com olhos suplicantes —, não diga nada a ninguém sobre o que me aconteceu, por favor. Seria uma vergonha.

— Não direi nada, filha, pode ficar tranquila. Nem eu, nem Elvira.

— Pode *acarmá* os *nervo*, dona Bianca, que minha boca é um túmulo.

— É melhor eu subir — decidiu Bianca, recompondo-se — antes que alguém chegue e me veja nessas condições.

— Isso mesmo, querida. Tome um banho, vista um vestido limpo e perfumado e logo, logo você estará se sentindo novinha em folha, nem vai se lembrar do que aconteceu.

Bianca assentiu com a cabeça e seguiu para seu quarto. Elvira voltou-se para a patroa e comentou:

— Eu já falei *pro* prefeito que esses *buraco* no *asfarto* têm de *se* fechado, mas ele *num* dá ouvidos *p'eu...* Só *sabe dizê* que *num* tem verba *pra* isso, *num* tem verba *pra* aquilo. Quando chove, *dá* no que *dá*, é poça *pra* tudo quanto é lado... E toda vez que um carro passa em cima delas, Deus acuda quem *tiver* por perto, porque voa lama pra tudo quanto é lado!

— Chega de papo, Elvira, e pega um rodo com pano molhado para passar no chão onde, porventura, tenha respingado lama que caiu sobre a minha sobrinha. Hoje é dia de festa aqui, vai ser uma vergonha *pra* mim se a família do Péricles encontrar lama pela casa.

— É *pra* já, dona Veridiana.

— E os preparativos para o jantar, como vão?

— Tudo certo, dona Veridiana.

— Que bom. Hoje é um dia muito importante para a Manuela, quero que tudo saia perfeito.

— E vai sair, dona Veridiana, vai sair, sim, porque dona Manuela merece.

Veridiana sorriu e deixou o aposento.

...

Bianca, durante o banho, chorava feito uma criança. Quanta humilhação. Como se já não bastasse a que passara com José Felício por ele ter terminado com ela um namoro de onze anos, onze longos anos de dedicação. E a humilhação que passara com José Murilo morrendo bem no dia de seu casamento. Mas ela tinha de parar de chorar, antes que o *chororô* deixasse seus olhos inchados e com olheiras, o que só serviria para estragar seus planos de logo mais à noite. Assim Bianca controlou a raiva e não deixou que nem mais uma lágrima vazasse de seus olhos.

Terminou o banho, rogando, sem saber ao certo a quem, que o matuto que havia passado na poça, o "infeliz", como ela o havia apelidado, intimamente, queimasse no inferno pelo que lhe havia feito.

Assim que Manuela chegou a casa, sua mãe contou-lhe sobre o acontecido.

– Que chato – lamentou Manuela, com pesar.

– Nem fale, filha. Vá falar com sua prima, se ela não tiver trazido outro vestido, empreste um dos seus para ela.

– Vou agora mesmo, mamãe.

Manuela encontrou Bianca no quarto de visitas sentada em frente à penteadeira, fazendo uma nova maquiagem.

– Prima – disse ela –, mamãe me contou o que lhe aconteceu, como você está?

Bianca procurou sorrir como quem diz: "bem, o que se há de fazer?"

– Se você não tiver trazido um outro vestido para a ocasião, eu lhe empresto um dos meus.

"Um dos seus?", caçoou Bianca, em silêncio, arrepiando-se só de se imaginar vestida com um dos vestidos da prima, vestidos que, a seu ver, eram o que há de mais cafona e bocomoco no mundo da moda.

– Eu trouxe outro vestido, prima, não precisa se preocupar – respondeu Bianca, fingindo-se de agradecida. – Na verdade, trouxe uma dúzia deles, para qualquer eventualidade. Nenhum, porém, é tão bonito quanto esse que eu ia usar essa noite, mas o que se há de fazer? Por sorte, os outros vestidos não ficam muito atrás deste.

– Que bom. Fico mais tranquila agora. Bem, vou me arrumar. Demorei muito na cabeleireira. O que achou do meu cabelo?

– Ficou ótimo.

– Mesmo?

– Por que eu haveria de mentir?

Manuela riu satisfeita e disse com sinceridade:

– É tão bom ter você aqui conosco nesta noite tão especial para mim e para o Péricles.

– Que é isso!

– É sério. Gosto muito de você, Bianca. Quero, inclusive, que seja uma de minhas madrinhas no religioso.

– É mesmo?

– Se você aceitar, é claro.

– É lógico que aceito. Será para mim uma honra.

– Jura?

Bianca assentiu com um balanço frenético de cabeça. Manuela sorriu, sentindo-se verdadeiramente feliz pelo momento.

– Preciso ir, senão vou me atrasar.

– Vá, querida, quero ver você lindíssima esta noite.

Manuela sorriu emocionada e se retirou do aposento. Bianca voltou-se para o seu reflexo no espelho e piscou para si mesma. Havia um sorriso maroto, insinuando-se na sua face agora e um brilho matreiro no fundo dos seus olhos. Voltou, então, a se maquiar.

• • •

O relógio já marcava dezenove horas quando Péricles Capistrano acompanhado de seus pais chegou à casa da família Giacomelli. Foram recebidos à porta pela própria Manuela e por dona Veridiana. Após os cumprimentos e as palavras tradicionais, mãe e filha conduziram os convidados à sala de visitas onde o dono da casa, Alípio Giacomelli, os aguardava.

Os próximos a se juntarem à família foram os irmãos de Manuela.

– *Cadê* a prima? – perguntou Hugo, achando estranho o atraso de Bianca.

Nem bem a pergunta foi feita, Bianca apareceu na soleira da porta em arco que dava acesso à sala de visitas e disse em meio a um largo sorriso:

– Estou aqui.

Era um tom forçado, pomposo demais, mas ninguém ali se ateve ao fato. Manuela sorriu, levantou-se e foi até ela. Voltou-se para os presentes e disse:

– Essa é minha prima Bianca, que mora no Rio de Janeiro.

A atenção de todos voltou-se para Bianca. Ela, então, se pôs a cumprimentar um a um dos convidados. Começou por dona Germana, mãe de Péricles. Senhora alta e obesa, tinha o pescoço balofo e enrugado, os cabelos muito bem penteados, tingidos numa tonalidade ameixa. Parecia uma matrona italiana.

– Como vai a senhora? – cumprimentou ela, fingindo grande interesse pela mulher. Bianca sempre ouvira dizer que, se uma mulher quer conquistar um homem que faça a mãe desse homem gostar dela em primeiro lugar.

Depois foi a vez de cumprimentar Argemiro Capistrano, pai de Péricles, senhor de aparência extraordinariamente sagaz, daqueles que sabem muito bem quando devem ficar calados ou dar a sua opinião. Pai e filho se lembravam muito fisicamente.

Com esse, Bianca se mostrou ainda mais amável.

– Que jovem bonita – elogiou o homem.

– Ela *num* é jovem... – resmungou Hugo, mas calou-se assim que Camilo lhe deu um cutucão. Por sorte nenhum dos presentes ouviu o comentário.

Quando Bianca parou diante de Péricles, Manuela disse com grande orgulho:

– E esse é Péricles, o homem da minha vida.

– Como vai? – cumprimentou Bianca, quase que petrificada pelo fascínio que aquele homem despertou nela.

Péricles era um rapaz de fino trato, cuja infância e adolescência fora vivida na cidade grande, daí a razão de ele não ter sotaque nem trejeitos interioranos. Chegou a cursar engenharia e estudar no exterior por quase dois anos. Mudara-se com a família para Passaredo, quando o pai herdou a fazenda dos avós, mudança necessária para administrá-la.

Era alto, esguio, com ombros largos e um leve bronzeado na pele.

Bianca encantou-se por ele de primeira. Pessoalmente, ele era bem mais atraente do que por foto.

Péricles, polido como sempre, levantou-se e beijou Bianca no rosto.

– É um prazer conhecê-la – disse ele, a seguir. – Manuela fala muito de você.

– Bem, espero.

Péricles puxou Manuela para junto dele ao dizer:

– Sim, fala muito bem. De quem Manuela falaria mal? Acho que nem de uma mosca.

Bianca sorriu, espontaneamente, e completou:

– Manuela também fala muito de você.

Enquanto Péricles dava um *selinho* em Manuela, Bianca disse para si mesma: "Esse sim é um homem ideal para mim, do meu nível, da minha estirpe."

Todos se sentaram.

Durante a conversa coloquial, Bianca aproveitou para prestar melhor atenção em Péricles Capistrano. Era, de fato, um moço bonito, dono de uma simpatia notável. Um daqueles homens cujo carisma atrai mais uma mulher do que sua beleza. Jamais, em toda sua vida, Bianca pensou em conhecer um homem daquele tipo. Muito menos que se casaria com um. A vida era mesmo cheia de surpresas.

No entanto, com o passar dos minutos, Bianca ficou ligeiramente desapontada com a reação do moço, esperou que ele lhe desse mais atenção, que chegasse até mesmo a se esquecer da presença de Manuela, mas não, manteve-se o tempo todo olhos e ouvidos para ela.

Mas nada de esmorecer, encorajou-se Bianca, a persistência é a alma do negócio. E, com persistência, esse homem alto, bonito e inteligente seria seu. Todinho seu.

Pouco antes de o jantar ser servido, Péricles tomou a palavra.

– Senhor Alípio, é com muita honra que venho aqui esta noite para pedir a mão de sua filha em casamento. Estou mais do que certo de que ela é a mulher da minha vida, a mulher certa para eu construir uma família.

Alípio Giacomelli estufou o peito, satisfeito, e disse:

– Muito bem, meu rapaz, se é isso realmente o que o seu coração diz, concedo a mão de minha filha a você, para que faça dela sua esposa e mãe dos seus filhos.

O rapaz abraçou seu futuro sogro com grande alegria. Voltando-se para Manuela, beijou-lhe a testa, carinhosamente, e disse:

– Precisamos fazer um brinde a esse grande momento.

– S-sim – empolgou-se Alípio. – Que tragam as taças e a cachaça, quer dizer, o champanhe.

E, voltando-se para Argemiro Capistrano, Alípio Giacomelli comentou com grande orgulho:

– Champanhe importada, diga-se de passagem, fui eu mesmo quem comprou no Rio de Janeiro em recente visita a *capitar*. Fiz questão de comprar um champanhe do *bão* para brindar o noivado de minha *fia*.

O homem assentiu com um olhar sorridente.

Nisso Hugo voltou-se para o irmão e perguntou:

– Eu só *num* entendo uma coisa, *mano*. Por que o noivo só pede a mão da noiva? O certo num seria ele pedir os *pé*, as *coxa*, a cintura também, tudo enfim, que é dela, *sô*?

Camilo reprovou o comentário do irmão, dando-lhe um peteleco discreto na nuca. Hugo protestou no mesmo instante:

– Ora, *diacho*, falei *arguma* besteira por acaso?

Depois do brinde todos se dirigiram à sala onde o jantar foi servido. Havia frango assado com batatas, uma vasilha farta de farofa, muito saborosa por sinal, com pedacinhos de bacon, uma salada farta de tomate e alface, feijão com arroz e virado. O momento culminante do jantar foi quando Hugo se desentendeu com Camilo por causa de um pedaço de frango. Hugo só comia o pedaço que fora apelidado de Santo Antônio e acreditou que Camilo havia comido o pedaço antes dele só para provocá-lo. O rapaz deixou a mesa, aborrecido, prometendo-se nunca mais comer frango.

Bianca estava horrorizada com o comportamento dos primos à mesa e com a comida que fora servida. Onde já se viu servir aqueles pratos numa ocasião tão especial? Ela deixou a mesa convencida de que a família da tia era bem mais que jacu, definitivamente, uns bichos do mato.

A noite terminou com Bianca aconchegada debaixo do lençol e da levíssima e bela colcha de crochê que havia por sobre sua cama, sentindo seu coração flutuando por entre as nuvens. Agradecida a sua intuição por ter-lhe dito, desde o instante em que ela pousara seus olhos naquela minúscula foto *três por quatro*, que Péricles Capistrano seria o homem ideal para ela se casar.

Restava agora saber se ele havia olhado para ela pelo mesmo halo de fascínio com que ela olhara para ele. Sim, certamente que sim. Teve apenas a fineza de disfarçar para que Manuela nem ninguém mais dos presentes à sala percebesse o que acontecia.

Bianca sorriu para si mesma feliz e satisfeita. O noivado que acabara de ser consumado estava com seus dias contados. Restava agora arranjar uma desculpa convincente para poder permanecer na cidade pelo tempo suficiente para afastar Manuela de Péricles e fazê-lo tornar-se todinho seu. Foi pensando em Péricles Capistrano que Bianca dormiu naquela noite e teve um sono tranquilo, como há muito não tinha.

...

Na manhã do dia seguinte, logo pela manhã, Bianca procurou a tia para lhe falar:

– Titia, a senhora não sabe o quanto está me fazendo bem ter vindo para cá, estar respirando todo esse ar puro, estar colorindo meus olhos com todo o verde do campo, estar, enfim, na companhia de vocês.

– É um prazer ter você em nossa casa, Bianca. Você é para mim como uma filha, você sabe disso.

– Sei, sim, titia.

– Venha para cá quantas vezes você quiser. As portas de nossa casa estarão sempre abertas para você, meu bem.

– Sabe, titia, tenho um pedido a lhe fazer.

– Um pedido?

– Sim. Mas estou envergonhada de fazê-lo.

– Não se envergonhe, querida. Fale. Entre nós não precisa haver segredos.

– Eu... bem...

– Fale, meu bem, vamos lá, fale.

– Eu gostaria muito de ficar em Passaredo por mais tempo...

– Ficar aqui conosco?!

– S-sim, mas, se não for possível...

– É lógico que é possível, minha querida, fique conosco o tempo que quiser, será um prazer.

– Tem certeza de que não vou atrapalhar?

– Em nada.

– Ah, titia.

– Será bom que fique, você tem bom gosto, poderá ajudar Manuela nos preparativos para o casamento dela com o Péricles.

– Mas eles já vão se casar?!

– Dentro de alguns meses. Pelo que entendi, até o fim de ano eles se casam.

Bianca ficou um tanto desapontada.

– O que foi?

– N-nada... – mentiu. – É que basta falar em casamento que eu me lembro do que me aconteceu...

– Desculpe, querida, eu sei o quanto você ainda está traumatizada com tudo o que houve. Estou certa de que esse período que você passar longe do Rio de Janeiro fará com que se esqueça da tragédia e volte para sua casa sentindo-se muito mais disposta, menos infeliz.

Bianca concordou com a cabeça. E, enquanto tomava seu café da manhã, refletiu sobre o que a tia havia lhe falado. Ela tinha de ser rápida, se quisesse tirar Péricles de Manuela, primeiro porque não poderia ficar morando na casa da tia para sempre, tornar-se-ia inconveniente não só para eles como para ela. Segundo, porque o tempo urge, se demorasse muito, o rapaz se sentiria intimidado a se casar com Manuela para não ficar chato para a família.

Restava, agora, armar um plano para forçar Péricles a se casar com ela, concluiu Bianca. O golpe da barriga seria a melhor opção para fazer com que o rapaz acabasse de mãos atadas a ela. Nada melhor que o golpe da barriga para prender um homem. De cem golpes, noventa e nove por cento deles dão certo. Uma maravilha!

Bianca sorriu para si mesma, satisfeita com suas conclusões, e mastigou mais um pedaço de torrada com manteiga.

Havia alguém ali observando a moça que acabara de completar trinta anos de idade dias antes, sentada à mesa, tomando café da manhã, alguém que, para a maioria das pessoas, não podia ser visto senão pelos sentidos da alma.

Capítulo 5

Na tarde do dia seguinte, segunda-feira, Bianca caminhava pela avenida principal de Passaredo, disposta a encontrar um presente para a mãe de Péricles. Era da opinião que não havia nada melhor para aproximar as pessoas umas das outras do que oferecer um presente para alguém, especialmente quando esse alguém poderia ser sua futura sogra. Conquistar a sogra era encontrar uma aliada na conquista do filho.

Ela diria à mulher que simpatizara muito com ela, para explicar o porquê de haver lhe comprado um presente. Na verdade, Bianca não simpatizara com a mulher de forma alguma, nunca vira uma senhora tão sem sal e sem açúcar. Uma chata na verdade. O filho podia até ter um pouco de cultura, mas os pais, além de chatos, falavam o português totalmente errado, um horror.

Depois de muito procurar por um presente que, a seu ver, agradaria à dona Germana Capistrano, Bianca acabou optando por comprar um belo corte de tecido para que a mulher pudesse fazer um vestido a seu gosto, no melhor estilo cafona que toda as mulheres usavam na cidade. Mandou a vendedora fazer um belo pacote e seguiu direto da loja para a casa da família Capistrano.

– Querida, que surpresa agradável – exclamou dona Germana Capistrano, ao avistá-la parada em frente ao portão de sua casa. A mulher abriu um sorriso de ponta a ponta e foi recebê-la.

– Eu estava fazendo umas comprinhas – mentiu Bianca, fazendo uso do seu tom mais fingido – e, de repente, vi algo que me lembrou muito a senhora. Aí disse para mim mesma: tenho de comprar para a dona Germana. Não posso deixar de comprar. Foi feito para ela.

– Isso é para mim?

– Sim, senhora.

– Que é isso, filha, não precisava.

– Por favor, é uma lembrancinha. A senhora não faz ideia do quanto gostei da senhora.

A mulher tomou o presente das mãos da moça e o abriu com delicadeza.

– É lindo! – exclamou, assim que viu o tecido.

– É para a senhora fazer um belo vestido.

— Nem sei como agradecer a você, querida. Entre, vou preparar um refresco. Ou você prefere um cafezinho? Ou um copo de leite com café?

Bianca sorriu para a mulher e para si mesmo, pensando: essa está no papo!

— Um refresco está bem – respondeu ela, por fim.

Enquanto a mulher preparava o refresco, as duas conversaram sobre amenidades. Germana Capistrano pôs, então, a mesa com talheres, manteiga, pão feito em casa e uma travessa de bolo pão-de-ló, banhado com leite de coco, cortado em pedaços, e sentou-se à mesa.

— Coma, querida, coma o que quiser.

— Foi a senhora quem fez o bolo?

— Eu mesma.

— Então vou querer um pedacinho.

A senhora serviu a moça. Após a primeira garfada, Bianca confessou:

— Delicioso, simplesmente delicioso. Nunca comi um bolo tão bom nem nas melhores padarias e confeitarias do Rio de Janeiro. Nem de Paris.

— Você está exagerando.

— Nada disso. Falo sério. É receita...

— Receita de minha mãe.

— Só podia... as receitas que passam de mãe para filha são as melhores.

— Se quiser, eu passo a receita para você.

— Quero sim. Quero melhorar meus dotes culinários para quando me casar poder fazer as melhores sobremesas, os melhores almoços, os melhores jantares para o meu marido.

— Eu soube do que lhe aconteceu por intermédio da Manuela. Fiquei muito triste...

— Eu também, o que se há de fazer? Mas devemos procurar esquecer o passado e seguir em frente, não é mesmo?

— Mas, para você, deve estar sendo muito difícil esquecer o passado e seguir em frente, não? Porque você deveria amar demais seu noivo, não é mesmo?

— S-sim... amava-o muito. Era loucamente apaixonada por ele.

Bianca se impressionava cada vez mais com a facilidade que ela tinha de mentir, sem corar.

— Esse é o problema maior – acrescentou Germana, com pesar –, é muito difícil esquecer quem se ama.

— Mas vou tentar.

A moça umedeceu a boca com o refresco antes de perguntar:

— E seus filhos... Quantos mesmo a senhora tem?

— O Péricles...

Enquanto a simpática senhora falava com detalhes sobre sua família, Bianca observava discretamente o aposento da casa onde ela se encontrava.

– Eu gostei muito do Péricles – comentou Bianca, assim que a mulher lhe deu uma chance. – Parece ser um rapaz direito.

– O ramo dele é engenharia, não direito.

Bianca riu, sem graça, e tratou logo de explicar:

– Quis dizer que ele é um rapaz direito, honesto, íntegro, de caráter.

– Ah, sim, isso meu filho é mesmo. Ninguém pode negar.

– Ele deve tudo isso à senhora.

– A mim?

– Sim. Nenhum filho se torna uma pessoa de caráter, honesto, se não receber uma boa educação dos pais, especialmente da mãe, que é com quem os filhos ficam mais tempo em contato.

– É verdade. Eu procurei ensinar o que há de melhor para os meus filhos. Ensinei-os a ter respeito para com o próximo, honestidade, serem trabalhadores e, o que é mais importante, serem religiosos. O que seria de nós sem uma forte base religiosa?

– É verdade...

– Você também me parece ser uma pessoa muito religiosa, não?

– Eu? – Bianca riu e fez uso de mais uma mentirinha para o seu próprio bem. – Religiosíssima. Frequento a igreja todo fim de semana.

– Que bom. Pela sua educação, percebo que seus pais são muito religiosos e de bom caráter...

– São sim, devo o que sou a eles.

– Mais um bocadinho de refresco?

– Ah, sim, por favor.

– E de pão-de-ló?

– Também.

O *tête-à-tête* se estendeu até por volta das cinco horas da tarde. Só foi interrompido com a chegada de Péricles.

– Péricles, meu filho, veja quem está aqui. Olha que surpresa agradável.

– Bianca – estranhou Péricles, indo ao encontro dela.

– C-como vai? – perguntou ela, após ser beijada no rosto pelo rapaz.

– Bem. Manuela veio com você?

– Não. Vim só. Queria muito rever sua mãe, simpatizei muito com ela.

– Veja o que ela me trouxe, filho – disse Germana, passando para as mãos do moço o presente que recebera fazia pouco.

– Muito bonito, não precisava ter se incomodado, Bianca.

– Incômodo algum, apenas uma recordação.

O rapaz devolveu o presente para a mãe, voltou-se para Bianca e perguntou:

69

– Está gostando da cidade?
– Sim, muito.
– Quer um refresco, filho?
– Uma *xicrinha* de café, mamãe.
– Então, vou coar um café novo agora porque esse da garrafa já deve estar com gosto de café velho.
– Não precisa, mamãe.
– Precisa sim, enquanto isso você fica conversando um pouco com a prima de sua noiva.
– Mães são todas iguais – murmurou Péricles, assim que a mãe seguiu para a cozinha.
– Se são... Experimente esse pão-de-ló, está delicioso.
– É mesmo?
– Só eu comi duas fatias. Foi sua mãe quem fez.
– Só podia, mamãe tem mãos de fada para cozinhar.
– É mesmo?
– Sim. Tudo o que ela faz fica delicioso. E Manuela, como está?
– Manuela? – por um momento, Bianca não sabia o que responder.
Péricles não esperou pela resposta, simplesmente disse:
– Vou passar na casa dela logo mais à noite, estou pensando em levá-la ao cinema.
– Cinema? A cidade tem cinema?
– Sim. Por incrível que pareça, sim.
– Que maravilha. Adoro cinema.
– Se quiser ir conosco.
– Vou adorar. Que filme você pretendem ver?
– *Se não amássemos tanto assim.*
– Ouvi falar que é ótimo.

Mentira, o filme era péssimo. Bianca já havia assistido no Rio de Janeiro oito meses atrás. É que, nessa época, levava cerca de seis a oito meses para que um filme novo chegasse às telas dos cinemas das cidades do interior. Ainda que o filme fosse entediante, ela assistiria a ele de bom grado, não só uma, como duas, até mesmo três vezes, se fosse preciso para agradar Péricles. Ela só queria ver a cara da Manuela quando soubesse que ele a havia convidado para ir ao cinema com eles. Certamente seria um baque para ela.

Mas não houve baque algum por parte de Manuela. Ela adorou a ideia de levar a prima com eles para uma sessão de cinema. Baque mesmo quem sentiu foi Bianca pela prima ter reagido de forma completamente diferente do que ela esperava.

No cinema, pouco antes de o filme começar, Péricles chegou em Bianca e disse:

– Bianca...
– Sim?
– É para você – disse ele, depositando na mão dela um saco de pipocas. – se quiser pôr um pouco de pimenta, é só se servir ali no balcão. Não pus, por não saber se gostava.
– Não precisava se incomodar, você já me deixou tão sem graça pagando o cinema para mim.
– Hoje você é nossa convidada.

Bianca não suportava comer pipoca, não só porque enroscava nos dentes, mas também porque deixava toda a sua mão engordurada, o que era perigoso, pois um toque de gordura no vestido deixaria a roupa manchada para sempre. Mas ela se esforçou ao máximo para comer a pipoca, temeu que, se não o fizesse, Péricles a tomasse por fresca, o que seria terrível para ela.

O filme pareceu mais monótono do que da primeira vez em que Bianca Tomazoni assistiu a ele. O único alívio que Bianca podia sentir em meio àquele martírio era perceber que seu plano de conquistar Péricles estava dando certo, quase que cem por cento certo.

Àquela noite, Bianca dormiu sentindo-se ainda mais realizada do que na noite anterior, certa de que tudo estava conspirando a favor da união dela com Péricles Capistrano, certa de que seu futuro, o futuro que ela tanto sonhou viver ao lado de um homem, estaria praticamente realizado. Naquela noite, Bianca só teve, mais uma vez, sonhos bons.

•••

Na manhã do dia seguinte, Bianca desceu as escadas do sobrado da família Giacomelli saltitando como uma menina, sentindo-se envolta numa felicidade que há tempos não sentia. Sentou-se à mesa para tomar o café da manhã com um grande apetite.
– Bom-dia, dona Bianca – cumprimentou Elvira, a simpática doméstica.
Bianca ergueu os olhos como quem diz "Como essa mulher é chata" e, como de costume, não retribuiu o "bom-dia". Disse apenas:
– Este café está frio.
– Frio, dona Bianca?! Eu faço outro rapidinho pra senhora...
Enquanto preparava o café, Elvira se dispôs a falar sobre sua vida. Quando a paciência de Bianca se esgotou, ela interrompeu a empregada, bruscamente, dizendo:
– E esse café sai ou não sai? Está demorando muito!
– *Tá* quase *prontinho*, dona Bianca.
Bianca fechou o cenho e ralhou entredentes:
– Incrível como toda vez que a gente acorda de bom humor tem sempre alguém para estragar o nosso bom humor. Como se não bastasse o bando de

passarinhos irritantes cantando lá fora, rente à janela do meu quarto, agora tenho que ouvir essa subalterna pobre e caipira matraqueando nos meus ouvidos.

Três minutos depois, Elvira servia o café que havia acabado de coar.

– Que café demorado – resmungou Bianca, irritada.

– *Descurpe*, dona Bianca. Mas fiz o mais ligeiro que pude.

– Chega de desculpas e sirva-me logo esse café, mulher.

A solícita Elvira atendeu ao pedido de prontidão, mas, sem querer, encheu a xícara de café além da boca.

– Ai, meu Deus, que distraída eu – culpou-se.

Bianca contou até dez para não explodir com a empregada e também para não pular em cima dela e esganá-la.

Elvira encheu uma outra xícara com o líquido preto fumegante e serviu para Bianca. Assim que a moça começou a saborear o café, Elvira, na sua simplicidade de sempre, voltou a contar para ela particularidades de sua vida. Bianca voltou-se para ela com os olhos faiscando e disse no seu tom mais grotesco:

– Elvira! Quero tomar meu café em paz! Dá para você fechar essa matraca pelo menos por cinco minutos?!

– *Descurpe*, dona Bianca.

A mulher pediu licença e se retirou do aposento. Bianca ficou ali tomando café, enquanto desejava ardentemente saber manejar uma espingarda para matar todos os passarinhos que estavam se agitando pelas árvores do jardim em alegre cantoria.

...

Uma hora depois, Bianca Tomazoni caminhava pela avenida principal da cidade para ocupar seu tempo, distrair a mente, relaxar. Em meio ao passeio, para sua surpresa e alegria, ela avistou Péricles entrando num banco do outro lado da rua. Seu coração disparou, deixando-a totalmente sem ação, perdida em pensamentos. Foi então que ela teve uma ideia que mais tarde considerou brilhante. Pegou de dentro de sua bolsa um pedaço de papel, uma caneta e escreveu algumas palavras em letra de forma. Era um bilhete para Péricles Capistrano. Restava agora, apenas encontrar alguém para entregar o bilhete para o moço. Quem?

Foi então que Bianca avistou um engraxate oferecendo seus serviços para os passantes. Tratava-se de um garoto de não mais de onze, doze anos de idade, mas que lhe pareceu esperto o suficiente para executar a tarefa. Sem mais pensar, Bianca foi até o menino e disse:

– Garoto.

– Pode falar, dona.

— Preciso de um favor. Você ganha essa nota que está em minha mão, se fizer o que lhe peço.

Os olhos do menino brilharam ao avistar a nota. Nunca, em toda a sua vida, ele tivera uma nota daquelas em sua mão.

— É *pra* já, dona.

Nesse momento, Péricles já havia saído do banco e encontrava-se conversando com um senhor em frente à edificação.

— Muito bem. Está vendo aquele moço, ali na calçada do outro lado da rua, parado em frente ao banco, conversando com aquele senhor?

O garoto voltou-se para lá e, depois de breve análise, voltou-se para ela e disse:

— *Tô* vendo sim, dona, po*r* quê?

— Entregue esse bilhete para ele!

— Po*r* favo*r*?

— Por favor?! Como assim?

— A senhora esqueceu de me pedi*r* po*r* favo*r*.

— Que petulância. Faça o que estou mandando, se quiser ganhar esse trocado.

— Opa! É *pra* já, dona.

O menino tirou rapidamente o bilhete das mãos de Bianca, pegou o dinheiro e saiu saltitante para cumprir sua missão. Não houve tempo para que Bianca pedisse ao garoto que só entregasse o bilhete a Péricles depois de ela ter sumido dali. Diante do imprevisto, Bianca partiu, estugando os passos, antes que fosse vista pelo noivo da prima.

O bilhete de Bianca para Péricles dizia:

"Se houver interesse da sua parte em relação a minha pessoa, e eu sinto que há, encontre-me na igreja matriz amanhã, por volta das quatro horas da tarde, no confessionário. Não diga nada a ninguém, para não deixarmos os outros com inveja. Como diz a canção: 'Fala baixinho só pra eu ouvir porque ninguém vai mesmo compreender que o nosso amor é bem maior que tudo aquilo que eles sentem... '."*

Bianca voltou para casa, sentindo-se realizada. "Péricles vai ser meu, custe o que custar, ele há de ser meu...".

— Prima! — exclamou Manuela, ao ver Bianca entrando na casa. — O que houve?

— Como assim? — assustou-se Bianca.

— Seu semblante está tão bonito, tão sereno...

Hugo deu a sua opinião:

— É que a prima deve te*r* visto um passarinho ve*r*de por aí, po*r* isso *tá* assim tão alegre!

---

* "Fala baixinho", composição de Hermínio Bello de Carvalho e Pixinguinha. (N. do A.)

A seguir, foi a vez de Camilo, com bom humor, dar seu parecer:

– Eu acho *memo* é que a prima viu dois *passarinho*, um roxo e um ver*dinho*.

– É, de fato – respondeu Bianca, por fim –, estou me sentindo bem melhor agora, não pensei que a vinda para cá fosse me fazer tão bem.

– Fico contente em poder ajudá-la – disse Manuela, com sinceridade.

– Eu *num* entendo – comentou Hugo, coçando atrás da orelha –, a prima nunca fala do falecido.

– Ora, Hugo, – interveio Manuela –, ninguém gosta de falar daquilo que lhe fere tanto, não é mesmo, prima?

– É verdade...

Hugo Giacomelli aproximou-se de Bianca, encostou seu rosto perto do dela e falou em tom maroto:

– Vem cá, prima, confessa aqui *pro* primo, *ocê num* gostava muito do falecido, *né*?

– Hugo! – repreendeu Manuela, enervando-se com o irmão.

Hugo ignorou a repreensão e insistiu na pergunta:

– Gostava ou *num* gostava, prima?!

– Ela não gostava, Hugo – adiantou-se Manuela –, a prima o amava. Só quem ama muito o seu namorado ou namorada é que sente vontade de se casar com ele ou com ela.

– É *memo*?

A resposta foi dada por Camilo:

– Ô *diacho*, é lógico que é, *sô*.

– *Num* sei, não – murmurou Hugo, mantendo o seu olhar de coruja sobre a prima. – *Pra* mim, a prima não era muito gamada no falecido, não. Desde que chegou aqui, num vi ela derramando uma lágrima sequer por causa dele.

– *Qué* fazer o favor de fechar essa matraca, Hugo! – protestou Camilo, que, a seguir, puxou o irmão pelo braço e o arrastou para fora da casa. Manuela voltou-se para Bianca e desculpou-se:

– Queira desculpar meus irmãos mais uma vez, prima.

– Não há o que desculpar, prima.

– Eles são tão simples... não falam por mal.

– Eu sei querida, pode ficar tranquila.

Bianca seguiu para o seu quarto surpresa com Hugo. Jamais pensou que um caipira e ignorante, como ela considerava o primo, fosse capaz de ser tão perspicaz como se mostrara há pouco. Incrível como as pessoas podem surpreender as outras, até mesmo um Jeca Tatu.

• • •

Tarde do dia seguinte. As badaladas dos sinos da igreja anunciavam três horas.

– Aonde está indo, prima? – perguntou Manuela, ao avistar Bianca saindo de fininho da casa.
– Vou indo à igreja – respondeu Bianca, procurando disfarçar a tensão.
– Eu vou com você – prontificou-se Manuela.
– Não precisa, prima.
– Faço questão. De companhia.
– Agradeço muito sua companhia, prima, mas gostaria de ir só, gosto de visitar a igreja sozinha, para refletir...
– Se você prefere assim, prima.
– Você não vai ficar chateada comigo, vai?
– Não, prima, vê lá. Vá fazer suas orações.

Bianca suspirou aliviada. "Por pouco a irritante da minha prima não estraga os meus planos", comentou consigo, enquanto tomava o rumo da rua.

Bianca andou boa parte do caminho, que levava à igreja matriz, voltando constantemente os olhos por sobre os ombros para ver se não era seguida por Manuela. Orava, ao mesmo tempo, para que nada desse errado com seu plano.

O relógio já marcava três e meia da tarde quando ela pisou no interior da matriz. Havia um silêncio profundo e agradável no local.

Ela ajoelhou-se num genuflexório e ficou ali aguardando a chegada de Péricles. Repassava mentalmente o que pretendia dizer a ele.

Quando os sinos anunciaram quatro horas da tarde, Bianca percebeu, pelo ranger de uma das portas do fundo da igreja, que alguém havia acabado de chegar no local. Era ele, Péricles, acreditou ela. Ele finalmente havia chegado e com pontualidade britânica, exatamente como ela havia marcado no bilhete.

Bianca levantou-se e, sem olhar para trás, caminhou até o confessionário mais próximo que havia. Entrou e aguardou pela chegada de Péricles.

Os passos, pesados, de homem, foram se propagando pelo eco da igreja. E vinham na direção do confessionário, percebeu Bianca. Aquela aproximação deixou o coração da moça cada vez mais acelerado.

"Chegou o momento!", disse para si mesma. "O meu grande momento!".

O dono daqueles passos pareceu parar em frente ao confessionário. Ela, então, disse numa voz suficientemente alta para ser ouvida por alguém que estivesse ali.

– Finja que está confessando.

O moço atendeu ao pedido. Ajoelhou-se no genuflexório que havia rente ao confessionário. Assim que Bianca avistou pelas pequeninas frestas do caseado de madeira do confessionário as mãos do homem por sobre o pedestal do recinto, ela se pôs a falar:

– Sei que isso é uma loucura, mas quem é que vai entender o coração?

Ele limpou a garganta. Ela continuou:

– Não fique constrangido. Eu fiquei a princípio, mas temos de encarar os fatos, foi amor à primeira vista... Sentimos o mesmo um pelo outro e isso é o que importa. Quanto à minha prima, bem, ela terá de aceitar os fatos... O amor é mesmo assim, imprevisível, une quem quer unir, conforme sua vontade. Que se faça, então, a sua vontade.

O moço tossiu novamente para limpar a garganta.

– Não fique acanhado, por favor – tornou ela.

Bianca respirou fundo para se dar coragem para encarar Péricles olhos nos olhos e só então deixou o confessionário. Estava ansiosa para sentir pela primeira vez o calor do lábios dele nos seus. Ainda que fosse dentro de uma igreja, eles haveriam de trocar ali o primeiro beijo. Não dava para esperar. Seu coração já não podia aguentar mais.

Quando os olhos de Bianca se encontraram com os olhos do moço que até então estivera ajoelhado no genuflexório do confessionário, ouvindo-a se declarar, Bianca por pouco não gritou histérica e alucinadamente. Para sua surpresa e decepção, não era Péricles Capistrano quem estava ali bem diante dela e, sim, o moço cabeludo e barbudo que dirigia a caminhonete que dias atrás, ao passar por uma poça, arremessara lama sobre ela.

Capítulo 6

O caipira sorriu para Bianca com encanto. Tensa, Bianca começou a girar o pescoço e os olhos em busca de Péricles Capistrano pela igreja, mas Péricles não estava em parte alguma.

– Eu não entendo... – comentou Bianca, em voz alta e tensa.

– Mas eu, sim – disse o caipira.

Bianca ignorou suas palavras e continuou a percorrer os olhos pela igreja numa busca frenética e desesperada por Péricles Capistrano.

– Eu não entendo... *Cadê* ele? – perguntava-se, aflita.

– *Ora* – resmungou o moço –, *tô* bem aqui, *muié*.

E, num movimento rápido, tão rápido quanto um raio, o caipira barbudo e cabeludo enlaçou Bianca com seus braços fortes e viris. O ato aconteceu tão rápido que levou alguns segundos para que Bianca percebesse o que havia lhe acontecido. Quando ela deu por si, o estranho tentava beijá-la. Ela, então, começou a bater em seu peito com força na esperança de se livrar dos seus braços. Diante de sua reação, o moço a soltou.

– *Num* entendo *ocê muié* – reclamou o caipira. – *Falô* tudo aquilo *pra* eu e agora *tá* se fazendo de *difíci*.

– Já lhe disse para não pôr suas *patas* em mim! – ralhou Bianca, com raiva.

– Vem cá, vem, minha *capivara*.

Ao tentar enlaçá-la mais uma vez, Bianca esbofeteou o cabeludo.

– Isso *num* é *muié*, é uma fera! – riu o moço, enquanto alisava a bochecha por sobre a barba comprida e desgrenhada atingida pela bofetada.

– Você é um monstro! – rosnou Bianca.

– Monstro, eu?

– Você não passa de um porco imundo.

– Porco, mas *ocê gosto d'eu, né*?

– Gostei?! *Me poupe!* Tenho é asco pela sua pessoa!

– Asco? *Ocê num* quis dizer "casco"?

– Ai – grunhiu Bianca, à beira de uma síncope.

– *Muié* é fogo. Quer *nóis*, os *home*, e ao mesmo tempo *num qué*, *num* entendo.

77

– O que você está fazendo aqui, seu estrupício? Dê o fora o quanto antes...
– Como assim: o que eu *tô* fazendo aqui? Ora, vim porque a madame pediu *pra* eu vir.
– Eu?! Pedi? Quando? Onde? Nunca!
– Pediu sim. Po*r* bilhete.
– Bilhete?

O moço tirou o bilhete que havia recebido do engraxate de dentro do bolso e o leu em voz alta.

– Tem até uns *verso* escrito aqui, ó... Diz: "Fala baixinho *pra* ninguém ouvi*r* porque ninguém vai *memo* compreende*r* que o nosso amo*r* é bem maio*r* que tudo aquilo que eles sentem... ".

De fato, confirmou Bianca, aquele era o bilhete que ela havia escrito de próprio punho. Só não conseguia compreender por que ele havia ido parar nas mãos daquele estrupício.

– Onde foi que você conseguiu esse bilhete, seu demônio?! – perguntou ela a seguir.
– Um moleque me *entregô*.
– Moleque?!

Só então Bianca compreendeu o que havia acontecido. Disse:

– Aquele maldito moleque deve ter se confundido... Entregou o bilhete para o *cara* errado. Como?

O moço bufou:

– *Ora, diacho... Ocê* vai me *dá* um beijo ou *num* vai?

E, voltando-se na direção do altar, o rapaz fez o sinal da cruz antes de acrescentar:

– *Descurpe*, meu Deus, mas é que um *muierão* desse *num* se encontra assim tão *fáci, né?*
– Eu prefiro morrer de inanição a ser beijada por um porco como você!
– Que *muié difici* – resmungou o caipira, erguendo a calça e recolocando o chapéu de palha sobre a cabeça. Ao lembrar que ainda se encontrava dentro da igreja e que era falta de respeito estar dentro dela usando chapéu, tratou logo de tirá-lo e de se desculpar:
– *Descurpe*, Deus, é que essa *muié* me deixa com os *nervo exartado*.

Sem mais delongas, o moço ergueu a calça, no melhor estilo Mazzaropi, e partiu pisando duro.

– Longe de mim, seu bicho do mato, quanto mais longe de mim você ficar, melhor – ralhou Bianca, perdendo completamente a compostura.

O moço barbudo e cabeludo parou, voltou-se para trás e disse em alto e bom tom:

– Bicho do mato, não! Tenho nome, viu?! Zé Rufino.
– Pois que tenha, ainda assim não passa de um bicho do mato!

José Rufino, irado, repôs o chapéu, bateu com a mão no topo dele para encaixá-lo melhor sobre a cabeça e partiu, pisando ainda mais duro.

Bianca ficou por ali, andando de um lado para o outro, inconformada com o acontecido. Por fim, ajeitou o vestido, o cabelo, procurou tirar a carranca que havia deformado seu rosto e voltou para casa.

"Desistir nunca!", disse para si mesma. "Persistência é a alma do negócio." Péricles Capistrano há de ser meu, nem que seja a última coisa que eu faça nessa vida. Ele há de ser meu!

•••

Quando Bianca reencontrou Manuela, ela estava muito bem vestida e maquiada.

– Prima, como você está linda, aonde vai tão elegante? – perguntou, com uma ponta de inveja.

– Péricles convidou-me para ir tomar um sorvete – respondeu Manuela com um sorriso.

– Sorvete, que delícia. Importa-se de eu ir junto com vocês?

– É lógico que não, prima. Só não a convidei, pois pensei que não gostasse de sorvete. Segundo me lembro, você, certa vez, me disse que não tomava sorvete por causa da banha vegetal, se não me engano, porque parece que ela causa celulite, não?

– Eu disse isso?

– Você mesma.

– Se disse, não me lembro. Tolices de adolescente, sabe como é. A que horas vocês irão à sorveteria?

– Logo após o jantar.

– Ótimo. E dessa vez eu faço questão de pagar o sorvete para vocês.

– Que é isso, prima?

– Faço questão, sim, o Péricles foi tão gentil comigo me pagando o cinema e a pipoca.

– Ele gosta de ser gentil.

– Não há nada melhor do que ter um homem gentil ao nosso lado, não, prima?

– Verdade...

•••

Na sorveteria, Bianca voltou-se para Péricles e perguntou:

– Qual o sabor do sorvete de que você gosta?

– Chocolate.

– Manuela?

– Morango.

– Ótimo. Eu pego para vocês.
– Não, senhora – se opôs Péricles, no mesmo instante.
– Por favor, Péricles, o cinema foi você quem pagou, hoje sou eu.
– Nem pensar.
– Por favor, se não aceitar, vou ficar ofendida.
– Está bem...

Assim que Bianca se dirigiu ao balcão, Manuela voltou-se para o namorado e comentou:

– A prima é muito gentil, muito generosa.

Péricles concordou com a cabeça, olhando com certa cisma para Bianca.

– Moça – disse Bianca para uma das atendentes da sorveteria –, eu quero uma bola de...

– Desculpe, minha senhora – respondeu a atendente, com muita educação –, eu estou atendendo outra pessoa.

Inconformada, Bianca voltou-se para outra atendente:

– Moça!

– Aguarde a sua vez – respondeu a atendente, seriamente.

Bianca ficou indignada. Só não *rodou a baiana* para não fazer feio na frente de Péricles e Manuela, caso contrário...

– O que a senhora vai querer? – perguntou a atendente, meio minuto depois.

– Já era tempo, hein? Quero duas bolas de morango e quatro de chocolate.

– Quatro bolas num mesmo cone?

– Não, sua idiota, duas em cada cone.

– Ah! – desdenhou a atendente.

Bianca estremeceu ao ouvir a voz de um homem soar ao pé do seu ouvido:

– Ora, ora, ora... se *num* é a *muié* capivara?!

Bianca estremeceu por dentro e por fora. Soube imediatamente que se tratava do caipira chamado Zé Rufino.

– Vai toma*r* todo esse sorvete sozinha, é? – zombou Zé Rufino, ao ver os cones sendo postos na mão de Bianca. – Deve *tá* com barriga d'água, hein?

Bianca bufou de raiva, procurando desesperadamente se controlar.

– O sorvete daqui é muito *bão* – acrescentou o barbudo cabeludo.

Ela voltou-se de chofre para ele e, entredentes, falou:

– Cale essa boca!

– *Num* calo não, a boca é minha, só calo se eu *quisé*!

Bianca soltou um risinho escarninho antes de debochar:

– Deixaram a porta do chiqueiro aberta, foi?

A resposta dele foi imediata:

– Deixaram, sim, por isso que a senhora *escapô*, né?

Bianca conteve-se mais uma vez, por pouco não esfregou os sorvetes na barba imensa e, segundo ela, encardida, do rapaz. Sem mais palavras, Bianca seguiu na direção do local onde Péricles e Manuela aguardavam por ela.

— Esse é o seu – disse ela, entregando o sorvete de morango para Manuela.
— E esse é o seu – disse ela, entregando o de chocolate para Péricles.
— Você está bem? – perguntou Péricles, percebendo que a mãe de Bianca tremia ligeiramente.
— S-sim, por quê? – espantou-se Bianca com a pergunta.
— Porque está trêmula e ligeiramente vermelha.
— Eu?! É que...

Bianca não pôde completar a frase, pois, nesse exato momento, José Rufino parava diante deles e dizia:

— E aí, *pessoar*?

Péricles levantou-se no mesmo instante e estendeu a mão para o rapaz:

— Opa, Zé, como *cê tá*?
— *Bão!*

Manuela cumprimentou José a seguir:

— Olá, Zé, faz tempo que não o vejo.
— É por causa da correria no sítio, Manuela...

Bianca manteve-se de costas para o moço, recusando-se terminantemente a olhar para o rapaz de frente. No entanto, para seu desagrado, Manuela chamou por ela:

— Essa é Bianca, minha prima lá do Rio de Janeiro.

As sobrancelhas de José Rufino se arquearam de espanto. Com certo sarcasmo, ele falou:

— *Nóis* já se *conhece*. Só num sabia que ela era sua prima e que era lá da *capitar*.
— Vocês já se conhecem, é mesmo, de onde? – espantou-se Manuela.

Mas José Rufino não respondeu à pergunta, apenas disse:

— Dizem que as *muié* da *capitar* são umas *capivara*, umas *onça*.

Péricles Capistrano gargalhou, voltou-se para Bianca e perguntou:

— É verdade, Bianca?

Bianca se viu obrigada a responder à pergunta, uma vez que fora feita por Péricles:

— É lógico que isso não é verdade, Péricles. Porém, quando se comportam como onças é porque foram provocadas por homens que não têm nenhum tato para lidar com mulheres meigas e delicadas.

Dessa vez foi José Rufino quem gargalhou.

— Meigas e delicadas?! – zombou ele, olhando de viés para Bianca.

Ele ia dizer mais alguma coisa, mas o olhar de raiva que Bianca lhe dirigiu, fez com que se calasse.

– Eu já me vou, *pessoar*, até mais...

Todos se despediram e assim que José Rufino partiu, Péricles comentou:

– O Zé é um sujeito bacana. Gosto muito dele.

– Você vai me desculpar, Péricles – objetou Bianca –, mas ele não passa de um bicho do mato. Mal-educado, grosseiro, intrometido. Não me deu sossego enquanto eu estava ali no balcão pedindo os sorvetes.

– O Zé não faz por mal. Ele é tão simples que qualquer lapso da parte dele é perdoado por todos, o Zé é puro coração.

– Ele que fique bem longe de mim.

– Nossa, ele realmente perturbou você – falou Péricles, observando Bianca mais atentamente.

– Mas já passou. Não vamos deixar que um matuto desses estrague a nossa noite, não é mesmo?

A seguir, o assunto tomou outro rumo.

•••

Assim que Manuela e Bianca foram deixadas em casa, Manuela quis saber:

– De onde você conhece o Zé, prima?

– Foi aquele demônio que me jogou toda aquela lama, no sábado à tarde, quando passou pela rua dirigindo aquela espelunca.

– Ah... – Manuela conteve-se para não rir. – Mas o Zé não fez por mal.

– Depois de trocar meia dúzia de palavras com aquele estafermo, estou mais do que certa de que ele me jogou toda aquela lama de propósito.

– Que nada, prima, o Zé é muito simples. Incapaz de fazer mal a uma mosca.

– Duvido. Para mim ele é lobo em pele de cordeiro.

– Você ficou queimada mesmo com ele.

– E não é para ficar?

•••

No dia seguinte, Bianca acordou disposta a fazer uma nova visita para dona Germana Capistrano. Antes, porém, foi à avenida principal procurar uma loja onde pudesse comprar um caderno para anotar as receitas que a simpática mulher estava disposta a passar para ela.

Não havia desculpa melhor para frequentar a casa de Péricles do que esta. Enquanto houvesse receitas para serem copiadas, haveria sempre um bom motivo para ela estar na casa da família Capistrano.

Bianca deixou a casa da família Capistrano naquela tarde sentindo-se mais uma vez realizada, certa de que seu plano para conquistar dona Germana e pô-la a favor do seu envolvimento com o filho estava praticamente 100% certo. Fazia tempo que não se via contente com os rumos que sua vida estava tomando. Tão contente estava que voltou para casa a pé, pela primeira vez, sem reclamar, e ainda admirando o sol que, naquele momento, caía no horizonte, deixando o céu tomado de cores alegres e bonitas.

Bianca andava tão dispersa pela calçada quando foi surpreendida pela chegada de Zé Rufino, que não houve tempo de evitar uma colisão com o rapaz.

— Saia da minha frente, seu porco — ralhou ela, avermelhando-se inteira.

— Ora, ora, ora... — zombou José Rufino, peitando Bianca, como sempre, com seus olhos grandes, vivos e bonitos.

Bianca tentou contorná-lo para continuar seu caminho, mas aonde quer que ela fosse, ele se punha na sua frente.

— Quer me deixar passar? — pediu ela, cuspindo fogo.

— *Da* onde a senhora *tá* vindo?

— Não é da sua conta.

O moço coçou a barba, olhando cismado para Bianca que procurava a todo custo evitar olhar para ele. Por fim, José Rufino soltou um risinho safado e disse:

— Eu *tava* pensando sobre o acontecido na igreja e...

Bianca pôs as mãos na cintura, empurrou o pescoço para a frente e disse com ares de mocinha irritada:

— Já lhe disse para não me dirigir a palavra!

José Rufino ignorou terminantemente as palavras da moça e, enquanto coçava o ouvido com o dedo minguinho, voltou a falar:

— Como disse, eu... *tava* pensando a respeito do acontecido na igreja e... Quem é que a senhora senhorita *tava* esperando encontrar por lá àquela hora?

— Já disse para não me dirigir a palavra.

— Eu lembro bem que a senhora senhorita disse algo sobre prima... *Num* vai me dizer que a senhora senhorita *tá* querendo roubar o noivo da sua prima? O Péricles Capistrano?!

— Vá ver se eu estou na esquina!

— Ora, *diacho*, como posso *tá* na esquina se *tô* bem aqui de frente dos *óio* da senhora, *óio* que a terra há de comer.

Bianca, num acesso de raiva, tapou os ouvidos com toda força. José Rufino não se deu por vencido, acrescentou:

— A senhora senhorita *tá* dando em cima do seu Péricles, é isso, *num é*? Que vergonha... Onde já se viu arrastar as asinhas *pra* cima do noivo da sua prima? Ainda mais com tanto *home bão* solto por aí. Se a senhora senhorita quiser, eu apresento um bando deles *pra* a senhora... senhorita.

— Homens?

— Sim, *home bão* que nem eu.

— Por favor, os homens que você conhece não devem passar de bichos do mato como você.

José Rufino ergueu a calça, estufou o peito e disse com certa impaciência:

— *Óia*, moça, *ocê* que *num* apronte nada *pra* estragar o noivado do Péricles e da bela Manuela porque não é direito faze*r* uma coisa dessas com um *casar* que se ama de verdade como eles.

— Eu não aguento mais ouvir você falar. Quer calar a boca?!

— *Num* calo, não!

— Está me desafiando, é?

— *Tô* querendo respeito.

Bianca arregalou os olhos diante do comentário.

— Respeito?

— É... e um favo*r*zinho.

— Não me faça rir.

— Se a senhora senhorita *num quisé* que eu conte nada pra bela Manuela a respeito do bilhete que era para o noivo dela, a senhora senhorita vai te*r* de me *fazê* um favo*r*.

— Está me chantageando?

— *Num tô*, não, senhora. *Tô* pedindo um favo*r*, só isso.

— Desembucha.

— A senhora senhorita...

— Não me chame de senhora. Senhora está no céu...

— É que na idade da senhora, a senhora deve ser chamada de senhora, *né*?

— Está me chamando de velha, por acaso?

— *Num* se preocupa, não — riu José, com simplicidade —, panela *véia* é que faz comida boa.

— O que quer de mim?

— Tenho uma namorada, a Mareliz...

— Você?! Uma namorada?!

— Ora, po*r* que o espanto?!

— Feio do jeito que é...

— Posso se*r* feio, mas sou gostoso.

— Ai, meus ouvidos. Quer fazer o favor de se afastar de mim, você fala cuspindo e isso eu não tolero. É repugnante. Daqui a pouco, eu vou estar encharcada de cuspe. Vamos logo, diga, o que quer de mim.

— Um favo*r*zinho.

— Isso você já disse. Que favor é esse...

— A Mareliz gostaria muito de ganha*r* um perfume... Gostaria que a senhora senhorita ajudasse *eu* a escolher um perfume dos *bão pra* dar *pra* ela.

— Sei... É só isso?

– Só isso sim, senhora.
– Depois vai me deixar em paz.
– *Vô*, sim. Prometo.
– Está bem. Onde tem uma loja que vende perfumes na cidade?
– No supermercado ou na farmácia.
– Supermercado ou farmácia? Nesses lugares não tem perfume de gente... Lá você não vai encontrar nunca um bom perfume francês.
– *Franceis*?
– Francês. Se quer dar um bom perfume para sua namorada, tem de ser um bom perfume francês.
– Se a senhora *tá* dizendo...
– Já disse para não me chamar mais de senhora, lembra?
– Sim, senhora.
– E então, onde é que tem uma loja decente para se comprar um bom perfume?
– Acho que só na cidade vizinha.
– Então vá lá e compre.
– A senhora vem comigo *pra* me *ajudar* a *escolher*.
– Eu, com você? Enxergue-se, matuto.
Zé Rufino fez um muxoxo. Bianca, entre risos de escárnio, acrescentou:
– Não ficará nada bem as pessoas me verem andando com você por aí.
– Será *mió* elas falarem de *nóis* dois andando por aí do que falarem que a senhora *tá* tentando *roubar* o futuro marido da prima da senhora. A senhora senhorita não precisa *roubá home* de outra *muié*, não, a senhora é bonita, pode muito bem *conquistá* um *home sorteiro* com a beleza da senhora.
– Chega de papo furado. Preciso voltar para casa.
– Amanhã, eu apanho a senhora na casa do seu Alípio.
– Eu não disse que vou, talvez eu vá, vamos ver como vou acordar amanhã, se estarei disposta ou não.
– Eu passo lá pelas onze da manhã.
– Onze da manhã é hora do almoço.
– *Armoce* antes, ora.
– Você é um bronco, mesmo. Não passa de um bicho de mato.
– Amanhã – reforçou José Rufino, dando finalmente passagem para Bianca, que partiu pisando duro, cuspindo fogo pelas ventas.
– *Num* quer carona?! – perguntou ele, assim que ela passou feito um raio por ele.
Mas Bianca continuou andando, fingindo-se de surda.
– Eta, *muié* turrona, sô! – exclamou José Rufino, divertindo-se com o jeito maroto de Bianca.

...

Na manhã do dia seguinte...

— Você vai à cidade vizinha com o Zé Rufino? – espantou-se Veridiana Giacomelli.

— Infelizmente, vou – respondeu Bianca, fazendo-se de pobre coitada.

— Se não quer ir, por que vai?

— É que... O pobre coitado insistiu tanto para que eu o ajudasse a comprar um perfume para a namorada dele que...

— Por que não compra esse bendito perfume aqui mesmo na cidade? A farmácia está cheia deles.

— Eu sei, titia, mas duvido que possamos encontrar numa farmácia ou num supermercado um bom perfume francês.

— E você acha, meu bem, que faz diferença para essa gente se o perfume é francês? Todo mundo aqui é muito simples, tão simples que não sabe distinguir a fragrância de um perfume francês de um brasileiro fuleiro. São capazes até de preferir um brasileiro a um francês. Eu mesma prefiro.

— Bem, eu agora já prometi ao moço que vou e palavra é palavra.

— É melhor eu ir com vocês.

A sugestão alegrou Bianca imensamente.

— Faria isso por mim?

— Lógico, querida.

— A senhora é formidável.

Mas a alegria de Bianca durou pouco. No minuto seguinte, a tia lembrou-se de que tinha consulta médica logo após o almoço e, portanto, não poderia acompanhar Bianca. Bianca chegou a pensar em chamar Manuela para ir com ela, mas temeu que José Rufino, bronco como era, acabasse dando com a língua nos dentes.

Assim que o moço chegou à casa da família Giacomelli, Alípio Giacomelli quis ter uma palavra com ele.

— Zé Rufino – disse seu Alípio, com firmeza. – Vê lá, hein, rapaz, cuida bem da minha sobrinha, ela é uma moça de respeito.

— Ô!!! Se é... – concordou o moço, erguendo a sobrancelha de forma desdenhosa. – Pode deixar, seu Alípio, que eu *vô* tratar a sua sobrinha com todo o respeito do mundo.

— Espero *memo*, Zé.

José Rufino despediu-se dos donos da casa, puxando a aba do chapéu, e partiu, seguido por Bianca, que procurava não deixar transparecer o ódio que borbulhava por baixo da sua pele por se ver obrigada a fazer aquilo.

— *Cadê* o carro? – perguntou ela, assim que pisou na calçada.

— Como assim, *cadê* o carro?! – espantou-se José Rufino. – *Tá* bem aqui na sua frente, *ora!*

Ao ver que se tratava de uma caminhonete, Bianca protestou:
— Essa velharia?! Você acha que eu vou viajar numa lata velha como essa? Nem morta!
— Vai sim, se *num* quise*r* que eu conte...
— *Tá* bom, *tá* bom, já entendi! Abra logo a porta dessa geringonça e vamos. Quanto mais rápido eu puder despertar desse pesadelo, melhor!
O moço atendeu ao pedido prontamente. E, para caçoar de Bianca, fez uma reverência com o chapéu antes de ela entrar no veículo.
Assim que ele se acomodou em frente à direção, Bianca perguntou:
— Você carrega mais algum porco aqui dentro dessa pocilga além de você?
— Ora, *diacho*, aqui dentro não, só na carroceria.
— Está fedendo a porco aqui dentro.
— É?
— Sim.
— Se *tá*, só pode se*r* po*r*que a senhora *tá* aqui dentro agora, né?
Bianca mordeu os lábios de ódio com tanta força que chegou a feri-los.
— Se você pensa que as suas ofensas me atingem, saiba que o que vem de baixo não me atinge jamais.
— O *memo* digo eu! — revidou o caipira, ligando o motor e pisando no acelerador.
O cenho de Bianca fechou-se a seguir como o céu se fecha para arremessar uma terrível tempestade. Como se não bastasse o forte barulho do ronco do motor, José Rufino começou a assoviar uma canção com um assobio ardido. Para piorar, começou a cantar mais desafinado que uma taquara rachada.
— Pelo amor de Deus, pare! — berrou Bianca, num rompante de histeria.
José Rufino parou o veículo no mesmo instante.
— Não o veículo, seu imbecil — ralhou Bianca, à beira de uma síncope —, é para você parar de cantar e assoviar, seu idiota!
— Ora, *diacho*, por quê? A Mareliz diz que eu canto tão bem — respondeu o moço, com total sinceridade.
Bianca não deixou por menos:
— Pois essa tal de Mareliz só pode ser surda ou retardada.
— A Mareliz me ama, sabe...
— Deve amar mesmo, para aguentar você cantando, o seu mau cheiro, essa barba e esses cabelos longos, imundos, esse cheiro de chiqueiro aqui dentro.
— A senhora fala assim *d'eu* porque nunca sentiu uma ba*r*ba como a minha roça*r* o rosto da senhora senhorita, se sentisse, ai, ai, ai... *num* ia quere*r* nunca mais que um ba*r*budo que nem eu co*r*tasse ela jamais. *Ma num* ia *memo*, sô!
— Deus me livre.

87

— A Mareliz...

Bianca o interrompeu:

— Por que você me chama de senhora senhorita?

— Ora, é muito simples, *sô*... Senhora porque a senhora tem idade pra se*r* senhora, *né mémo*? Com ce*r*teza já deve te*r* passado dos trinta, *é ou num é*?

— Eu ainda não entrei na casa dos trinta! – mentiu Bianca, deslavadamente.

José Rufino riu com deboche.

— *Pra* cima *d'eu?!*

— Cala a sua boca, seu matuto mal-educado.

José Rufino ignorou o protesto e completou:

— E chamo a senhora de senhorita também porque a senhora continua *sorteira, ora!*

Bianca bufou. O sangue subiu. O ódio espumou na boca. Os minutos seguintes se estenderam num silêncio desconcertante, quebrado apenas pelo ronco do motor e pelo assovio ardido de Zé Rufino. Bianca procurou se conter, trazer à memória momentos bons dos que teria casando-se com Péricles Capistrano. Entretanto, era impossível pensar em algo bom dentro de um veículo que seguia aos solavancos por uma estrada de terra toda esburacada.

— Não tinha outra estrada para ir para essa bendita cidade? – explodiu ela.

— Tinha, mas leva mais tempo pra chega*r*. Gasta mais *combustíve* e...

— Como você é pobre, santo Deus, como você é pobre!

— Grande novidade – zombou o moço, em meio a uma careta.

— Vai demorar muito para chegarmos a essa bendita cidade?

— É *craro* que sim, *sô*... *Nóis* nem *acabamo* de deixa*r* Passaredo. Vai leva*r* ainda pelo menos uma hora...

— Não acredito.

Ele riu, coçou a nuca e disse:

— Por isso que eu canto quando pego a estrada, porque cantando a *viage* passa rapidinho.

— Se você abrir a boca para cantar mais uma vez, eu abro a porta dessa caminhonete e me jogo.

— E vai *morrê sorteira*?! *Casa* antes, pelo menos. Nem que seja com uma mula. Mió morre*r* casada do que *sorteira*, minha mãe sempre disse!

— Você faz ideia do quanto você é desagradável?

— *Desagradave*, eu?! Ora... Sô não. Sô é muito dos *agradávi*. A *muierada* adora a minha companhia!

— Eu não sei o que é pior, ouvir você cantar ou ouvir você falar. Por que não fica em silêncio?

— *Tá bão.*

O silêncio agora só era rompido pelo barulho do motor. Minutos depois, Bianca desabafava:

– Essa geringonça faz mais barulho que um porco no cio.

– C-como é que a senhora senhorita sabe, por acaso já teve um *teretetê* com um porco?

Bianca se segurou para não saltar sobre Zé Rufino e cravar suas unhas na sua face como faz uma ursa para se defender dos machos quando é preciso.

O silêncio caiu novamente sobre os dois de forma pesada. Até mesmo um velório era lugar mais agradável de se estar do que dentro da cabine daquela caminhonete. Cinco minutos depois, Zé Rufino voltava a assoviar uma canção, com um assovio agudo e estridente. Bianca voltou sua atenção para os lindos campos de soja e trigo que ladeavam a estrada por onde passavam. Havia também plantações de milho e muitos pastos com gado a ruminar. De longe, as plantações pareciam tapetes em tons de verde, contrastando um com o outro. Era uma bela visão. Era também bonito ver as casas das sedes das fazendas e dos sítios. Casas humildes, de madeira, no meio de todo aquele verde se tornavam graciosas e prazerosas de se morar.

Assim que eles passaram por uma cadeia de eucaliptos, José Rufino quebrou o silêncio, dizendo:

– Aquelas *terra* ali é da *famia* Perilli, uma *famia* muito rica aqui da região. Aquela fazenda ali é da *famia* Travassos, gente muito rica também.

– É mesmo?

Bianca assanhou-se toda, como sempre acontecia quando ouvia falar de gente de dinheiro.

– É... – continuou José Rufino –, mas a *famía* Perilli *num* teve *fio home* não, só *muié*.

– Por que está me dizendo isso?

– *Pra num* deixar a senhora senhorita com *farsas esperança*.

Bianca preferiu não se exaltar diante de tamanha ofensa. De nada adiantaria se exaltar. Percebeu José Rufino era tão matuto que seria incapaz de se ofender com suas respostas à altura.

– Quando eu era pequenininho – prosseguiu Zé Rufino –, nós sempre *vinha* visitar essas *terra*. Meu pai era amigo do administrador da fazenda. A sede é muito bonita, sabe? Fica de frente *pr'um* lago bonito que nem o que tem no sítio do meu pai. *Ocê* precisa ver que beleza, a água é cristalina, dá até *pra* nadar.

"Vida de fazendeiro *num* é *fáci*, não. *Passamo* cada aperto. Quando *num* é seca, é geada. Quando *num* é geada, são as *praga* que *come* as *pranta*. Quando as *coieta* vão *mar*, tudo fica ruim, porque a região depende do dinheiro que os *agricultor* ganha com a colheita."

Bianca virou-se para ele e comentou com acidez na voz:

– E o que eu tenho a ver com isso?

José Rufino riu. E, olhando de soslaio, respondeu:

– *Ocê* pode parece*r* que num tem coração, que é birrenta como um cão, mas eu sei que tem um coração *bão* batendo aí dentro desse *véio* peito.

– Velho uma ova!

– *Véio* sim, já *passô* dos trinta!

– Desde quando uma pessoa que passou dos trinta é velha?

– É verdade... *Num* é não... Só fica *véia pra casá!*

– Você deve ter a mesma idade que eu.

– Tenho não. Devo s*er* pelo menos uns oito *ano* mais jovem do que a senhora s-e-n-h-o-r-i-t-a.

– Pois você parece bem mais velho do que eu.

– É por causa da barba e do cabelo grande.

– Deveria cortá-los, então.

– Eu *sô* besta? É essa barba e esse cabelo grande que *enlouquece* as *muié*.

Bianca suspirou fundo. Zé Rufino também. O silêncio fez companhia mais uma vez aos dois por quase quinze minutos. O lenço com que Bianca enxugava o suor da testa e do pescoço já estava encharcado àquela hora.

– O sol por aqui é sempre assim, escaldante? – perguntou ela, quando começou a sentir sua roupa grudar no corpo, transpirando de suor.

– É... Mas eu *num* me importo. Já *tô* acostumado. Na ve*r*dade, prefiro *sór do que* chuva e dia nublado. O *sór* alegra a gente. Mas onde a senhora senhorita mora é quente também, *num* é? Ao menos é o que dizem.

– É... Mas aguentar o sol forte do Rio de Janeiro é uma coisa completamente diferente do que aguentar o sol forte num fim de mundo como esses.

– Mas se a senhora senhorita se casa*r* com um *home* dessas *banda*, vai ter de aguenta*r* a quentura que se tem por aqui, não?

Bianca não soube o que responder. Ela havia se esquecido daquele pormenor.

•••

Depois de alguns giros pela próspera e aconchegante cidade de Morro Sereno, José Rufino e Bianca conseguiram finalmente encontrar uma perfumaria que vendesse perfumes importados.

– O perfume é esse – disse Bianca, depois de sentir a fragrância de alguns perfumes.

José Rufino tomou o perfume da mão dela e cheirou.

– *Hum... é bão memo...* Cheiroso que só vendo...

– Agora só falta pagar.

— É *pra* já! — e voltando-se para a vendedora, José Rufino perguntou: — Quanto é, dona?

A moça respondeu.

— Quanto? — exaltou-se o moço. — *Tô* falando do perfume, moça. Quanto custa o perfume?

A moça tornou a repetir o preço.

— O quê?! — indignou-se José Rufino. — Um vidrinho desse custa tudo isso?! A senhora *tá* tirando uma *d'eu, é*?!

Bianca deu uma cotovelada no braço do rapaz e, entredentes, falou:

— Fale baixo, pelo amor de Deus, está todo mundo olhando para nós.

— E é *pra oiá memo*. Onde já se viu um perfume custa os *zóio da cara*?!

Bianca soltou um risinho sem graça para os presentes e tentou explicar para José Rufino:

— Um perfume bom custa caro mesmo.

— Com esse dinheiro eu passo o mês inteiro.

Bianca novamente se inflamou e disse:

— Pague logo esse perfume e vamos embora daqui, você está me fazendo passar vergonha.

— *Num* pago, *num* pago *memo, sô!* Isso *num* é preço de perfume, isso é roubo. Só um otário paga uma fortuna dessa por um perfume mequetrefe como esse. A Mareliz que me *descurpe*, mas eu *num* compro um perfume desses para ela nem que a vaca tussa.

Ajeitando o cabelo como quem faz para se esconder, Bianca protestou:

— Eu não acredito que você me fez vir até aqui, debaixo desse sol a pino, para comprar esse bendito perfume e agora não vai comprá-lo.

— *Num vô memo*, onde já se viu um perfume *custá* tudo isso, muié? É de ouro por acaso? De *briante*?

— Como você é pobre. Pobre de dinheiro e pobre de espírito.

Voltando-se para a atendente, Bianca agradeceu sua atenção e pediu mil desculpas pelo acontecido.

Assim que os dois se fecharam na cabine da caminhonete, Bianca soltou o verbo:

— Você é muito bronco mesmo. A sua namorada não deve ser certa das ideias. Se fosse, jamais namoraria um tosco como você.

— *Facinho* que eu gasto o meu dinheirinho suado num perfume *franceis* caro como aquele, nunquinha, *sô*.

— Está bem. Agora vamos embora, por favor, antes que eu derreta de calor, antes que eu enlouqueça por sua causa. Mal vejo a hora de chegar a Passaredo, à casa da minha tia.

— *Tá bão*. Já *tamo* indo. Só *vô* passar na fazenda do seu Chicório Viana e a gente já segue *viage*.

— Passar numa fazenda?! Como assim?! Você não me disse que iria...

— *Ocê* acha que eu ia gastar esse colosso de gasolina só *pra* vir aqui comprar um perfume?! *Tá* doida? Vim porque *vô* aproveitar a *viage pra* fazer um carreto. *Num* vai *demorá* muito, pode *ficá* tranquila. É só *pega* os *bicho* e a gente já...

— Bichos?

— *Animar.*

— Animais?

— Uns *porco*... Eu sempre compro uns na fazenda do seu Chicório *pra* vender em Passaredo.

— E onde você pretende levar esses porcos?

— Na carroceria, ora?!

— Diga que está brincando.

— *Tô* não.

— Isso só pode ser um pesadelo. Só pode!

Vinte minutos depois, a caminhonete estacionava em frente ao chiqueiro de propriedade do senhor Chicório Viana. Bianca se viu obrigada a sair do veículo para tomar um pouco de ar. O homem e José se cumprimentaram efusivamente, parecendo ter grande apreço um pelo outro. Entretanto, quando o dono da fazenda avistou Bianca, seu rosto se iluminou. Ele caminhou até ela, tirou o chapéu e cumprimentou:

— Como vai, dona?

Bianca cumprimentou o senhor com um sorrisinho forçado, amarelo. Depois de admirar a moça de cima abaixo, seu Chicório voltou-se para José Rufino e comentou:

— Quem é essa formosura, Zé? Num sabia que *ocê* tinha casado com um *muierão* desses, sô?

— Ainda *num* casei não, seu Chicório.

— Quando casar, *convida nóis*, hein?

— Pode deixar, seu Chicório.

— *Num* esquece.

— *Num* esqueço, não.

O homem voltou a admirar Bianca de cima a baixo, soltou um novo assovio de encantamento e foi apanhar os porcos na companhia de José Rufino. Levou um bocado de tempo até que os dois conseguissem pôr todos os animais na carroceria da caminhonete. Bianca assistia a tudo, horrorizada. Não só com o cheiro, mas com a imundície em que os dois homens ficaram por lidar com aquilo.

Antes de partirem, Bianca achou por bem usar o banheiro e tomar uma água. Seu Chicório chamou pela esposa no mesmo instante:

— Silvina, arranja um copo d'água aqui *pra* moça, *muié*.

Segundos depois, uma senhora, usando um avental manchado de farinha e ovo, apareceu na humilde varanda em frente à casa simples de madeira onde vivia com o marido, trazendo na mão um copo de água. A mulher cumprimentou todos em meio a um sorriso banguela.

Bianca pegou o copo de água e bebeu com grande dificuldade, não só porque a água estava quente, mas também porque suspeitou que ela não estivesse limpa.

– É água de poço, tirada essa manhã – explicou seu Chicório. E, voltando-se para José Rufino, ofereceu: – E *ocê*, Zé, num quer um pouco?

– Vou aceitar um bocadinho, sim senhor.

– Silvina...

Não foi preciso completar a frase, a mulher partiu ligeira em busca de um novo copo de água.

– Eu gostaria de ir ao banheiro, se possível – disse Bianca a seguir.

– É pra já.

O senhor, sem cerimônia alguma, pegou no braço da moça e a puxou.

– É logo ali, ó – apontou ele para um banheiro de madeira erguido do lado de fora da casa.

Bianca engoliu em seco ao avistar o local. E arrependeu-se amargamente de ter feito tal pedido. Se não fosse uma necessidade fisiológica, ela teria mudado de ideia no mesmo instante. Ela já seguia para lá, quando seu Chicório correu até ela e lhe pôs nas mãos algumas folhas de bananeira. Ela olhou para aquilo sem compreender.

– É pra senhora... a senhora sabe...

Bianca, sobrancelhas enviesadas, olhava ainda para o homem sem compreender aonde ele queria chegar. José Rufino soltou um assovio alto e agudo e quando Bianca olhou para ele, ele explicou por meio de gestos o que ela deveria fazer com as folhas de bananeira. Bianca avermelhou-se como um pimentão e quis morrer de vergonha diante do episódio, um desejo que cresceu dentro dela ao se ver fechada num banheiro cujo vaso era um buraco no chão, e cujas paredes eram feitas de madeiras repletas de buracos, permitindo que qualquer um que estivesse nas proximidades visse o que se passava ali dentro. Um horror.

Ela deixou o local sentindo-se transpassada, a ponto de vomitar. Estava amarela, quando se fechou na cabine da caminhonete.

– Dê minhas *lembrança ao* seu pai – falou seu Chicório, enquanto a caminhonete se punha em movimento.

– *Dô* sim, seu Chicório. Até mais.

– Até mais, Zé.

...

Assim que a caminhonete atravessou a porteira da fazenda de seu Chicório, Bianca perguntou:

– O pessoal daqui é todo assim?

– Assim como? Cheio de simpatia?

– Não. Inconveniente. Mal-educado. Porco.

José Rufino riu.

– Cuidado, muito cuidado... a senhora pode *acaba* casando com um *home* dessas *banda* e se isso acontecer a senhora senhorita vai acabar mordendo a língua.

– O único homem daqui com quem eu me casaria... deixa para lá...

Ele riu ainda mais:

– Seria muito engraçado *vê* a senhora senhorita toda metida a grã-fina casando de *vér* e *grinarda* com um *home* que a senhora chama de jacu.

José Rufino gargalhou. Bianca fechou ainda mais o cenho. O rapaz acrescentou:

– *Óia* lá, hein, nunca ouviu *dizê* que o mundo dá *vortas*?

– Já ouvi sim e faço votos de que, quando o mundo der mais uma volta, você caia dele direto para o abismo mais negro que existir no universo.

– A senhora senhorita gosta de *fala difice*, né? *Eta muié difice, sô!*

No minuto seguinte, José Rufino desembestou a falar:

– A primeira porca que eu tive foi a Julieta. *Eta* porca linda. Dava gosto de *vê*. Depois comprei o Romeu. Porco bonito também. Gordo, forte. Comprei pra cruza com a Julieta. Foi uma *maravia*, ela logo teve uma ninhada de *fio*. Um porquinho mais bonitinho que o outro. A teta da Julieta ficou até com calo de tanto que os *fiote* mamaram. Uma beleza. Foi assim que eu comecei meu comércio de porco. Hoje, todo mundo sabe na cidade onde encontrar um bom porco pra fazer um bom assado. É só procurar o Zé aqui, ó!

José Rufino falava com gosto a seu respeito. Bianca, por sua vez, comentava consigo mesma:

"O que fiz eu para merecer uma coisa dessas? O que, meu Deus? O senhor não tem mesmo piedade de mim? Não tem. Alguém lá em cima realmente não me suporta. Não gosta. Onde já se viu eu, uma moça rica e da alta sociedade, presa numa caminhonete mequetrefe como essa, carregando porco, sentada ao lado de um caipira cheirando a chiqueiro... Onde já se viu?"

"Não reclame Bianca", disse uma voz na mente da moça. "Você reclama demais das coisas. Tem situações muito piores do que essa. Gravíssimas, na verdade."

Bianca não deu atenção à voz. No segundo seguinte, fez novo desabafo consigo mesma:

"Tudo o que estou passando é por culpa daquele imbecil do José Murilo. Se ele não tivesse morrido, eu não estaria nessa situação ridícula e absurda. Teria sido poupada de todo esse trabalho que estou tendo para me casar com Péricles. Ah, Péricles, só você para me salvar do caos em que me encontro, só você!"

Bianca suspirou e completou:

"Muito em breve você será meu e eu serei sua até que a morte nos separe."

Bianca sorriu para si mesma, sentindo um alívio imenso encher seu peito. José Rufino por sua vez continuava falando sobre si, sem perceber que a moça sentada ao seu lado não estava nem aí para o que ele dizia. Quando se cansou de falar, ele se pôs a assoviar canções sertanejas e cantava desafinado os refrões das mesmas. Foi assim até a caminhonete deixar Bianca na casa de sua tia, em Passaredo.

Capítulo 7

Ao ouvirem Bianca contar o que havia se passado naquela tarde, Hugo e Camilo caíram na gargalhada. O riso dos dois foi tão contagiante que dona Veridiana, seu Alípio e a jovem Manuela acabaram rindo com eles também, para total espanto e indignação de Bianca. Minutos depois, Bianca voltou-se para a prima e fez um pedido muito sério:

– Pelo amor de Deus, prima, não conte nada do que aconteceu comigo hoje para o Péricles. O que ele vai pensar de mim se souber o que aconteceu?

O pedido de Bianca fora feito em vão, pois Hugo colocou o rapaz a par dos últimos acontecimentos assim que ele pôs os pés na casa da família Giacomelli naquela noite para namorar Manuela, como sempre fazia. Bianca queria literalmente morrer de vergonha e de ódio do primo quando soube o que ele havia feito.

– Coitada da prima – lamentou Camilo, entre risos –, o Zé Rufino é fogo. *Eta* cabra danado!

– O Zé é boa gente – defendeu Péricles, com sinceridade. – Gosto muito dele. É um *cara* e tanto.

– É um pobre coitado – comentou o senhor Alípio.

– Mais pobre do que coitado – ironizou Bianca, entredentes.

Péricles voltou-se para Manuela e disse:

– Domingo, a mamãe vai fazer uma bacalhoada lá em casa e pediu para convidar você para almoçar conosco.

O convite deixou Bianca irritadiça, onde já se viu dona Germana ter se esquecido de convidá-la para o almoço. Mas a irritação passou logo, Péricles voltou-se para ela no minuto seguinte para estender-lhe o convite:

– Você também está convidada, Bianca.

Bianca ficou rubra de contentamento.

– Fico muito grata pelo convite – disse, emocionada. – Sua mãe é um amor, Péricles.

– Ela gosta muito de você, Bianca.

Os olhos de Bianca brilharam, envaidecida.

• • •

Notícia e fofoca em cidade do interior voam tão velozes quanto patos voam para o sul na primavera.

Assim que José Rufino encontrou a namorada, naquele fim de tarde, dona Zelinda, mãe de Mareliz, chamou a atenção do rapaz.

— Zé Rufino, Zé Rufino, que história é essa *d'ocê* ficar por aí zanzando com a prima da Manuela Giacomelli. *Tá* todo mundo comentando na cidade. O assunto *tá sartando* de boca em boca.

— *Carma*, dona Zelinda, eu posso *expricá*...

— Eu acho *bão*, Zé... Eu acho é muito *bão!*

— É que a Mareliz sempre *falô* que queria *ganhá* um perfume desses de *muié* grã-fina e como eu *num* sei muito bem *quar* perfume essa *muierada* usa, pedi ajuda *pra* prima da Manuela Giacomelli que é da *capitar* e se diz *ser* moça fina, *curta*...

— E ela aceitou assim, de graça?!

— É uma *muié* muito das *educada*, dona Zelinda.

A senhora adensou seu olhar de suspeita sobre o namorado da filha. Estava visivelmente cabreira. José Rufino se encolheu todo, intimidado pelo olhar da futura sogra.

— E *cadê* o *tar* perfume, Zé? – perguntou dona Zelinda a seguir.

— *Num* comprei, não senhora, custava muito caro.

E voltando-se para a namorada, José Rufino completou:

— *Ocê* me *descurpa*, Mareliz, mas o *tar* perfume custa o *oio* da cara, *muié*.

— Que isso, Zé Rufino, eu disse que queria um perfume daqueles só por falar. Pra mim *quarqué* perfume serve.

— E serve *memo* – arrematou dona Zelinda. – Perfume é tudo *iguar*, *quarqué* um desses que são vendidos na farmácia são tão *bão* quanto esses que essa *muierada* rica usa. Nunca vi frescura maior do que essa da Mareliz de querer usar perfume de grã-fino.

José Rufino abraçou a namorada e, ao pé de seu ouvido, perguntou:

— *Ocê* ainda me ama, Mareliz?

— É *craro* que sim, Zé Rufino.

Ele beijou a bochecha da moça e ela se arrepiou toda ao sentir a barba farta do rapaz roçar sua pele.

A *cascavel*, como José Rufino havia confidencialmente apelidado sua futura sogra, intrometeu-se mais uma vez na conversa dos dois.

— *Tá* mais do que na hora *d'ocês marcá* a data do casamento *d'ocês*.

— Mamãe! – repreendeu Mareliz, corando até a raiz do cabelo.

— É isso *memo*, *fia*. Já passou da hora *d'ocês* marcarem a data do casório.

— Sua mãe tem razão, Mareliz – concordou José Rufino, corando, sem graça.

– Eu não quero forçá-lo a nada, Zé.

– Ora, Mareliz, *vô* me *casá* com *ocê* de bom grado, *muié*. Ninguém *tá* forçando eu casa*r* com *ocê*, não! Ninguém força Zé Rufino a *fazê* o que *num qué*, nunca!

Mareliz derreteu-se num sorriso bonito.

– Se *ocê tá* falando, Zé, então *tá, né. Vamo marcá*, então, a data desse bendito casório, já, agora, agorinha!

– É assim que se fala, *muié*! – entusiasmou-se o rapaz. E, pegando a namorada no colo com seus braços fortes e bonitos, lascou-lhe um beijou e disse: – Eta *muié* decidida, *sô!*

Dona Zelinda sorriu feliz. Mentalmente agradeceu a Deus:

– Obrigada, meu Senhor, por *desencaiá* mais uma *fia* minha. Sou muito agradecida.

A seguir, José Rufino e Mareliz foram dar uma volta, de mãos dadas, pelo sítio da família da moça. A lua já ia alta no céu, cheia e bonita, derramando sobre a superfície da Terra sua luz luminescente, deixando tudo lindamente prateado.

Mareliz era uma morena graciosa, de corpo bem feito, olhos bonitos e cativantes. Acabara de completar a sua décima oitava primavera e gastava boa parte do seu dia, desde que havia abandonado os estudos, ajudando a mãe nos afazeres de casa. Tirava o leite da vaca, dava milho para as galinhas e varria o quintal em frente à morada da família com a vassoura de capim.

Dona Zelinda era muito semelhante à filha fisicamente. Vestia-se com recato, mantinha os cabelos sempre amarrados num coque que tinha três vezes mais a quantidade de grampos do que era necessário para fazer aquele penteado.

O pai de Mareliz era um homem simples como a maioria dos homens da região. Filho de uma família numerosa, composta de seis irmãs e sete irmãos, mal sabia ler e escrever. Não se preocupou com estudos, pois seu pai ensinou aos filhos que nada valia mais para um homem de bem do que saber usar uma boa enxada para capinar. E ele a usava muito bem e praticamente todo dia.

Mareliz tinha um irmão que se viu obrigado a se casar com dezesseis anos, após engravidar uma adolescente de quinze. Vivia nas vilas ao redor de Passaredo e havia se tornado boia-fria para sobreviver.

Após visitarem o chiqueiro, onde José Rufino brincou com os porcos, o casal seguiu para o curral que abrigava as vacas leiteiras. Enquanto acariciava as vacas por que tinha predileção, ele perguntou à namorada:

– E o *tar* do galo que acordava às quatro da manhã cantando feito um louco, Mareliz, *parô* de canta*r* ou continua tirando *ocês* do sono?

– Depois que a mãe *ponhô* ele na panela, *parô*, Zé Rufino!

José riu. Mareliz completou:

— Mas a mãe correu um bocado *pra pegá* o danado. *Trupicô*, caiu, *levantô*, *trupicô* de novo, foi um Deus nos acuda!

José riu efusivamente ao imaginar dona Zelinda correndo atrás do pobre galo, tropeçando e caindo, suando para pegar o endiabrado. Sentiu certo prazer por ver a futura sogra penar nas mãos do galo. Antes houvesse outros galos que fizessem a pobre mulher suar para agarrá-los, mas José Rufino guardou esse pensamento a sete chaves dentro de si.

•••

No domingo, como combinado, Bianca e Manuela foram comer bacalhoada na casa da família de Péricles. Manuela ficou surpresa com a intimidade que havia surgido entre Bianca e dona Germana Capistrano. Ninguém jamais diria que ambas se conheciam havia apenas uma semana. Tinha-se a impressão de que as duas eram amigas de longa data. Grandes amigas.

— Parabéns, dona Germana — elogiou Bianca, após a segunda garfada de bacalhau regado com bastante azeite, em meio a batatas suculentas e arroz branco farto e solto. — Jamais comi uma bacalhoada tão saborosa quanto essa.

— É mesmo, querida?

— Com sinceridade.

— É bacalhau do Porto. O melhor. Mas precisa ser bem feito. Há um segredinho para isso, um que não pode faltar no seu caderninho de receitas.

— Caderninho de receitas? — espantou-se Manuela.

— Sim. Estou passando para a Bianca todas as receitas que possuo e que acho que vale a pena ela aprender.

— É mesmo?! Nunca soube que Bianca gostasse de cozinhar.

— Nunca fui muito de cozinhar, prima, porque não dispunha de receitas apetitosas como as que dona Germana possui. Agora, vai ser diferente. Além do mais, preciso aprender, já diz o ditado que um homem se conquista pelo estômago.

— É verdade... — concordou a dona da casa antes de abocanhar outro pedaço saboroso de bacalhau do Porto.

Minutos depois, Péricles voltou-se para Manuela e disse:

— Amor, você não quer ir comigo amanhã pela manhã a Jaboticabal do Sul? Tenho que apanhar um projeto...

— Amanhã?! — lamentou Manuela. — Infelizmente, não posso, meu amor. Tenho que ajudar nos preparativos da quermesse que vai acontecer na escola na próxima sexta-feira. Ensaiar alguns números com a classe...

— Por que não leva a Bianca com você, filho? — sugeriu dona Germana.

A sugestão pegou Péricles desprevenido.

— Se ela quiser ir... — respondeu ele, ligeiramente atrapalhado.

— Vou é — empolgou-se Bianca —, se a prima não se importar, é lógico!

— Que isso, prima, vá mesmo! — incentivou Manuela. — Assim o Péricles tem com quem conversar, e quando se tem alguém para conversar, a viagem passa rapidinho.

— Quero partir lá pelas oito da manhã, Bianca — observou Péricles. — É muito cedo para você?

— N-não, *magina*... Estarei esperando.

Bianca mal dormiu naquela noite tamanho o excitamento com a viagem que iria acontecer no dia seguinte. Pôs o despertador para acordar às seis e meia da manhã para ter tempo suficiente de tomar banho, arrumar o cabelo, fazer a maquiagem, vestir-se e ainda para que as olheiras que aparecem no rosto assim que se acorda desaparecessem da sua face.

A viagem correu às mil maravilhas. Péricles falou dele, incentivado o tempo todo por Bianca. Contou de suas aventuras de moleque pela região, depois dos anos que passou na faculdade e da experiência que teve estudando no exterior. Bianca nunca prestara tanta atenção ao que alguém dizia como prestou naquele dia a Péricles. Quando o rapaz falou da mãe, Bianca aproveitou para cobri-la de elogios, pois sabia que todo filho, no íntimo, sonha se casar com uma mulher que se dê bem com sua mãe, algo que raramente acontece, daí a preocupação.

— Deve ter sido difícil para você perder o noivo bem no dia do seu casamento, não? — perguntou Péricles, a certa altura da viagem.

A pergunta pegou Bianca de surpresa, mas tratou logo de emitir uma resposta com voz transparecendo certa tristeza.

— Foi, não nego. Mas a gente tem que procurar esquecer o passado e seguir em frente.

— A Manuela contou-me que você e seu noivo namoraram por pouco tempo antes de marcar a data do casamento, não foi?

— Sim, apenas um ano. O namoro que tive antes desse durou cerca de onze anos e terminou de forma horrível. Um dia, o José Felício, o nome do meu primeiro namorado, disse-me que queria romper o nosso namoro e simplesmente fez. Não me deu tempo nem sequer para lhe perguntar o porquê. Simplesmente partiu, sem me dar detalhes. Sete meses depois, o pilantra se casou com outra.

"O mais chocante para mim foi descobrir que ela era mais velha do que ele. O José Felício sempre dizia que, se fosse para casar com uma mulher mais velha do que ele, era preferível ficar solteiro. Não foi só isso que me chocou, ela, a fulana com quem ele se casou, já estava grávida dele fazia três meses e já era mãe solteira. José Felício abominava isso, pois era da opinião de que um homem deveria sempre se casar com uma mulher virgem. Esse era seu lema, o qual descartou sei lá o por que também."

— É que quando o amor falar mais alto... – opinou Péricles.
— Você quer dizer...
— Sim, quando o amor fala mais alto, todas as regras são descartadas, porque o coração fala mais alto do que elas. Há coisas que só o coração explica...
— É verdade...
— E foi por causa desse triste rompimento com o seu primeiro namorado que você ficou noiva do rapaz com quem ia se casar em tão pouco tempo?
— Foi. Eu não iria arriscar mais dez anos de namoro com o José Murilo para dar em nada. Hoje, depois do que vivi com meu primeiro namorado e depois de observar alguns casos de amigas, sou da opinião de que namoro muito longo sempre termina em nada.
— É o que dizem, se bem que para toda regra há uma exceção.
— É verdade.
— Que bom que você encontrou um moço que concordou em ficar noivo de você assim tão rápido.
— S-sim...
— Penso que deve haver um motivo para tudo na vida. Um motivo para nos fazer viver aqui na Terra por mais tempo que outros, um motivo para que esses outros passem para o outro lado da vida em menos tempo que os demais.
— Será mesmo?
— Eu penso assim.

Minutos depois, eles chegavam a Jaboticabal do Sul. Enquanto Péricles foi apanhar o projeto, Bianca ficou aguardando por ele no carro, de janelas abertas por causa do calor. Levou cerca de cinquenta minutos até que Péricles terminasse seu compromisso.

— Demorei? – perguntou ele, assim que voltou para o carro.
— Não – mentiu Bianca, derretendo de calor.
— Estava preocupado com você.
— Comigo?
— É, ninguém gosta de ficar esperando o outro, ainda mais nesse calor.
— Está calor, não nego, mas se eu estivesse na casa da titia, estaria passando o mesmo calor.

Péricles ligou o carro e partiu, contando sobre o seu projeto. Assim que estavam prestes a pegar a estrada que levava a Passaredo, Bianca comentou:
— Depois dizem que o dinheiro não faz diferença, como não? Viajar numa caminhonete como a sua é bem diferente de viajar numa caindo aos pedaços.
— Como a do Zé Rufino?
— Exato. Aquilo não é uma caminhonete, aquilo é...

Não houve tempo de ela completar a frase, a voz de Péricles se sobrepôs à dela:
— O Zé não morre mais, olhe ele ali, ó!

— Falou no diabo, o diabo aparece – ralhou Bianca, enfurecida.

— O que aquele doido está fazendo parado à beira da estrada?

Nem bem Péricles fizera a pergunta, ele parou sua caminhonete atrás da de José Rufino estacionada no acostamento da estrada.

— Zé?! – chamou ele, pondo a cabeça para fora da janela. – O que *ocê tá* fazendo aqui, *home* de Deus?

— Péricles! – alegrou-se José Rufino ao ver o amigo. – Que *bão te vê*, *home* de Deus.

Péricles saltou da caminhonete e foi até o amigo, que logo explicou:

— A caminhoneta *quebrô*, cê acredita, *home*?! Só me *restô* ped*ir* carona *pra vortá pra* Passaredo. *Tô* sem nenhum centavo na carteira.

— E você vai deixar a caminhoneta parada aqui na beira da estrada?

— *Vô*. Assim que eu chega*r* a Passaredo, peço *pro* Tião, o mecânico, vi*r* ve*r* a *bichinha*.

— *Ocê* num pode deixar a caminhoneta parada aqui no acostamento, *home*, é perigoso, alguém pode roubá-la.

— *Ocê* acha *memo*?

Péricles concordou com a cabeça.

— Vem comigo, eu tenho uma ideia melhor para solucionar o seu problema.

— É *memo*?

— É sim, homem de Deus.

O moço acatou a ordem. Até então José Rufino não havia notado que Péricles estava acompanhado, ainda mais por quem. Ao ver Bianca sentada no assento da caminhonete, toda encolhida, José Rufino soltou um assovio:

— A senhora senhorita foi rápida *memo*, *hein*?

Bianca fuzilou o rapaz com os olhos.

— Lembra-se da Bianca, prima da Manuela, minha noiva... Acho que vocês já se conhecem, não?

— *Nóis* já *fomo* apresentado, sim, Péricles.

— Bianca, chegue mais para cá para o Zé poder sentar.

Bianca arregalou os olhos, horrorizada. Mal podia acreditar que aquele por quem sentia asco iria se sentar ao seu lado e de forma tão espremida. José Rufino entrou na caminhonete e acomodou-se de forma tão abrupta que se sentou sem querer sobre parte do vestido da moça. Bianca quis morrer e, no mesmo instante, procurou desprender seu vestido de debaixo das pernas do rapaz.

José Rufino fez uma careta e tornou a repetir, em meio a risos:

— *Mas* como a senhora é rápida, *hein*? Parece até foguete de São João.

Péricles deu partida na caminhonete e falou:

— Vou levá-lo a um mecânico que conheço em Jaboticabal. Vamos trazê-lo aqui para ver se ele dá um jeito na sua caranga. Se não tiver como arrumá-la aqui, vamos guinchá-la até a oficina dele, é mais seguro ela lá do que aqui.

Voltando-se para Bianca, Péricles perguntou:

— Você não se importa que demoremos um bocadinho mais para voltarmos para Passaredo, importa-se?

Bianca soltou um sorriso amarelo, antes de responder:

— É lógico que não, Péricles.

José Rufino olhou para ela de soslaio e caiu na gargalhada. Discretamente, deu três cutucões no braço da moça, o que só serviu para deixar Bianca ainda mais irritada.

Não houve realmente como arrumar a caminhonete de José Rufino ali parada no acostamento da estrada. Foi preciso rebocá-la até a oficina do mecânico para consertá-la, um barracão largo, alto, que, em dia de chuva, parecia chover mais dentro do que fora.

Bianca rezava em silêncio para que a caminhonete do estrupício, como ela chamava Zé Rufino em pensamento, fosse consertada o mais rápido possível. Seria a morte para ela ter de voltar com ele, grudado praticamente a ela, durante todo o trajeto até Passaredo. Para seu martírio, não houve solução senão essa.

— Quebrou uma peça do motor. *Tô* sem no momento. Por sorte, o vendedor de peças passa depois de amanhã por essas bandas, tomara que traga a danada.

— Não tem problema — falou Péricles. — Depois de amanhã, eu trago o meu amigo aqui para apanhar a caminhonete. O importante é que ela fique aqui. É bem mais seguro do que largada no acostamento da estrada.

Voltando-se para José Rufino, ele completou:

— Você vem comigo.

— Eu tô todo sujo de graxa, Péricles — choramingou José Rufino. — *Vô* suja*r* toda a sua caminhoneta!

— Que nada, sujou, a gente limpa!

Indicando Bianca com um aceno de cabeça, o rapaz acrescentou:

— A moçoila aí num vai gosta*r*.

— *Magina*, Bianca é uma criatura maravilhosa.

José Rufino voltou-se para Bianca e fez *fusquinha*, estava descaradamente sentindo um prazer imenso por importuná-la. Sim, ele sabia o quanto ela, no íntimo, estava odiando tudo aquilo e que não protestaria para não desagradar Péricles, o homem que pretendia roubar de sua prima a todo custo desde que soubera da sua existência. O seu *sonho de consumo*, como se diz na gíria.

Ao longo da viagem, José Rufino resolveu fazer a pergunta que estava coçando sua garganta fazia algum tempo.

– Fala aqui *pro seu véio* amigo do peito, Péricles. Há quanto tempo *ocês* dois tão de *teretetê*?

Péricles fez uma careta por não compreender aonde o amigo queria chegar. Perguntou:

– *Teretetê?!* O que você quer dizer com isso, homem?

– Ora, Péricles, *ocê* sabe muito bem do que eu *tô* falando...

Bianca deu mais uma vez um cutucão, discreto, no braço de José Rufino, na esperança de fazê-lo calar.

José Rufino olhou enfezado para a moça e antes que a emenda ficasse pior que o soneto, Bianca resolveu falar:

– Este sujeito, Péricles, está achando que nós dois estamos tendo alguma coisa...

– Quem? Eu e Bianca? – Péricles rompeu-se numa gargalhada gostosa e efusiva. – Zé Rufino, Zé Rufino... Bianca é a prima querida de Manuela, minha noiva... Você acha que...

José Rufino o interrompeu sem cerimônia:

– E desde quando parentesco é *probrema pra* alguém pula*r* a *c*erca, meu amigo?

– Eu amo Manuela, Zé, seria incapaz de traí-la.

– *Ocê, né, home*, e ela?

– Manuela?! Trair-me? Jamais!

– Não a Manuela, sô! Tô falando dessa daqui, sentada ao meu lado.

Nova gargalhada por parte de Péricles.

– Bianca jamais faria uma coisa dessas com a prima. Ela simplesmente adora Manuela. Diga para ele, Bianca.

Os lábios de Bianca travaram-se bem no momento em que José Rufino começou a cutucá-la novamente, ininterruptamente.

– Diz – insistiu o caboclo, ao pé do ouvido da moça.

– Eu não preciso dizer nada – revidou Bianca, avermelhando-se cada vez mais de constrangimento. – Você, seu matuto grosseiro, que pense o que quiser de mim.

A voz de Péricles tornou a soar na cabine da caminhonete:

– Uma das coisas que eu mais admiro em Bianca é o respeito que ela tem por Manuela. O carinho e a consideração por parte dela pela prima.

– Ô... – desdenhou José Rufino, coçando atrás de sua orelha esquerda. – Dona Bianca é *memo* uma *muié* muito respeitosa...

Por ter erguido o braço, o cheiro de suor de sua axila infestou o nariz de Bianca. Foi tão desagradável que a moça por pouco não vomitou de nojo.

– *Ocê* disse que ama a Manuela, que é incapaz de *trair ela*, né, Péricles? *Ocê* pode repetir, fio, o que disse – tornou Zé, no seu tom mais irônico. – É *bão* repeti*r pra* que certas *muié* que tão fazendo de tudo *pra* rouba*r ocê* da bela Manuela percebam que é *p*erda de tempo a empreitada delas, *home!*

Bianca voltou-se para o rapaz e, ao pé do seu ouvido, disse, fula da vida:
– Como você é desagradável.
José Rufino soltou um pequeno arroto antes de responder para ela à altura. Ao pé do ouvido direito da moça, numa altura de voz que só ela pudesse ouvi-lo, ele disse:
– O tipo da senhora senhorita aqui nessas *banda* é chamado de *traíra*, sabia?
– Não – respondeu Bianca, entredentes –, tampouco me interessa saber.
Bianca queria, literalmente, mais uma vez, morrer. Transformar-se numa avestruz para esconder a cabeça num buraco e só tirá-la de lá quando estivesse longe da situação mais inóspita que já vivera.
Assim que chegaram a Passaredo, Péricles levou Bianca direto para a casa da família Giacomelli. Chegando lá, Zé Rufino disse que ficaria ali mesmo e agradeceu ao rapaz. Péricles ofereceu-se para levá-lo até o sitio onde ele morava, mas José disse que tinha ainda algumas coisas para fazer na cidade antes de voltar para casa. Tinha, especialmente, de passar num boteco para tomar uma *marvada*, havia dias que ele não tomava uma e ninguém é de ferro. Péricles acenou para os dois e partiu. Bianca permaneceu na calçada, acenando para o rapaz até perder a caminhonete de vista. Despertou de seu estado contemplativo, somente quando José Rufino, parado ao seu lado, olhando cismado para ela, disse:
– Tenho dó do Péricles e da bela Manuela. Coitados... Se os dois *soubesse* a cobra jararaca que eles *tão* criando no meio deles, eles *mandava* a senhora senhorita de *vorta pra* cidade grande!
Bianca voltou-se para ele, fuzilando-o com os olhos, disposta a gritar, berrar, espernear até se fosse preciso para mostrar o quanto ela se sentia mal ao lado daquele que ela não tolerava. No entanto, procurou manter a calma e disse:
– Saiba que eu nunca pensei que fosse odiar alguém na vida como odeio você. Meus parabéns, você conseguiu tornar-se a pessoa mais odiada por mim. A pessoa mais odiosa que já conheci na face da Terra.
– *Mais* odiosa do que a senhora?
Bianca não se segurou, deu um tapa no rosto do rapaz com toda força. Ele massageou a face e, com um risinho de escárnio, falou:
– Num doeu *nadica de nada*, a barba me protege.
– Essa barba imunda.
Ele riu novamente de forma zombeteira.
– Seu porco...
– Se eu fosse porco, tava no chiqueiro.
– Você está no chiqueiro, pois essa cidade não passa de um chiqueiro.

– O dia que a senhora senhorita morrer vai precisar de dois *caixão pra* enterrar a senhora. Um *pro* corpo e outro *pra* língua da senhora.

Sem mais nada dizer, Bianca atravessou o portão da casa dos tios, fechando-o com o trinco, e subiu o pequeno lance de escadas que levava à varanda da morada.

Pedia clemência a Deus naquele instante, para que Ele iluminasse sua pessoa, a cobrisse de calma e tenacidade antes que ela, naquele estado de nervos, rompesse em gritos histéricos e gestos descontrolados.

"Por quê, Deus?! Por que foi pôr um demônio desses no meu caminho?! Já não bastam os demais que vivem a me atazanar?!"

Assim que ela entrou na casa, Manuela foi até ela e perguntou:

– Como foi a viagem, prima, correu tudo bem?

Bianca, esbaforida, respondeu que sim.

– Você está bem, prima? – perguntou Manuela, aprofundando o olhar sobre a prima.

– S-sim – gaguejou Bianca, procurando dar um tom natural à voz. – Está tudo bem. Não poderia estar melhor. Estou apenas um pouco cansada, mas é só tomar um banho que eu já me revigoro.

Bianca nunca se esfregou tão forte durante um banho com uma bucha como naquele dia. Era para tirar o cheiro, o mau cheiro de José Rufino, que parecia ter se impregnado em sua pele.

"Como eu odeio aquele homem. Odeio", desabafou, entre lágrimas. "Por que, Deus, o Senhor não leva para junto do Senhor pessoas insuportáveis como aquele Zé Buscapé, Jeca Tatu, Beira Rio? Por que não deixa na Terra somente gente bacana assim como eu e o Péricles? Por quê?"

O dia não poderia ter terminado pior. Péricles apareceu à noite, como de costume, para namorar Manuela e ficou o tempo todo a sós com a namorada no balanço que ficava na varanda da casa. Quando ele se foi, Manuela disse para a prima:

– Prima, sábado você irá conosco a um churrasco na chácara da família Fontenelle. Vai estar cheia de gente interessante por lá. Finalmente você vai poder conhecer o Tarcísio, um dos melhores amigos do Péricles, de quem lhe falei tanto. Tenho a certeza de que vocês vão se dar muito bem. Não se esqueça de levar seu maiô. Lá há uma piscina linda.

O convite fez com que Bianca fosse dormir sentindo-se menos angustiada. Nada melhor do que um churrasco à beira de uma piscina, regado de muita cerveja, caipirinha, vodca, onde todos ficam bêbados e cometem loucuras.

Capítulo 8

A chácara da família Fontenelle era realmente linda, cheia de flores, arbustos e árvores, tudo muito bem cuidado, um lugar que dava gosto de se ver. Tarcísio Fontenelle era um rapaz alto e esguio. Não era bonito de corpo nem de rosto, mas era dono de um carisma invejável. Era o tipo de pessoas em cuja companhia todos se sentem bem. Gostou imensamente de Bianca, tratou-a com a elegância que ela achava que deveria ser tratada pelos homens, mas ela pouco deu trela para o rapaz. Estava mentalmente arquitetando seu plano para fisgar Péricles Capistrano. Tarcisio chegou, por diversas vezes, a se aproximar da moça para puxar papo, mas ela não lhe deu margem para esticar o assunto. Restou para o rapaz encher a cara, como se diz, com os outros rapazes.

Bianca sondou cada canto ao redor da bela casa da chácara, procurando por um lugar ideal a que pudesse levar Péricles, bêbado, para forçá-lo a se entregar para ele. Depois de muito verificar, achou um local perfeito, uma capelinha que havia a menos de cem metros da sede da chácara.

Restava agora descobrir um modo de se livrar de Manuela. Essa era a parte do plano que mais lhe fez queimar os miolos. Mas ela conseguiu arranjar uma forma altamente eficaz, depois de muito refletir.

Assim que Bianca percebeu que Péricles estava totalmente *bebaço*, mal parando em pé, misturando vogais e consoantes, Bianca deu início ao seu plano. Chamou a prima e disse que haviam ligado de sua casa, pedindo para que ela fosse lá urgentemente. Como a ligação não estava muito boa, ela não pôde entender ao certo quem falava ao telefone. Manuela partiu da chácara no mesmo instante, agradecendo a Deus por Bianca estar dentro da casa da chácara, próxima do telefone quando este tocou. Se não estivesse ali, devido ao barulho, ninguém o teria ouvido.

Assim que Manuela partiu, Bianca foi até Péricles e contou-lhe uma mentira. Disse que Manuela estava esperando por ele na capela da chácara. E, como ele não se lembrava ao certo onde ficava o local, Bianca se prontificou a levá-lo até lá.

Péricles estava tão *alto* que enlaçou Bianca como nunca fizera até então e disse com voz enrolada:

– Bianca, Bianca, Bianca, minha futura prima, querida.

Bianca sorriu, como uma cascavel *sorri* antes de dar o bote.

Assim que os dois entraram no local, Péricles perguntou:

– Onde está minha Manuela?

– Ela já vem, Péricles – respondeu Bianca, enquanto fechava a porta do local com ferrolho.

O rapaz, que mal se aguentava em pé, sentou-se no banco e começou a filosofar.

Bianca não perdeu tempo, sentou-se ao lado dele, pegou na sua mão e disse:

– Eu sei que você me quer, Péricles.

O rapaz olhou para ela, achando graça de suas palavras.

– Eu também o quero, Péricles.

Ela dirigiu a mão dele até os seios dela.

– Sua mãe também nos quer juntos – acrescentou, com voz dengosa.

O rapaz ia dizer alguma coisa, mas ela o impediu, beijando-lhe os lábios, prensando a cabeça do rapaz contra a sua com as duas mãos, segurando firme na altura da nuca do rapaz.

Péricles, sem poder concatenar as ideias, foi se deixando levar por ela. Arrancou-lhe a parte de cima do biquíni e mergulhou o rosto no meio dos seus seios.

– Manuela – murmurava ele – eu *te* amo, mulher. *Te* amo!

– Eu também *te* amo, Péricles, *te* amo muito. Faça amor comigo, agora, vai.

Não foi preciso pedir duas vezes. O rapaz, no mesmo instante, se pôs em ação.

– Isso, Péricles, faça amor comigo – repetia Bianca, com voz libidinosa.

– Sim, Manuela, sim...

Quando o ato estava prestes a ter início, ouviu-se um forte estalo ecoar na capela. O barulho foi tão forte que ambos deram um salto, afastando-se um do outro, e Bianca soltou um pequeno grito abafado.

– O que foi isso? – perguntou Péricles, assustado, voltando os olhos para o altar da capela.

Bianca dirigiu também os olhos para lá.

Uma das três imagens que havia ali, decorando o lugar, havia caído e se espatifado no chão.

Quando Péricles voltou os olhos para Bianca, seus olhos se arregalaram de espanto.

– Bianca?

Ela respondeu, aflita:

– Foi apenas uma imagem que caiu, não dê importância a isso...

Ele a interrompeu:

– *Cadê* Manuela?

Ele terminou de fazer a pergunta, girando o pescoço ao redor, procurando pela noiva. Bianca segurou o rapaz pelo braço, quando ele se dirigiu para a porta da capela.

– Não vá, Péricles!

Mas o rapaz não lhe deu ouvidos. Desvencilhou-se dos braços dela, abriu a porta de supetão e partiu. Bianca permaneceu ali, seminua, chorando de ódio. Mas tratou logo de vestir novamente a parte de cima do biquíni, antes que alguém chegasse e a visse naquele estado deplorável. Ia deixando o local, quando se sentiu atraída a olhar para a estátua que havia caído e se espatifado no chão, estragando, indiretamente, seu plano. Ela mal pôde acreditar quando descobriu que se tratava da imagem de Santo Antônio.

Houve uma torrente de palavrões que não fica bem serem mencionados aqui. Os palavrões foram ditos em meio aos chutes que ela dava nos destroços da imagem. Tão forte foram os pontapés que ela acabou cortando o pé.

Ao avistar Bianca, mancando, voltando para a sede da chácara, Tarcísio foi até ela, ajudá-la e saber o que havia lhe acontecido.

– Não foi nada, não – disse ela, se contorcendo de dor, ódio e revolta.

– Como nada? O seu pé, os dois, por sinal, estão sangrando.

– Machuquei sem querer numas pedras ali atrás.

– Venha, vou pôr um pouco de álcool neles.

– Não precisa se incomodar.

– Incômodo algum, venha.

Sem ter outra escolha, Bianca, amparada por Tarcísio, foi conduzida até a sala da sede da chácara onde foi tratada pelo rapaz. Quando Manuela retornou à chácara e encontrou a prima com os pés envoltos de algodão, quis logo saber o que havia acontecido. Manuela estava um tanto quanto aborrecida, pois o recado que havia recebido para ir à casa de seus pais não fora dado por eles. Tudo não passara certamente de um trote.

Bianca parecia ouvi-la, mas, na verdade, estava com a mente longe, num vale de lágrimas e ódio. Minutos depois, Manuela encontrou Péricles estirado numa rede, dormindo pesado, roncando alto e babando.

O dia terminou com todos exaustos. Bianca, no entanto, estava exausta de tanto lutar por um homem e não consegui-lo. Encontrava-se já recolhida em seu quarto, quando Manuela bateu a sua porta.

– Pode entrar – disse ela. – Oi, prima. Já estava indo dormir.

Manuela olhou bem para ela, com profunda atenção. Por fim, disse:

– O Péricles veio até aqui esta noite, mesmo estando esgotado, só para me contar uma história muito estranha.

Bianca ficou alarmada, mas procurou não demonstrá-lo. Perguntou, mantendo um tom natural de voz:

– História estranha?

– Ele disse que foi atraído até a capela da chácara do Tarcísio por você, logo depois que eu saí de lá por causa do telefonema que depois descobri ter se tratado de um trote.

– Eu o atraí? – indagou Bianca, fingindo-se de indignada. – Eu, não, prima. Foi ele quem me procurou e me pediu para ir com ele até lá.

– Tem certeza?

– Absoluta. O bêbado ali era ele, não eu, prima.

Manuela ficou pensativa por instantes. Por fim, disse:

– O Péricles me disse também que você deu em cima dele dentro da capela. Queria fazer sexo com ele lá, justo lá. E que vocês só não chegaram às vias de fato porque uma estátua caiu de cima do pedestal onde se encontrava e se espatifou no chão, assustando vocês dois.

Bianca levou a mão ao peito e fez ar de chocada com o acontecido.

– Péricles só pode ter delirado, prima!

– Para tirar a cisma, nós fomos até a capela que fica na chácara da família do Tarcísio agora à noite e encontramos realmente uma imagem destroçada no chão. Isso prova que Péricles não delirou. Percebemos, também, que alguém deu vários pontapés nos destroços da imagem e...

Manuela olhou ainda mais atentamente para a prima antes de perguntar:

– Foi assim que você cortou seus pés, não foi?

– Eu?!

Manuela manteve-se séria. Olhava para Bianca, fingindo-se de coitadinha. Mas o olhar da prima sobre ela acabou deixando-a desconcertada, avermelhando-a até a raiz do cabelo. Diante da situação, Bianca resolveu apelar para uma mentira ainda pior da que já havia dito.

– Está bem, tudo isso realmente aconteceu, mas não exatamente do jeito que você está pensando. O Péricles me chamou para ir até a capela, dizendo que valia a pena eu conhecê-la; lá ele me agarrou, me beijou e só me largou quando a estátua caiu e se espatifou no chão.

Fazendo beicinho, Bianca acrescentou:

– Eu não queria contar nada disso para você, para não a magoar, prima, entende, mas... Não queria contar também que ele se declarou para mim. Que está me amando. Que amava você até me conhecer.

Bianca fez um muxoxo. Manuela tomou a palavra:

– Você há de concordar comigo que foi coincidência demais tudo isso ter acontecido assim que eu saí da chácara. Sou levada a crer que o trote que me foi passado foi feito com o propósito de me tirar da chácara para que tudo o que aconteceu entre você e Péricles tivesse êxito.

— Só se o Péricles mandou passar o trote.
— Não foi ele. Na verdade, ninguém passou um trote porque não houve ligação alguma para mim, na chácara, àquela hora.
— N-não?! C-como não?! Fui eu mesma quem atendeu ao telefonema.
— Impossível.
— C-como impossível, prima? Está duvidando de mim?! De sua prima querida?
— Estou.
— Estou indignada.
— Eu também.
— Jamais pensei que você um dia viesse a duvidar da minha palavra.
— E eu jamais pensei que você, um dia, fosse capaz de inventar uma mentira tão deslavada quanto essa para me tirar de uma chácara só para dar em cima do meu noivo.
— Você está me ofendendo.
Manuela bufou, baixou os olhos para o chão, por instantes. Por fim, disse:
— O telefone da casa da chácara da família Fontenelle está quebrado.
A cor desapareceu do rosto de Bianca.
— É isso mesmo o que você ouviu. O telefone da chácara está quebrado e há mais de uma semana.
— Impossível. Eu atendi. Eu juro que atendi.
Manuela soltou um suspiro nervoso antes de afirmar:
— V-você deu mesmo em cima do Péricles!
A jovem estava horrorizada. As duas mulheres ficaram se olhando, peitando uma à outra com o olhar. A cabeça de Bianca estava a mil, procurando desesperadamente por uma saída daquilo tudo. Quando percebeu que não havia nenhuma, disse:
— Qual o problema se eu estivesse dando em cima do Péricles?
— O problema? — indignou-se Manuela, horrorizada. — Como assim, qual o problema?! Ele é meu noivo, o homem que amo. O homem com quem vou me casar dentro em breve.
Bianca bufou enraivecida e disse:
— Você é jovem, Manuela, bem mais jovem do que eu. E por isso tem muito mais tempo para arranjar um homem para se casar. Eu não. Meu tempo é curto. Estou com a corda no pescoço.
— Eu não posso acreditar no que estou ouvindo.
— Pois acredite. Se você realmente me quer bem, seja solidária comigo.
— Você está insinuando, por acaso, que eu termine com o Péricles para deixá-lo para você?
— Estou.
— Você não pode estar falando sério?

Bianca empinou o nariz, num gesto arrebicado. Manuela, trêmula, prosseguiu:

– O amor não é algo que se manipula, Bianca, pelo menos o verdadeiro amor. Você tem de sentir sua alma ser tocada pelas mãos do amor... Ouvir sininhos quando seus olhos pousarem num homem.

– Eu já estou muito velha para isso, Manuela!

– Você está com apenas trinta anos de idade.

– Sou uma velha! Velha e solteira!

Manuela quis dizer mais alguma coisa, mas não teve forças. Caminhou até a parede e se escorou nela. Respirava ofegante, de tensão e indignação.

– Foi por isso que você se tornou amiga de dona Germana, não foi? – comentou ela, um minuto depois. – Para se aproximar dela, aproximar-se de Péricles... Nunca esteve interessada em aprender receita alguma, tudo não passou de uma desculpa para se aproximar da família... Como fui tola para não perceber.

Bianca se mantinha sentada na cama, irascível. Manuela continuava falando:

– Por isso você queria ficar mais tempo em Passaredo, para ter tempo de conquistar o Péricles.

– Você faria o mesmo se estivesse nas minhas condições.

– Só falta você me dizer que aceitou o meu convite para passar uns dias aqui conosco em Passaredo por causa de Péricles? Para poder tirá-lo de mim?

O silêncio de Bianca respondeu mais do que palavras.

– Eu, mamãe, papai, recebemos você aqui de coração aberto, dispostos a ajudá-la a superar tudo o que lhe aconteceu. Mas você não usou de sinceridade para conosco.

Bianca explodiu a seguir:

– Será que você está surda, é?! Eu já disse: você faria o mesmo se estivesse no meu lugar.

– Você foi desonesta, ou melhor, você é desonesta.

– Eu defendo os meus interesses como você defende os seus.

– Pisando nas pessoas? Nas pessoas que a amam?

– Ah... vá.. vá, Manuela, não me venha com essa de querer me dar lição de moral. Repito: se você estivesse nas condições em que me encontro, você faria o mesmo.

– Não faria, não!

– Faria sim!

– Tenho respeito pelo próximo. Tenho integridade, caráter.

– Ah... vá... vá, Manuela... Que se dane o respeito e a integridade... Ninguém tem respeito por ninguém.

– Há pessoas que têm, sim.

— Nem nos contos de fada.

Manuela derramou-se em lágrimas a seguir.

— Eu jamais me casaria com um homem por medo de ficar solteira — confessou. — Nem pelo fato de ele pertencer à alta sociedade.

— Você diz isso porque tem um homem na mão.

— Digo isso porque é a verdade.

— Largue de ser hipócrita, Manuela.

— Estou desconhecendo você, Bianca!

— Não, querida, você está me conhecendo. Conhecendo quem eu realmente sou. Essa aí que você pensava conhecer é fruto da sua imaginação, fruto de bons modos, porque a sociedade exige que seja assim.

— Você não pode ser assim, você está perturbada, só pode... Ficou perturbada depois que perdeu seu noivo daquela forma estúpida... No íntimo, você é boa, tem consideração...

— Chega de lorota, Manuela, e vamos ao que realmente importa. Você vai ou não vai passar o Péricles para as minhas mãos?

Manuela foi até a prima e deu-lhe um tapa no rosto. Estava agora transformada, como se fosse um anjo irado.

— Você não tem mesmo modos.

Bianca permanecia com a mão contra a superfície da face acertada pelo tapa, fuzilando a prima com o olhar. Manuela disse a seguir:

— Você me machucou muito, Bianca.

— Você é uma sonsa, Manuela.

— E você, o que é?

Bianca inspirou fundo e empinou o nariz. O silêncio caiu sobre as duas como dois punhais sobre a pele de um cordeiro. O clima pesou. Foi Bianca quem baixou os olhos primeiro, seu rosto agora se contorcia de revolta. Com lástima, ela desabafou:

— Não acredito que depois de todo o sacrifício por que passei para conquistar o idiota do Péricles, vou sair dessa, mais uma vez, com uma mão na frente e a outra atrás. Isso não é justo, não é...

Voltando os olhos na direção do céu, ela se elevou em protesto:

— Já não basta terem tirado de mim aquele imbecil do José Murilo bem no dia do meu casamento? Se era para aquele cretino morrer, por que não o deixaram morrer horas depois de consumar o meu casamento?

Manuela olhava cada vez mais horrorizada para a prima.

— Quer dizer que...

Manuela não conseguiu completar a frase. As palavras não tinham força suficiente para atravessar seus lábios.

— Vocês me odeiam, não é mesmo? — indagou Bianca, mais uma vez, aos céus. — Só podem me odiar.

A pergunta saltou finalmente da boca de Manuela:

– Você ia se casar com o José Murilo por...

Bianca voltou-se para ela num raio.

– Interesse, sim! – respondeu, com asco. – É isso o que você quer saber? Pronto, está aí a resposta. Ia me casar com aquele palerma do José Murilo por interesse, sim! E ele ia ainda sair ganhando por ter se casado comigo, meu pai é bem mais rico que o dele...

– Dinheiro não é tudo, Bianca.

– Para cima de mim agora com esse papo, Manuela?! Dinheiro é tudo, sim! Pode não ser no reino dos mortos, mas no reino dos vivos é tudo, sim. Para tudo que se quer na vida, você precisa ter dinheiro.

– Mentira!

– Mentira uma ova! Se você e sua família tivessem dinheiro na quantia suficiente que uma família deve ter para viver dignamente, vocês não viveriam nessa casa horrível cheirando a mofo.

Bianca sentou-se na beirada da cama e começou a chorar de ódio pela vida, por tudo que lhe acontecera, pelo que ela tanto quisera de bom e não tivera e por pena de si mesma.

– Sou uma infeliz, mesmo... – desabafou, em meio ao pranto.

Manuela se viu mais uma vez tomada de pena da prima que sempre estimara tanto. Bianca continuou em tom de lamúria:

– Nada do que eu planejo para a minha vida dá certo para mim... Quando se nasce sem sorte no amor, não adianta insistir. O amor nunca vai ser do jeito com que você tanto sonha.

Ela voltou os olhos vermelhos e lacrimejantes na direção de Manuela e disse:

– O pior é que nada do que eu fizesse para separar você de Péricles daria certo... É de você que ele gosta, Manuela, é realmente de você que ele gosta. Não existe mulher no mundo, nem que seja dez vezes mais linda do que você, que seja capaz de tirá-lo de você. Péricles a ama, Manuela. Ama de verdade. Posso dizer que invejo você, mas, ao mesmo tempo, a admiro por poder viver um amor que acontece de forma recíproca. Um amor assim, como o seu e de Péricles, foi sempre o que eu sonhei para mim e alguém lá no céu não quis me dar... Não quer me dar de jeito algum, porque certamente me odeia...

– Deus não odeia ninguém, Bianca.

– Então, deve ser o demônio que faz o que faz comigo só para se divertir às minhas custas.

Ela suspirou antes de completar:

– A *besta* quer tanto se divertir às minhas custas que foi capaz de pôr no meu caminho aquele estafermo do Zé Rufino. Ele chegou a me chantagear, sabia? Depois que ele descobriu que eu tinha vindo para cá com a intenção de tirar Péricles de você, ele passou a me chantagear.

— O Zé?

— Sim, aquele demônio. Por isso me vi obrigada a ir com ele a Morro Sereno. Se eu não fosse, ele iria contar para você quais eram as minhas pretensões para com Péricles.

Bianca fez beicinho e prosseguiu:

— Eu não podia correr o risco de ser desmascarada, por isso me submeti à chantagem. Acreditei que essa era a minha última chance de conseguir um homem bom, bonito e estabilizado financeiramente. No fundo, eu estava certa, essa foi realmente a minha última chance de conseguir um homem e eu mais uma vez perdi.

Manuela sentou-se ao lado da prima na cama e disse, com afeto:

— Não, Bianca, você não perdeu.

— Perdi, sim.

— Não. Você pensa que perdeu, porque sua visão está muito limitada. Desde quando só existe o Péricles para você se casar? Há muitos homens por aí, aqui mesmo em Passaredo.

— E qual deles vai se interessar por uma velha como eu?

— Não diga besteiras, você não é velha.

— Sou velha, sim. Uma mulher que passou dos trinta já é velha. Ainda mais para se casar!

— Você não disse que dinheiro é tudo?

— E é.

— Ora, se é tudo, qualquer homem vai querer casar com você assim que souber que seu pai é um homem de muitas posses, muito bem sucedido financeiramente.

— Nem isso está me ajudando.

— Isso serve para você perceber que dinheiro não é tudo.

Manuela agachou-se diante de Bianca, tomou as mãos dela, segurando-as carinhosamente e disse:

— Escuta aqui, você precisa aprender a acreditar mais em você. Precisa parar de se achar velha para isso ou para aquilo. Precisa acreditar que existe um homem capaz de fazê-la feliz. Um homem que se interesse por você de forma espontânea, sem interesse algum...

— Como espera que eu acredite num homem depois do que o José Felício fez comigo? Foram onze anos de namoro em que eu me dediquei totalmente a ele para, no final das contas, levar um pé na... e ficar a ver navios.

— Esse é outro detalhe importante que você precisa superar para mudar a sua vida. Esquecer-se, não por completo, mas pelo menos de uma parte desse episódio que a traumatizou tanto.

– Já me disseram isso... Disseram-me para eu virar essa página, mas eu não consigo.

– Se não virar essa página, como pode viver tudo aquilo que está escrito nas páginas seguintes?

– Eu não tenho jeito não, prima. Faço parte do *hall* dos fracassados. Dos que nasceram para viver casados com a solidão, a infelicidade e a humilhação que sofre uma mulher que não conseguiu se casar.

– Você precisa se dar mais uma chance.

– Mais uma?

– Quantas mais forem necessárias.

– Estou cansada disso.

– A persistência é a alma do negócio. Primeiramente, você precisa se desligar do passado, do que viveu e do que não viveu ao lado de José Felício, seu primeiro namorado.

– Eu nunca vou perdoar-lhe pelo que ele me fez.

– Perdoar é difícil mesmo, mas é importante, para podermos dar a volta por cima. Por isso, tente, esforce-se para conseguir. Não permita mais que esse passado mal cicatrizado continue estragando a sua vida, privando-a de ser feliz. Dê uma chance para o passado se cicatrizar de vez.

"Você precisa também se libertar do trauma que a morte do José Murilo lhe causou."

– Ele deve ter morrido de propósito, só para fazer pirraça para mim.

– Ainda que tenha sido por querer, liberte-se desse episódio traumatizante de sua vida.

– É tão difícil...

– Eu sei, mas ficar preso a esse fato...

Houve uma pausa até que Manuela acrescentasse:

– Abra seus olhos, Bianca.

– Meus olhos já vivem abertos. Sempre muito abertos.

– Quando digo que é para você abrir seus olhos, quero dizer que é para você ficar atenta a todos os homens que lhe sorrirem e olharem para você com certo fascínio.

– Vou ficar zonza de tanto girar a cabeça em busca deles.

– Você não precisa ficar girando o pescoço para encontrá-los, basta apenas ter na mente e no coração que seus olhos irão sempre ao encontro de homens que olharão para você com certo fascínio e paixão.

– Compaixão você quer dizer?

– Não. Paixão, mesmo!

Bianca fez beicinho.

– E, pelo amor de Deus – pediu Manuela a seguir –, pare de se achar velha. Amor não tem idade para acontecer.

— Não sei se posso...
— Pelo menos, tente.

Bianca sorriu. Manuela também sorriu. O clima tornou-se menos tenso entre as duas. Minutos depois, Bianca deu uma opinião sincera sobre a prima:

— Você está sendo muito boa para mim, depois de tudo o que descobriu a meu respeito... Não sei se mereço... na verdade, não mereço, não.

— Todos merecem uma segunda chance, Bianca. Não é porque queimou o arroz que você estava fazendo para o almoço que você vai deixar de almoçar. O físico necessita de alimento, seu estômago vai roncar de fome e você vai se sentir enfraquecida se não se alimentar. Resta-lhe apenas fazer outro arroz e tomar mais atenção enquanto o faz. Em outras palavras: é preciso se dar uma nova chance, chances constantes ao longo da vida para que as coisas boas que queremos possam acontecer.

Bianca concordou com a cabeça. Soltou-se das mãos da prima, levantou-se e dirigiu-se para o guarda-roupa. Abriu e começou a tirar de dentro dele suas roupas penduradas nos cabides.

— O que está fazendo? — espantou-se Manuela.
— As malas — respondeu Bianca, sem titubear.
— Malas, para que?
— Vou me embora. Você não espera que eu permaneça nessa casa depois de tudo o que aconteceu...

Manuela foi até a prima, fechou a porta do guarda-roupa e disse, seriamente:

— Você não vai embora coisíssima nenhuma!
— C-como não?
— Simplesmente, não! Você quer encontrar um homem que a ame, não é? Da forma que toda mulher que ser amada, não é mesmo? Pois bem, eu vou ajudá-la a encontrar esse homem.
— Vai perder seu tempo.
— Que nada.
— E onde você espera encontrar um homem para mim neste fim de mundo?
— Essa é outra coisa que você precisa tirar de você, prima. O preconceito quanto aos lugares e pessoas por onde passa, especialmente em relação ao interior, em relação a Passaredo, por exemplo. Passaredo pode parecer o fim de mundo para você do mesmo modo que uma cidade grande pode parecer o templo da perdição para os que vivem aqui. Tudo não passa de pontos de vista, sendo muitos deles completamente equivocados. Permitir-se ver tudo com olhos sem preconceito é se permitir viver mais alegre e descontraída, mais feliz. Quem tudo critica, em tudo põe defeito, por tudo se deixa incomodar, certamente não é uma pessoa feliz, não concorda?

Bianca não respondeu. Simplesmente disse:

– É melhor eu ir embora.
– Não vai mesmo.
– E você, por acaso, vai me impedir?
– Vou.
– É perda de tempo.
– Não é, não. Você vai ver.

Bianca voltou até a cama e sentou novamente na pontinha dela. Manuela sentou-se ao seu lado. Em seguida, fez nova observação:

– Há outra coisa que você precisa levar em consideração quando o assunto é amor. O amor acontece para as pessoas de formas diferentes. Para algumas, desperta assim que se encontra aquele que virá a ser o grande amor; para outras, acontece quando há um segundo encontro. Noutros casos, somente após o quinto encontro. Noutros, após o décimo. Em muitos casos, requer semanas, às vezes meses, em certos casos, até anos para que isso aconteça.

"Às vezes, aquele que pode vir a ser o grande amor de sua vida ou, simplesmente, a pessoa ideal para você se casar está o tempo todo ao seu lado, mas você não percebe. Assim como cada flor desabrocha de uma forma diferente da outra, desabrocha o amor para cada um de nós. De formas diferentes e em momentos diferentes.

"Às vezes, é o convívio com uma pessoa que faz com que o amor aconteça entre elas, que brote e desabroche lindamente em seus corações. Por isso, não espere se apaixonar à primeira vista, nem à segunda, nem à terceira... Por isso não se desaponte se não se apaixonar no primeiro, segundo ou terceiro encontro. O tempo dirá se é amor ou paixão, com amor e paixão..."

A pergunta seguinte de Bianca deu a impressão à Manuela de que suas palavras haviam entrado por um ouvido e saído pelo outro da prima.

– Você acha mesmo que devo ficar?
– Deve.

Bianca corou e, sem graça, falou:

– Sinto-me ligeiramente envergonhada de você agora.
– E eu não vou deixar de admitir que sinto ainda um certo ódio de você pelo que pretendia fazer contra mim e Péricles, mas o ódio vem e o ódio passa, somente os tolos se prendem a ele, somente os tolos não o deixam passar...
– Gostei! Pode repetir?

Manuela atendeu prontamente ao pedido em meio a um belo sorriso:

– É isso mesmo: o ódio vem e o ódio passa, somente os tolos se prendem a ele, não permitem que ele passe. Quem quer ser tolo se o bacana, se o que eleva a alma é ser inteligente?! O ódio pode ser uma nuvem carregada que bloqueia o sol por um tempo e depois derrama uma chuva torrencial capaz de inundar e devastar tudo, deixando, assim, marcas profundas em nós, mas pode ser também nada mais nada menos do que uma nuvem passageira, se permitirmos que ele o seja.

"Muitos se prendem ao ódio porque o nosso lado perverso quer nos ver sofrer. Esse lado perverso é o que muitos chamam de diabo. Por isso se diz que não se deve, em hipótese alguma, curvar-se ao ódio e, ao mesmo tempo, ao demônio, porque ambos são uma coisa só, que não quer a nossa felicidade.

"Você vê muito bem o ódio (diabo) agindo sobre você quando você está feliz, de bem com a vida e chega alguém querendo lhe pôr para baixo, querendo enchê-lo de críticas, devastar a sua felicidade.

"Quando não é alguém em carne e osso, é uma voz que surge na sua mente que diz: 'Como você pode ficar de bem com a vida se há tanta gente passando mal, sofrendo?' E você acaba ficando mal.

"Mas será que as pessoas que estão passando, entre aspas, dificuldades na vida, seja em que área for, lutam realmente para ficar de bem com a vida? Lutam mesmo, de verdade, pelo seu bem maior? Será? As aparências muitas vezes enganam, fazem parecer que lutam, sim, mas, no íntimo, não. Elas, no fundo, querem permanecer presas àquilo que arrasa e devasta o seu coração. E são induzidas a isso, na maioria dos casos, por essa força negativa que muitos chamam de diabo.

"Por isso ninguém deve se privar do bem, quando esse bem não faz mal a ninguém, porque esse bem é o que eleva e sustenta o bem entre nós."

Bianca sentiu-se verdadeiramente tocada pelas palavras de Manuela.

– Nossa, prima, você fala tão bonito, onde é que você aprende tudo isso?

– Eu gosto muito de ler, prima, principalmente artigos que falam sobre a vida, que são escritos para nos ajudar a lidar melhor com ela, a compreendê-la melhor.

Um sorriso amargurado entreabriu os lábios firmes de Bianca. Houve um breve silêncio até que Bianca fizesse um novo desabafo.

– Estou quase chegando à conclusão de que não vale a pena viver. A vida requer tanto esforço que eu, às vezes, me pergunto: de que vale todo esse esforço? São nove meses na barriga da mamãe, nove meses árduos, até que estejamos prontos para nascer. Como se não bastasse essa fase de nove meses, vem a época de aprendermos a falar, andar e nos relacionarmos com o mundo, coisas que requerem também grande esforço. Sem contar os anos que passamos estudando. Viver é um apanhado de aprendizados e mais aprendizados que eu me pergunto e acho que muita gente também se pergunta: para que? Como se não bastasse tudo isso, temos de enfrentar os altos e baixos da vida. Por isso, digo que a vida não vale a pena. É muito esforço para receber muito pouco em troca.

Havia um olhar frio no rosto abatido, marcado com uma profunda névoa de tristeza, quando Bianca terminou o desabafo.

– Venha – disse Manuela, pegando a mão da prima –, vou mostrar-lhe algo.

– O que?

– Você verá.

Manuela puxou Bianca pela mão até chegarem ao jardim da casa. Àquela hora, o jardim estava belamente iluminado pela luz do luar que caía por sobre tudo de forma incandescente, fazendo com que as gotas de orvalho parecessem gotas de prata.

– Por que me trouxe aqui?

– Para lhe mostrar essa flor.

– Flor?! Que flor é essa?

– É linda, não é?

– Sim.

– E o perfume, então?

Bianca inspirou o ar para senti-lo melhor.

– Que perfume delicioso.

Manuela sorriu e explicou:

– O nome dessa flor é dama da noite. E, acredite ou não, ela dura apenas uma noite.

O assombro se estampou no semblante agitado de Bianca.

– Uma noite só? Impossível...

– Juro. Ela começa a desabrochar assim que cai a noite, se abre totalmente em flor, por volta das nove, dez horas da noite. Permanece linda e esplendorosa até o sol raiar. Aos primeiros raios do sol, ela começa a murchar.

– Que pena.

– É, não é?

– É uma flor tão linda, deveria durar o mesmo tempo das outras. Um dia só é muito pouco.

– É o que todos falam quando conhecem a dama da noite.

Bianca voltou a olhar com pesar para a bela flor de cor branca que, sob a luz do luar, parecia fosforescente. Manuela deu sua opinião a seguir:

– Eu, particularmente, acho que a dama da noite tem uma grande lição a nos ensinar. Creio mesmo que foi por isso que Deus a colocou na Terra. Para ensinar ao homem que tudo vale a pena, que, apesar dos pesares, a vida vale a pena. Afinal, leva meses para que a planta que dá a dama da noite cresça. Depois de crescida, leva outro bom tempo para que os botões se desenvolvam e depois se tornem a dama da noite nas extremidades das folhas dessa planta.

"É um processo demorado e minucioso, tudo para dar vida a uma flor que vai durar apenas uma noite. Desabrocha assim que cai a noite e murcha assim que raia o dia. Ainda que seja necessário grande trabalho por parte da planta que faz brotar a dama da noite, ainda assim ela a faz brotar. E por mais que seja por apenas uma noite, a dama da noite desabrocha sempre linda e perfumada, sempre cheia de interesse pela vida, sempre disposta a dar o melhor de si pela vida, perfumar o ar e encantar os olhos daqueles que param para admirá-la.

"É por isso que eu digo que a dama da noite nos dá uma grande lição de vida. Não importa o esforço que façamos para viver, tampouco o período de vida que tenhamos na Terra, longo ou curto, o importante é desabrochar para a vida em grande estilo, fazer o seu papel, cumprir a sua missão, majestosamente, assim como faz a dama da noite."

Uma lágrima cobriu os olhos castanhos de Bianca, e ela murmurou, ocultando o rosto envergonhado.

Antes de deixar Bianca a sós em seu quarto, Manuela disse:

— Eu vi como o Tarcísio ficou olhando para você esta tarde, prima. Ele se encantou por você. Se eu fosse você, dava uma chance a si própria para conhecê-lo melhor. Vocês dois, juntos, podem dar muito certo. Pense nisso.

Bianca disse que iria pensar. Manuela gostou do que ouviu e partiu.

— Tarcísio... — murmurou para si. — Não, definitivamente não sinto nada por ele.

Voltaram, então, a sua lembrança as palavras que Manuela usou para definir amor e relacionamento.

— Será? — perguntou-se Bianca. — Será mesmo que eu posso vir a me interessar pelo Tarcísio com o tempo, que do convívio possa desabrochar um grande amor?

"O tempo dirá..." ouviu Bianca uma voz ecoar dentro da sua mente. "O que você vai perder tentando? Nada, simplesmente nada. Portanto, corra o risco!"

— É — concordou Bianca em voz alta. — Não custa nada tentar.

Nos dias que se seguiram, Bianca e Tarcísio estreitaram os laços de amizade. Manuela, por sua vez, explicou a Péricles os motivos desesperadores que levaram Bianca a fazer aquele absurdo contra eles. Péricles, que era puro coração, perdoou à moça no mesmo instante e tudo voltou as boas entre eles.

Capítulo 9

No sábado seguinte, chegou a triste notícia de que o tio de Tarcisio Fontenelle havia falecido, notícia essa que alterou os planos de todos na casa de dona Veridiana e seu Alípio Giacomelli.

Manuela foi até a prima e pediu-lhe que se arrumasse, que dentro em pouco eles iriam ao velório.

– Ir ao velório? – espantou-se Bianca. – Mas eu não gosto de velórios, Manuela.

– Eu também não, ninguém gosta, é triste, mas precisamos, por solidariedade. A esse, em especial, você tem de ir, prima, trata-se do velório do tio do seu namorado.

– Tarcísio nem é meu namorado.

– Tudo leva a crer que vocês irão namorar. Na verdade, para mim, o Tarcísio já está encarando essa amizade que ele vem mantendo com você nos últimos dias como namoro.

– Você acha mesmo?

– Sem dúvida.

Bianca permaneceu pensativa, por instantes.

– Vamos lá, prima – insistiu Manuela, com seu jeitinho mimoso de sempre. – Faça isso em consideração ao Tarcísio. Ele, bem como sua família, vai gostar muito de ver você lá.

Bianca ficara lívida. Com a mão direita acariciando-lhe suavemente os cabelos, incerta quanto ao que fazer, por fim acabou concordando:

– Está bem.

– É assim que se fala. – alegrou-se Manuela.

Uma hora depois, as duas primas se reencontravam.

– Estou pronta. – anunciou Bianca, lindamente vestida e maquiada como se estivesse indo para um baile.

Manuela olhou para ela sem esconder o espanto.

– O que foi? – assustou-se Bianca com a reação da prima. – Há alguma coisa errada em mim?

E, correndo para a frente do espelho que havia sobre o console, Bianca perguntou:

— É meu cabelo? O vestido? O que está errado, fale, Manuela, por favor.
Manuela aproximou-se da prima e disse seriamente:
— Tudo em você está errado, prima!
— Tudo?! Em mim?! C-como assim?!
— Prima, desde quando uma mulher vai a um velório maquiada dessa forma, como se fosse uma *Miss* Universo? Não se usa também um vestido esfuziante como esse para a ocasião. Rosa-choque é uma cor linda, mas muito festiva e extravagante para ir a um velório. Num funeral se vai com uma roupa discreta, de cor neutra, e com o mínimo de maquiagem sobre o rosto.
Bianca defendeu-se:
— Eu lhe disse, prima, que não costumo ir a velórios. Por isso é que não sei que roupa usar.
— Vá trajando o mesmo tipo de vestido que você escolheu para ir ao funeral de seu ex-noivo.
A sugestão tomou Bianca de surpresa.
— Do José Murilo?! — riu. — Eu não fui ao funeral dele!
— Não?! Como não?
— Você acha que eu iria ao funeral daquele que me fez de tonta, que estragou os meus planos de casamento, todos aqueles meses de dedicação ao nosso namoro para resultar num casamento que nem chegou a acontecer? Acha?!
— Mas seu ex-noivo não fez por querer...
— Vai saber...
— Prima!
— É isso mesmo, Manuela, como você pode jurar que aquele estraga-prazeres do José Murilo não morreu no dia do nosso casamento de propósito, só para estragar os meus planos?
— Prima!
— Talvez ele quisesse apenas sofrer uns arranhões, não mais que o suficiente para impedi-lo de se casar comigo, só para me fazer pagar um mico na frente dos convidados e, mais tarde, diante da sociedade carioca. Porém, seu plano deu errado.
— Eu duvido muito de que isso tenha acontecido.
— Sabe qual é o seu problema, Manuela, é que você é muito inocente.
— E você possui uma imaginação fértil demais, prima.
Enquanto Bianca comprimia os músculos faciais, remoendo pensamentos nada sutis, Manuela falou:
— Vamos lá, mude esse vestido, a pintura do rosto e esse cabelo.
— O cabelo também?
— Sim, senhora. Mude tudo, e rápido, o Péricles daqui a pouco chega para nos apanhar.

Bianca já havia dado alguns passos em direção ao seu quarto, quando parou, voltou-se para Manuela e perguntou:

– O que se diz para uma pessoa numa situação dessas? Digo, que perdeu um ente querido?

– Meus sentimentos...

– Ah...

Ela se preparava mais uma vez para subir a escada, quando interrompeu novamente seus passos, voltou-se para trás e disse:

– Prima, você pode pegar para mim uma cebola na cozinha, por favor.

– Cebola?!

– Sim. Não há nada melhor para nos fazer chorar do que descascar uma cebola em frente aos olhos. Assim, vai parecer que estou sentindo muito pelo que aconteceu.

Manuela, se não conhecesse Bianca como conhecia agora, teria duvidado do pedido feito, teria até mesmo rido, por achar que estava ouvindo coisas. No entanto, conhecendo Bianca como conhecia, sabia que ouvira certo, sim. Mais uma vez ela se espantou com os modos de Bianca, da moça que era tida como o supra-sumo da família, por ser considerada fina e elegante, pertencente à alta sociedade carioca, rica, graduada num dos melhores colégios da cidade, por que não dizer do país. Era espantoso para Manuela, quase inacreditável, descobrir que a prima que ela tanto admirava não tinha nada de fineza, tampouco bons modos. Que sua cabeça era o que muitos chamam de fútil e vazia, cheia de pensamentos nada sutis.

Na sua opinião, José Rufino, o caboclão semianalfabeto, simples que nem ele só, era capaz de ter muito mais bons modos do que ela. Como as aparências enganam...

...

Assim que Tarcísio Fontenelle soube que Bianca Tomazoni havia chegado ao velório, pediu licença aos seus pais e foi ao seu encontro.

– Bianca! – exclamou o rapaz, contente por vê-la. – Que bom que você veio.

Ele a abraçou afetuosamente. Ela disse:

– Meus sentimentos...

– Obrigado – agradeceu ele, apertando-a ainda mais contra o peito. – Venha, vou apresentá-la aos meus familiares.

– Agora?

– Sim. Eles ficarão felizes em vê-la, estão logo ali...

– Do lado do caix...

Bianca não conseguiu pronunciar a última palavra até o fim, sua voz se partiu no meio dela. Ela engoliu em seco.

— Sim. — respondeu Tarcísio e, sem dar tempo à moça para apresentar alguma desculpa, ele passou o braço por trás dela e a encaminhou até o local.
— Mamãe, essa é Bianca — disse o rapaz, com ponderação.
— Como vai? — cumprimentou a mãe, levantando-se e beijando a moça no rosto.
— Meu sentimentos.
Tarcísio voltou-se para o pai e disse:
— Papai, essa é Bianca de quem lhe falei.
O pai também se levantou e cumprimentou-a.
— Meus sentimentos — disse Bianca, procurando dar um tom sentimental à voz.
E, voltando-se para o caixão, Tarcísio Fontenelle completou:
— E esse é o titio.
Bianca recusou-se, terminantemente, a olhar para o falecido.
— Titio foi um herói para mim — acrescentou Tarcísio, entre lágrimas.
Bianca permanecia parada ao lado do moço, abraçado a ela, olhando firmemente para o bico dos seus sapatos para não ter de olhar para o caixão.
— Titio gostava tanto de mim — continuou Tarcísio, lacrimejante —, gostava tanto quanto eu gostava dele. Tanto que ele me deixou todos os seus bens em testamento.
— E são muitos? — interessou-se Bianca, na mesma hora.
— Se são muitos? Uma vasta fortuna.
Bianca alegrou-se, por pouco não gargalhou de alegria pela notícia.
— Eu só tenho a lhe agradecer — acrescentou Tarcísio com voz embargada.
— Agradeça-lhe mesmo — incentivou Bianca, torcendo o pescoço para trás, olhando firme para os olhos do moço. — Já deu um beijo em seu tio de agradecimento?
Tarcísio ficou espantado com a pergunta:
— Não! — respondeu.
— Então o que está esperando, *home*?!
Pondo a mão nas costas do rapaz, Bianca o empurrou à frente, dizendo:
— Vamos, vamos, vamos... Beije seu tio, agradeça a ele tudo o que lhe deixou...
Bianca estava tão feliz com a novidade que ela própria se viu disposta a beijar o falecido.
Enquanto Tarcísio fazia o que ela havia lhe pedido entre lágrimas e mais lágrimas, Bianca voltou a atenção para um senhor parado ao seu lado. Naquele instante, ele lhe perguntou:
— Quem é você?
— Eu — respondeu ela. — Sou Bianca, "namorada" do Tarcísio.

– Namorada? – espantou-se o homem, enviesando o cenho de espanto. – Você não serve nem para ser a empregada dele!

Bianca não gostou do que ouviu. Deu as costas para o homem e caminhou para fora do velório.

– O que foi? – perguntou Tarcísio, assim que a reencontrou. – Num minuto você estava ao meu lado, noutro não estava mais.

– Fiquei aborrecida.

– Como o quê?

– Com um velho chato, enrugado e sem educação.

– Velho? Que velho?

– Um que estava ali bem ao lado do caixão.

– Deve ter sido um dos amigos do vovô. Não lhe dê bola, pessoas nessa idade são inconvenientes mesmo.

Tarcísio prendeu alguns fios do cabelo de Bianca atrás da orelha da moça, sorriu, singelo e perguntou:

– O que esse senhor fez ou disse que a aborreceu tanto?

– Ele me disse que não sirvo para ser sua namorada nem mesmo sua empregada.

Tarcísio riu.

– E você deu importância a ele. Não devia. Senhores nessa idade dizem coisas sem sentido.

– Ele me pareceu bastante lúcido.

– Esqueça isso. Não importa o que os outros pensem a nosso respeito, o que importa é o que nós sentimos.

Bianca mostrou um sorriso amarelo, que desapareceu quase que instantaneamente de sua face quando ela novamente avistou o senhor, que se dirigira a ela fazia pouco, de forma tão ácida, olhando para ela à distância, com olhos cerrados, olhos de quem diz: "Eu sei muito bem quem você é. Pode enganar os tolos, não a mim!"

Dois dias depois do funeral, Bianca voltou de um passeio com Tarcísio Fontenelle trazendo uma grande novidade que dividiu com Manuela com grande alegria:

– Tarcísio me pediu em namoro.

– É mesmo, que maravilha! – exclamou Manuela, sentindo-se verdadeiramente feliz com a novidade da prima. – E você logicamente aceitou.

– Aceitei.

– Que bom. Você não vai se arrepender. O Tarcísio é um moço que vale ouro.

"Ouro... sem dúvida...", murmurou Bianca para si mesma, ao lembrar-se da quantia que Tarcísio herdara do tio falecido dias antes.

Foi na missa de sétimo dia do tio de Tarcísio que Bianca viveu a experiência mais assombrosa de toda a sua vida. Ao ver a foto do tio de Tarcísio impressa no *santinho* distribuído para os presentes no final da cerimônia, Bianca por pouco não gritou, histericamente, dentro da igreja.

– O que foi? – perguntou Tarcísio, assustado, ao ver a namorada branca e trêmula.
– Quem é esse homem da foto?
– Meu tio Beto.
– Não pode ser.
– Como não?
– Por acaso ele tem algum irmão gêmeo?
– Não.
– Sei...

Bianca estava inconformada e, ao mesmo tempo, assustada. O homem que havia lhe dito aquelas palavras tão ácidas naquele dia no velório era a imagem e semelhança do tio de Tarcísio. Ela poderia jurar, se ele não estivesse morto, que havia sido ele próprio quem se dirigira a ela naquele dia e lhe dissera aquelas palavras tão ultrajantes. Bianca sentiu seu coração asfixiar-se diante da descoberta.

Era melhor não dizer nada a ninguém a respeito daquilo. Tarcísio poderia pensar que ela estava ficando biruta e, por isso, terminar o namoro que acabara de começar. Em boca fechada não entra mosquito.

• • •

Depois de firmar namoro com Tarcísio Fontenelle, Bianca Tomazoni voltou para o Rio de Janeiro. Tarcísio, sempre que podia, ia visitá-la, ligava ou lhe escrevia cartas. Cartas que eram sempre um martírio para Bianca responder, por não saber o que dizer, tampouco ter entusiasmo para respondê-las.

– O que escrever dessa vez? – perguntava-se ela toda vez que se via obrigada a responder as cartas do namorado.

As palavras lhe faltavam. Bianca contava, então, o que havia feito no decorrer da semana e, para completar, fazer a carta parecer mais extensa, escrevia algumas das poesias que encontrara num livro que pertencera a sua mãe. As poesias serviriam também, acreditava ela, para dar um toque romântico à correspondência.

– A senhora *tá* feliz, dona Bianca? – perguntou Maju ao saber do namoro dela com Tarcísio Fontenelle. – Conheço muito bem a família do seu Tarcísio. São *gente* muito boa, muito rica.

– Você conheceu, por acaso, o tio dele?

– O tio Beto? Conheci sim, *eta home bão*. Generoso. Rico, *mais humirde*. Ajudava muito os *pobre*.

127

Bianca ficou calada por instantes, pensativa, por fim perguntou aquilo que há muito queimava sua língua de curiosidade:

— Você acha que os mortos podem se comunicar com os vivos, Maju?

— Minha mãe diz que sim.

— Por que? Ela viu algum morto?

— Não, mas a mãe dela viu.

— É mesmo?

— Sim. E muitas *veiz*. *Má* por que a senhora *tá* me perguntando isso, dona Bianca? Por acaso a senhora viu *argum* defunto, viu?

Um sorriso sem graça entreabriu os lábios firmes de Bianca.

— É lógico que não sua, caipira! *Magina* que eu, Bianca Tomazoni, haveria de ver o espírito de um morto e falar com ele. Nunca!

As faces de Bianca ruborizaram-se asfixiadas pelo embaraço diante da doméstica.

Mais tarde, naquele mesmo dia...

Bianca encontrou-se com Elisana, sua cunhada, e aproveitou para perguntar a ela o que há muito queria saber:

— Você sempre foi muito interessada em assuntos sobre vida após a morte, não? Bem, confesso que, toda vez que você quis falar comigo a respeito, eu não quis lhe dar ouvidos, cheguei até a ridicularizar você, mas, diga-me... Você acredita mesmo que os mortos podem se comunicar com os vivos?

Bianca estava tão gentil aquele dia com Elisana que ela por pouco não se beliscou para saber se era realmente a cunhada, ranheta e mimada, pedante e definitivamente insuportável que estava bem ali diante dela.

— Bem... — falou Elisana, limpando a garganta. — Quando eu digo que acredito que os mortos podem se comunicar com os vivos, acredito porque tenho base para acreditar, minha crença é fundada em fatos reais, verídicos. Em experiências próprias. Não foi porque a religião me disse ou porque li um livro a respeito e acabei achando que faz sentido que eu passei a acreditar em vida após a morte. Acredito porque já estive realmente em contato com os mortos. Ou melhor, com os espíritos dos mortos. A própria vida nos revela a existência da vida além da morte por meio de encontros sobrenaturais.

Bianca ficou com os olhos fitos em Elisana, tendo a fronte contraída, como se estivesse em profunda reflexão.

— Mas por que está me perguntando a respeito? — perguntou Elisana meio minuto depois.

Bianca tremeu diante da pergunta da cunhada. Seu rosto empalideceu, e um sorriso amargo brincou-lhe nos lábios firmes. Ainda que se sentisse amedrontada e sem graça de falar a respeito do que vira, Bianca disse:

— Porque eu vi um fantasma semanas atrás.

– É mesmo?

– Sim, num velório. A princípio, não sabia que se tratava de um, só fui perceber uma semana depois, numa missa de sétimo dia.

A seguir, Bianca relatou detalhadamente o que ela viveu, com uma voz abafada em luta íntima.

– E o que o espírito desse senhor lhe disse exatamente?

Bianca mordeu os lábios, incerta quanto a contar o que realmente fora dito pelo espírito do senhor Beto Fontenelle, tio de Tarcísio Fontenelle.

Elisana Tomazoni procurava incentivar, com seus olhos bonitos, a cunhada a se abrir com ela.

– Bem... – respondeu Bianca com certa dificuldade. – Ele me disse o seguinte: "Namorada? Você não serve nem para ser a empregada dele!"

Elisana arregalou os olhos, surpresa.

– Eu não gostei nada do que ouvi – agitou-se Bianca, com ar de pobre coitada. – Achei de uma petulância tamanha!

– Se você acha que o que ele lhe disse não tinha fundamento, por que ficou tão irritada?

– Ora, porque me senti ofendida.

– Dizem que a gente só se ofende com aquilo que os outros falam de nós, quando o que eles falam tem fundamento. Nós, no íntimo, sabemos que tem, mas somos orgulhosos demais para admitir.

– Você está querendo dizer que eu, no íntimo, não me considero a mulher ideal para o Tarcísio se casar, é isso?

– É mais ou menos isso. Veja bem, uma pessoa que diz para você: Bianca, você não passa de uma garota mimada e birrenta e você se sente ofendida com isso, é porque, certamente, você é, no fundo, mimada e birrenta. Todavia, se você não se incomoda com o que ouve, deixando a outra pessoa sem graça, é porque o que essa pessoa lhe disse não tem nada a ver com você. Na verdade, é ela que é mimada e birrenta, mas não se enxerga.

– Suas palavras, Elisana, desculpe-me, não têm o menor cabimento.

– Tal como as palavras do espírito sobre você?

Bianca olhou para a cunhada de esguelha, repudiando intimamente a pergunta. Por fim, mudou de assunto, antes que perdesse a compostura e dissesse para a cunhada umas poucas e boas. Não estava a fim de brigas naquele dia. Pelo menos naquele dia.

Capítulo 10

Quatro meses após o início do namoro entre Tarcísio Fontenelle e Bianca Tomazoni, ela, temerosa de que estivesse perdendo mais uma vez seu tempo ao lado de um homem, resolveu usar de sinceridade para com o namorado. Viajou para Passaredo e, assim que se viu a sós com Tarcísio, disse:

— Tarcísio, você já conhece um bocado a respeito do meu passado e, por isso, pode, creio eu, compreender o que tenho a lhe dizer.

Tarcísio pareceu ligeiramente alarmado.

— Diga, o que é?

— Eu não posso ficar namorando por muito mais tempo, preciso me casar, o quanto antes, pois quero ter filhos. Se eu demorar muito para tê-los, mais arriscado será engravidar, portanto... eu... preciso me casar o mais rápido possível. Eu sei que pode parecer um gesto precipitado, mas meus motivos são justos... Eu sei que você não tem nada a ver com isso, não quero forçá-lo a nada, mas ficaria muito feliz, feliz mesmo, se pudesse compreender a urgência que tenho de me casar.

— Eu compreendo, Bianca.

— É mesmo?

— Compreendo, sim.

— Você não precisa dizer nada para mim agora, pode refletir...

— Não há o que refletir.

— Não?!

— Não.

O silêncio se fez presente entre os dois. Foi Bianca que o rompeu, perguntando:

— Eu estraguei tudo, não? Não devia ter dito nada disso. Tudo bem, eu espero, espero o tempo que você quiser, o tempo que você achar suficiente, adequado, para nos casarmos.

— Você tem razão...

— Tenho? Estraguei tudo, é isso, não é?

— Não. Você tem razão em ter urgência para se casar, para ter filhos... Por isso estou disposto a me casar com você assim que você achar que devemos.

– É mesmo?!

– Sim. Eu a amo, Bianca, estou mais do que certo disso. Sei que você também me ama, *me* ama de verdade, e isso é mais do que o suficiente para mim. O que mais um homem precisa esperar para se casar com uma mulher do que uma prova de amor que ela já lhe deu e dá a todo instante?

Bianca soltou mais um de seus sorrisos amarelos e procurou esconder seus olhos do campo de visão de Tarcísio. Temeu que ele lesse, no fundo dos olhos dela, o que se passava em seu interior, o que ia realmente no seu íntimo: ela não o amava na mesma intensidade que ele a amava; na verdade, não sentia nada por ele, mantinha aquele namoro e ia se casar com ele somente para não ficar solteira. Usara a desculpa de ter filhos somente para forçá-lo a se casar com ela o quanto antes, pois ela não pretendia ter filhos, nunca pretendera, porque não queria que seu corpo ficasse deformado após uma gravidez, como acontecia com a maioria das mulheres. Tarcísio que se contentasse em realizar sua necessidade de ser pai com seus sobrinhos, e que nem sequer chegasse a cogitar a ideia de adotar uma criança, o que era, para ela, inconcebível.

Quando Tarcísio Fontenelle contou a sua mãe que decidira ficar noivo de Bianca Tomazoni em poucos dias, dona Ênia Fontenelle assustou-se.

– O que? Noivar, já? Você mal conhece essa moça, ou melhor, essa mulher e já quer noi*var* e se ca*sar*, perdeu o juízo Tarcísio?!

– Não, mãe. Eu gosto da Bianca e ela gosta de mim – disse ele e, a seguir, explicou o motivo alegado por Bianca para a pressa de noivar e casar.

– Olha, filho – comentou dona Ênia –, se essa moça não fosse de boa família, eu jamais aprovaria a sua união com ela. Jamais lhe daria a minha bênção para se casar com ela. Mas como ela é de boa família e você está certo de que ela o ama...

– Estou sim, mamãe.

– Então, está bem, que seja feita a sua vontade. Seu pai vai gostar muito de saber da sua decisão. A propósito, é verdade mesmo o que falam na cidade sobre o pai dela?

– O que falam sobre ele, mãe?

– Que ele é um homem de muitas posses, rico *pra* chuchu.

– Sim, mãe, é verdade.

– Deus seja louvado. Eu sempre quis ter um filho bem casado, Santa Edivirges finalmente ouviu as minhas preces.

– Mamãe, para mim pouco importa se o pai da Bianca tem dinheiro ou não, o que importa é o que ela sente por mim. Dinheiro não constrói felicidade.

– Mas ajuda. Ô, se ajuda!

...

Assim que Tarcisio e Bianca definiram a data do noivado, Bianca ligou para a mãe no Rio de Janeiro para lhe contar a grande novidade.

– Aramis, meu marido – disse Lícia Tomazoni assim que o marido voltou do trabalho – Precisamos ir a Passaredo.

– Por que, mulher?! Aconteceu alguma coisa com nossa Bianquinha?

– Aconteceu! Uma coisa maravilhosa! Ela vai ficar noiva do Tarcísio, o rapaz que ela vem namorando há quatro meses, amigo do namorado da Manuela, nossa sobrinha.

– Noiva? Que bom.

– Deus seja louvado.

– Nossa filhinha, depois daquela tragédia horrível por que ela passou, merecia mesmo noivar e se casar com um moço bom, direito, de boa família, que pudesse lhe oferecer um futuro promissor.

– Nossa filha é a melhor filha do mundo! Não há alma melhor, mais pura que a de nossa Bianca. Ela é um encanto.

– Uma preciosidade.

– Amanhã mesmo, logo pela manhã, irei à igreja de Santa Edviges pagar a promessa que fiz para que nossa filha arranjasse um bom moço, direito, para se casar.

– Vou com você, Lícia. E faço questão de dar uma *nota gorda* nesse fim de semana durante a missa.

– Faça isso mesmo, marido, Deus vai recompensá-lo em dobro.

O homem quedou pensativo, por instantes. Por fim, indagou:

– Será que aquilo de ruim que aconteceu à nossa filha foi porque eu parei de pagar o dízimo à igreja?

A resposta de Lícia Tomazoni foi imediata:

– Eu lhe disse, Aramis, que se você parasse de pagar o dízimo, Deus se voltaria contra a nossa família.

– Mas, Lícia, meu bem, o Joaquim Severo disse que o dinheiro que a igreja arrecada não é para ajudar os pobres, é para ajudar a igreja. É com esse dinheiro que a igreja comprou aquela baita casa com piscina para abrigar os padres e aquele baita carro para eles usarem. Até mesmo as viagens que eles fazem e os alimentos que comem são pagos com o dinheiro do dízimo.

– Aramis, Aramis, você acha que a igreja ia fazer uma coisa dessas, meu bem? Nunca! Isso é coisa do Joaquim Severo, você sabe que ele sempre foi de contestar e anarquizar as coisas...

– Tomara que ele esteja realmente errado, pois seria uma lástima se as pessoas que se esforçam para pagar o dízimo descobrissem que o dinheiro arrecadado é para ajudar qualquer coisa, menos os pobres.

– Seria realmente uma lástima.

Bem naquele momento, um dos padres que morava na casa comprada pela igreja especialmente para abrigar os padres voltou-se para o outro e disse:
– Aí vou eu!
E mergulhou de cabeça na piscina que havia no jardim. *Tchbum!!!*
Padre Fabiano voltou-se, então, para padre Clemente e disse:
– Como vão os preparativos para a nossa viagem para a Itália, Clemente?
– *Tudo em cima*, Fabiano. Mal vejo a hora de andar de gôndola pelos canais de Veneza.
Nisso, a campainha da casa tocou e a faxineira foi ver quem era. Tratava-se de uma criança, trêmula, com nariz escorrendo, pedindo um prato de comida. A mulher pediu a ela que aguardasse um minuto, foi até a cozinha e explicou a situação para a cozinheira. O padre responsável pela casa paroquial estava na cozinha naquele momento e, ao ouvir as palavras da faxineira, disse em alto e bom tom:
– Agora não é hora de pedir comida, Marizete. Primeiro, porque ainda não almoçamos e, segundo, porque se você der hoje, essa pedinte voltará aqui amanhã, ela e mais um bando de pedintes. Diga que não tem nada e que aqui não é lugar de pedir comida ou qualquer outro tipo de ajuda. Que ela peça na casa dos vizinhos.
A faxineira e a cozinheira se entreolharam, procurando disfarçar o espanto e a indignação.
No mesmo instante, Joaquim Severo, velho amigo de Aramis Tomazoni, passava de porta em porta, na sua vizinhança, arrecadando alimentos que ele próprio levava para as pessoas comprovadamente carentes. O mais bonito era que seus filhos o ajudavam a realizar esse gesto tão solidário. Muitos contribuíam por saberem que aqueles produtos iriam realmente parar nas mãos daqueles que necessitavam, bem diferente de certos locais que pedem doações, mas destinam somente 20 % do que foi doado aos carentes.

• • •

No final de semana seguinte, aconteceu o noivado entre Tarcísio Fontenelle e Bianca Tomazoni na cidade de Passaredo, interior do Rio de Janeiro. Foi feito um grande jantar na casa de dona Ênia e seu Laerte Fontenelle para comemorar o acontecimento. Estavam presentes todos os irmãos e irmãs de Tarcísio por parte de mãe ou de pai, visto que seus pais eram viúvos quando se casaram. Tarcísio era o único filho dessa união. Todos da família Giacomelli estavam presentes. Péricles também estava lá, não só por ser o noivo de Manuela, mas também por ser um dos melhores amigos de Tarcísio. Bianca considerou o jantar de noivado menos grotesco do que aquele que sua tia Veridiana havia preparado para o noivado de Manuela e Péricles.

Todos os pratos haviam sido feitos com muito gosto por Amália, uma crioula supimpa na cozinha. Tinha lagarto fatiado, o famoso prato chamado por muitos de "carne louca", salada farta de palmito com tomate e cenoura ralada, arroz branco, soltinho, mandioca frita, couve e, de sobremesa, manjar branco com calda de ameixa. Tudo, uma delícia.

Nos dias que seguiram, Tarcísio e Bianca escolheram a data do casamento: início de dezembro daquele ano. Logicamente, Tarcísio teve de responder pacientemente à pergunta que toda a sua família, volta e meia, fazia a ele:

– Não está se precipitando com esse casamento, Tarcísio?

– Não.

– Mas vocês mal se conhecem... Namoram há apenas cinco meses...

– É tempo suficiente para eu saber que ela é a mulher da minha vida!

Disposta a ajudar nos preparativos do casamento de Manuela, que estava se aproximando, Bianca resolveu ficar em Passaredo. Dona Veridiana adorou a ideia. Manuela também. Sua permanência na cidade serviria também para poder ficar mais próxima de Tarcísio.

Era uma das primeiras manhãs bonitas de primavera quando Bianca foi à rua principal da cidade fazer algumas comprinhas na companhia da tia.

Um senhor simpático, bem idoso, ao passar por ela e dona Veridiana tirou o chapéu de palha e cumprimentou as duas com um sonoro "Bom-dia" e um sorriso largo, banguela. Ao ver sua banguela, Bianca fez cara de nojo, sentiu até ânsia.

– Aquele é seu Jacó – explicou dona Veridiana – um senhor muito simpático, que vive do que produz na pequena horta cultivada atrás da sua casa. Uma casa humilde, de madeira. Muita gente na cidade compra as verduras que ele produz para ajudá-lo.

Bianca balançou a cabeça para demonstrar que havia ouvido o que a tia dissera, mas o comentário entrou por um ouvido e saiu pelo outro.

A vendedora que atendeu a Bianca na farmácia onde ela fora procurar um creme para as mãos, disse:

– A senhora é a noiva do seu Tarcísio, né?

Bianca balançou a cabeça em concordância. Queria pular sobre a atendente por ela tê-la chamado de "Senhora". A seguir, a moça desmanchou-se em elogios: Bianca era uma mulher de sorte, Tarcísio Fontenelle era um moço de ouro, sua família era de ouro. Para demonstrar que estava ouvindo o que a moça dizia, Bianca intercalava um sorrisinho amarelo em meio a um leve balançar da cabeça, enquanto cheirava os cremes que havia na prateleira do lugar. Visto que a atendente não parava de falar, Bianca pagou pelo creme e disse para a tia que a aguardaria na calçada.

Assim que deixou a farmácia, Bianca respirou aliviada.

"Ô, moça irritante", resmungou, sentindo seus tímpanos latejarem de tanto que a funcionária falara aos seus ouvidos.

Nem bem ela praguejou, alguém do outro lado da rua chamou sua atenção. Um moço. Seu rosto era jovem, porém com traços de homem maduro. Ao sol, sua pele parecia reluzir, como se houvesse uma luz acesa dentro dele. Algo encantador. Ela jamais vira um homem tão bonito.

Bianca chegou a tremer ligeiramente por fora e por dentro, quando seus olhos se encontraram com os dele. Ele também olhava para ela, agora com certo espanto e interesse, pelo mesmo halo de fascínio com que ela o olhava.

"Quem seria ele?", perguntou-se Bianca, sentindo uma onda de calor inflamar seu coração. Onde estivera aquele tempo todo que nunca cruzara o seu caminho? Nunca colidira com ela pelas esquinas de Passaredo?

Bianca encheu novamente o peito de ar, um ar que parecia lhe faltar. Alguém então tocou seu braço, despertando-a de seus pensamentos.

– Desculpe-me – disse a senhora que havia esbarrado nela sem querer.

– Não foi nada – respondeu ela, com uma calma jamais vista anteriormente.

Nem bem a resposta saltara de sua boca, Bianca voltou-se na direção em que havia visto o rapaz de olhos e rosto encantador. Para sua decepção, ele não se encontrava mais lá. Ela olhou para um lado, depois para o outro em busca dele, mas não encontrou qualquer sinal de sua pessoa.

– Meu Deus, que homem – sibilou, levando a mão ao peito, onde seu coração batia descompassado.

– Filha – disse dona Veridiana Giacomelli ao encontrar a sobrinha esperando por ela em frente à farmácia.

– O rapaz... aquele rapaz... a senhora o viu? – perguntou Bianca, sem perceber ao certo o que dizia.

A tia olhou para a direção em que a sobrinha olhava e perguntou:

– De que rapaz você está falando, minha querida?

– Daquele que estava logo ali, perto daquela senhora que está usando um vestido azul-marinho.

A tia frisou os olhos para ver melhor.

– Que senhora?

– Ora, titia? *Cadê* seus óculos?

– Uso óculos para enxergar melhor de perto, não de longe, filha.

Havia um misto de decepção e ansiedade transparecendo na face de Bianca agora.

– Que estranho – murmurou ela –, do mesmo modo que ele surgiu, desapareceu...

Diante da aflição da sobrinha, a tia se preocupou e perguntou:

– Você conhece esse rapaz?
– Não. Nunca o vi.
– Por que então tanto interesse por ele?
– Porque ele era lindo, titia... Um homem, homem com H, coisa de outro mundo.

Bianca sentiu seu peito se incendiar mais uma vez ao rever em pensamento o rosto daquele estranho encantador.

– Que seu noivo não a ouça falando assim, pelo amor de Deus. Vai deixá-lo enciumado.

Os olhos da tia e da sobrinha se cruzaram silenciosos, porém firmes.

– Venha, querida, vamos, senão vamos nos atrasar.

Bianca seguiu a sombra da tia, voltando, a todo momento, a cabeça por sobre os ombros na esperança de rever o estranho de beleza máscula, encantadora. Desde então Bianca não mais conseguia tirá-lo do pensamento. Por mais que tentasse, o estranho estava ali, em algum canto de sua mente, olhando ternamente para ela, despertando não só sensações prazerosas dentro dela, há muito não sentidas, como também ondas de calor que, ao invés de provocarem, refrescavam seu corpo, por fora e por dentro.

Novamente ela se perguntou: "Quem seria o estranho e encantador rapaz? Onde estivera aquele tempo todo que nunca cruzara o seu caminho? Nunca colidira com ela pelas esquinas de Passaredo?" E a pergunta, por mais que fosse repetida, não conseguia ser respondida. Não havia outra explicação para o que ela vira naquela tarde senão a de que ela tivera a visão de um anjo. Um anjo visitando a Terra.

Naquele dia, assim que teve oportunidade de ficar a sós com Manuela Giacomelli, Bianca Tomazoni fez um desabafo:

– Lembra, prima, quando você me disse que quando o amor, o amor verdadeiro, acontece dentro de nós, nosso coração parece se inflamar, o peito palpita, a mente não deixa mais de pensar noutra coisa senão na pessoa amada, lembra?

– Lembro.

– Pois bem, eu senti isso hoje.

– É mesmo? – alegrou-se Manuela. – Pelo Tarcísio? Eu sabia que você e ele tinham tudo a ver. Eu não disse para você que o amor acontece para muitos com o tempo? Na hora certa! Eu lhe disse... Pois bem, está acontecendo com você, e se você não tivesse se dado a chance de namorar o Tarcísio, você não estaria tendo a chance agora de descobrir esse amor desabrochando em seu interior.

Bianca achou melhor não contar para a prima que tudo aquilo que ela sentiu fora despertado dentro dela por aquele moço bonito, estranho, diferente, que ela havia visto caminhando pela avenida naquele dia. Ele ficara por quase um minuto olhando para ela com interesse e admiração, da mesma forma que ela olhava para ele.

Por mais que ela tentasse tirar o rapaz da cabeça, não conseguia. E mais e mais aumentava a curiosidade dentro dela. Ela deveria ter conhecido o rapaz antes de ela ter ficado noiva de Tarcísio. Se ele olhou para ela com interesse, é porque os dois poderiam, como se diz na gíria, dar um bom caldo.

Ô vida ingrata, que insistia em fazer tudo errado com ela. Nunca lhe dava o que ela realmente queria e na hora certa.

Naquela noite, assim que Bianca ficou a sós com Tarcísio, o rapaz comentou com a noiva.

– Você me parece tão distante hoje, o que houve?
– Distante eu? *Magina...*
– O que há?
– Nada. Estou apenas um pouco ansiosa por causa do nosso casamento, só isso...
– Não se preocupe, vai dar tudo certo, fique tranquila.

Bianca forçou um sorriso. Porém, seu cérebro ardia confuso, tão confuso quanto seu coração.

– Durma bem esta noite – disse Tarcísio, ao deixar a noiva na casa da família Giacomelli. – E não se preocupe, nosso casamento vai ser perfeito.
– Vou dormir, obrigada! – respondeu Bianca.

Antes ela tivesse dormido, acordou por diversas vezes na madrugada por ter sonhado com o estranho e lindo rapaz que vira naquele dia. Ele despertava algo lindo dentro dela, algo diferente, jamais sentido.

No dia seguinte, Bianca sentiu vontade de sair pelas ruas de Passaredo em busca do tal rapaz que tomara seu coração de assalto. Mas reprimiu sua vontade, por achar que não ficava bem, nada bem, para ela, uma moça de alto nível, sair pelas ruas em busca de um estranho de rosto bonito que fazia o seu coração palpitar.

Bianca voltou para o Rio de Janeiro dois dias depois para provar o vestido que mandara fazer para o casamento da prima que aconteceria em menos de um mês. Com a distância e a ocupação com os preparativos para o seu casamento, Bianca acabou se esquecendo do moço que mexeu tanto com ela. Ainda bem, disse para si mesma, não suportava mais pensar nele, sentir aquela vontade louca de reencontrá-lo.

26 dias depois dos últimos acontecimentos
O dia do casamento de Manuela e Péricles Capistrano amanheceu ensolarado, propício para a realização de uma cerimônia em grande estilo.

Manuela estava linda vestida de noiva. Entrou na igreja caminhando com toda graça e leveza que lhe era tão peculiar. Péricles também estava impecavelmente bem vestido. Usava um terno de linho, bonito, escuro, elegante, com um cravo branco na lapela. Recebeu a noiva no altar das mãos de seu Alípio Giacomelli com grande emoção. Todos os convidados presentes assistiam à cerimônia com encanto nos olhos.

Bianca de madrinha, no altar, ao lado de Tarcísio, também assistia à cerimônia com encanto e admiração. Mas havia um quê de tristeza em seus olhos, um quê de pena, pena de si mesma, por saber que nunca poderia se casar como Manuela estava se casando com Péricles: de livre e espontânea vontade, casando-se porque amava o noivo, o amava de verdade, do fundo de sua alma. Algo que ela tanto sonhara para si e não aconteceu, pois Tarcísio, por mais que fosse *bacana* com ela, não despertava em seu coração aquele amor de provocar calor e levar uma pessoa às alturas. Infelizmente.

Foi quando Bianca olhou para as fileiras de bancos da igreja, tomados pelos convidados, que ela avistou, para sua surpresa e alegria, o estranho e lindo rapaz que ela havia visto na avenida principal de Passaredo um mês antes daquela data. Seus olhos tornaram-se mais lindos, naquele instante; pareciam febris de tanta alegria.

Lá estava ele, sentado quase no fundo da igreja, assistindo ao casamento com atenção. Por um segundo, ela teve a impressão de que os olhos dele haviam se encontrado com os dela. Teriam mesmo? Sim. Ele agora olhava para ela, olhava reto e direto para os seus olhos.

Bianca sentiu seu peito mais uma vez se incendiar por algo que ela não sabia ao certo explicar. Uma onda de alívio ecoou por seu interior no minuto seguinte ao perceber que, se o rapaz estava presente no casamento de Manuela e Péricles, é porque era amigo ou parente de um deles. Bastava agora perguntar a eles quem era ele e pronto, o misterioso rapaz encantador deixaria de ser um mistério para ela.

Na hora em que os noivos cumprimentaram um a um os padrinhos no altar, Bianca disse para a prima:

– Prima!

– Prima! – exclamou Manuela, enquanto abraçava Bianca. – Obrigada por estar aqui comigo, conosco nessa hora tão feliz para mim e para o Péricles.

– Que você seja muito feliz com o Péricles.

– Obrigada, prima. Que você também seja muito feliz com Tarcísio.

– Prima, lembre-me de perguntar-lhe algo, algo muito importante, mais tarde.

Manuela sorriu, enquanto se dirigia a Tarcísio para cumprimentá-lo.

Minutos depois, a marcha nupcial começou a tocar e os noivos saíram pelo corredor central da igreja, seguidos pelo séquito de padrinhos.

Bianca mal podia se conter de ansiedade, queria chegar, o quanto antes, ao lugar em que ela vira o misterioso rapaz sentado apreciando a cerimônia. Seria a sua chance de vê-lo de perto, apreciar sua beleza ainda que por meros segundos.

O local foi chegando, chegando, chegando e o coração dela foi batendo, batendo, batendo cada vez mais rápido. Parecia até que ia saltar do peito.

Tarcísio voltou o olhar para a noiva, ligeiramente preocupado com o seu agito. Bianca nem notou que o noivo a observava de tão aflita que ela estava para aproximar-se do local onde vira o rapaz sentado durante a cerimônia religiosa do casamento, olhando na sua direção, parecendo sorrir para ela, até mesmo querendo dizer alguma coisa para ela por meio do seu olhar.

O local finalmente chegou. Lá estava ele. Seus olhares se encontraram silenciosos, porém, firmes. Bianca ficou sem fôlego, arquejando ao invés de respirar.

– Bianca – chamou Tarcísio.

Ela respondeu por responder:

– Sim.

Ele apertou sua mão com delicadeza. Ela voltou-se para ele:

– O que foi?

– Eu é que pergunto, você está passando bem?

– Estou emocionada com tudo isso.

Tarcísio riu. Bianca voltou discretamente o rosto por sobre o ombro para poder ver o rapaz mais um pouquinho. Mas já não pôde vê-lo mais, as pessoas em pé cobriam sua visão agora.

Manuela Giacomelli e Péricles Capistrano foram saudados na porta da igreja por fortes rajadas de arroz arremessadas pelos convidados e padrinhos dos recém-casados.

– Um viva para os noivos! – berrou um.

– Viva! – gritaram todos.

Enquanto isso, Bianca dizia para si mesma: "Que coisa cafona. Eu jamais vou permitir uma coisa cafona dessas no meu casamento, jamais! Ô gente cafona!"

– Viva a noiva! – gritou alguém.

– Viva! – gritaram todos.

Nisso, Hugo aproximou-se de Bianca e, no seu jeitão descontraído de sempre, disse para ela:

– Tomara que *ocê* pegue o buquê da noiva hoje, prima!

Bianca deu mais um de seus sorrisos amarelos para Hugo.

– Se *ocê* pega*r* o buquê da noiva, *ocê* casa loguinho – acrescentou ele, com empolgação.

139

— Mas Hugo — adentrou Gertrudes, namorada do rapaz — se a moça que apanhar o buquê *num* se *casar* em menos de sete *mês*, ela *num* se casa enquanto *num* se *passá* sete *ano*.

— Verdade? — espantou-se Hugo.

— Ver*dade* — respondeu Gertrudes, puxando o 'r' como ninguém.

Bianca, rilhando os dentes para não berrar com o primo, disse em tom amável, forçado:

— Acontece, primo, que eu não preciso apanhar buquê algum para me casar, eu já estou de casamento marcado. Esqueceu?!

— Já?!

— Já.

— E como é que *ocê* convenceu o Ta*r*císio a se *casar* com *ocê* assim tão rápido?

— Foi o amor que o convenceu, o amor que ele sente por mim.

— *Óia* só!

Gertrudes deu novamente o ar de sua graça. Disse:

— *Tá* vendo, Hugo, os dois *num* tem nem meio ano de namoro e já vão se *casar*, *nóis* namora desde os dezessete *ano* de idade e até agora *ocê num* se decidiu marcar a data do nosso casório.

— Ora, la*r*ga de *pegá* no meu pé, Gertrudes. Já disse que *nóis vai casá* em agosto, a gosto de Deus!

Uma gargalhada espalhafatosa cortou a última palavra de Hugo ao meio.

— É isso mesmo, Gertrudes — aproveitou Bianca para dar uma desforra no primo. — Exija que o Hugo se case com você o mais breve possível, namoro muito longo acaba em nada, cada um para um lado, como aconteceu comigo. Quando completei onze anos de namoro, meu ex-namorado me deu um fora. Por isso, exija que o Hugo se case com você o mais rápido possível.

— *Tá* vendo, Hugo. Bem que a mamãe diz.

— Para de pô*r* minhoca na cabeça da Gertrudes, prima — resmungou Hugo, desconjurado.

Bianca puxou Tarcísio pelo braço e saiu dali. Minutos depois, chegavam ao Clube da cidade reservado para a festa de casamento. Uma hora depois, após os noivos se assentarem, Bianca teve a oportunidade de falar com Manuela como ela tanto queria.

— Estou louca para falar com você — disse para a prima, febril de tanta ansiedade.

— Fale, prima.

— É sobre um rapaz, alto, de olhos acinzentados, rosto bonito, jovem, mas de homem maduro, rosto lisinho que nem *bumbum* de bebê. Quem é ele?

— Ora, prima, como vou saber? Há tantos conhecidos meus que se encaixam nessa descrição.

140

– Não há não, Manuela, engano seu, homem com esse perfil, só ele.
– Deve ser parente do Péricles.
– Será?
– Com certeza. Há muitos parentes dele, vindo de outras cidades aqui hoje no casamento. Vamos fazer o seguinte, se você reencontrar novamente esse rapaz, mostre-o para mim.
– Combinado.

Disposta a encontrar o estranho misterioso, Bianca caminhou por entre as mesas que havia pelo salão de festas. Olhava cada um dos presentes com grande atenção.

– Quem *ocê tá* procurando, prima? – perguntou Hugo, quando viu Bianca passando pela mesa em que ele estava sentado com a namorada.
– Procurando, eu? – disfarçou Bianca, fingindo indignação. – Ninguém.
– *Óia lá*, prima, menti*r* é feio, hein, o nariz cresce!

Bianca bufou e retomou sua procura, mas, infelizmente, sem sucesso. A festa do casamento chegou ao fim sem que ela conseguisse encontrar o estranho rapaz que despertara tanto a sua atenção. Não o encontrara, concluiu, porque ele certamente não havia ido à festa do casamento. Caso tivesse, tê-lo-ia encontrado, pois procurou em todos os cantos do salão por sua monumental figura.

Bianca voltou para a casa da tia onde estava hospedada com seus pais, prometendo-se que haveria de reencontrar o belo rapaz, custasse o que custasse.

Naquela madrugada, acordou suando frio, desperta por um pesadelo horrível. Sonhara novamente com o dia em que ela havia se comunicado, pelo que parecia até o momento, com o espírito do tio de Tarcísio, o senhor Beto Fontenelle.

Lembrou-se então do que Elisana, sua cunhada, havia lhe dito.

"Quando eu digo que acredito que os mortos podem se comunicar com os vivos, acredito porque tenho base para acreditar, minha crença é fundada em fatos reais, verídicos, em experiências próprias. Não foi porque a religião me disse ou porque li um livro a respeito e acabei achando que faz sentido, passei a acreditar em vida após a morte. Acredito porque já estive realmente em contato com os mortos, ou melhor, com os espíritos dos mortos. A própria vida nos revela a existência da vida além da morte por meio de encontros sobrenaturais."

O rosto de Bianca tornou-se sombrio quando uma hipótese subitamente atravessou seus pensamentos. Seria o rapaz, aquele lindo e encantador rapaz, o espírito de um morto? Um espírito que só ela pôde enxergar? Por isso ninguém mais o tinha visto quando ela perguntou a respeito? Bianca quis do fundo do coração que não. Por algum motivo, motivos do coração, certamente, ela queria que ele fosse de carne e osso, para poder tocá-lo e, no seu desejo mais íntimo, beijá-lo.

Entretanto, se ele fosse, realmente, um espírito, o que estaria ele tentando lhe dizer? Por que também ela, agora, de uma hora para outra, passara a ver aqueles que habitam o outro lado da vida? Por quê? Ela queria muito obter a resposta, mas a resposta parecia estar sempre a muitas milhas de distância dela.

Bianca voltou para o Rio de Janeiro com os pais, de carro, sem mais rever o estranho e misterioso rapaz. Mas o levava consigo no coração, querendo muito encontrá-lo outra vez, saber quem era, fosse ele pertencente ao mundo espiritual ou dos vivos. Nem mesmo os preparativos para o seu casamento, o corre-corre habitual, fizeram-na esquecer-se dele dessa vez.

Capítulo 11

Duas semanas depois, Bianca Tomazoni voltava à cidadezinha de Passaredo. Ela caminhava pela calçada da pequena e única avenida principal da cidade, quando, de repente, foi surpreendida pela bela visão do estranho por quem seu coração, desde a primeira vez em que o vira, batia incerto.

Ela, literalmente, estremeceu ao perceber que ele sorriu para ela e começou a caminhar na sua direção.

"Meu Deus", murmurou ela, "ele está vindo para cá, na minha direção, Deus pai, o que faço?" Ela começou discretamente a ajeitar o vestido, depois o cabelo, enquanto uma onda de calor percorria cada vez mais forte todo o seu corpo.

"Calma, Bianca, calma... Se ele está vindo falar com você, fale com ele, a vida está querendo unir vocês dois porque vocês foram feitos um para o outro. É coisa de destino. Acalme-se. Relaxe. Respire fundo."

Ela procurou respirar, mas, ao bater os olhos novamente no belo sorriso estampado naquela face bonita e bronzeada de homem másculo e viril, sua respiração tornou-se suspensa e entrecortada.

Quanto mais o rapaz se aproximava de Bianca, mais e mais ela parecia perder o controle sobre si mesma. Ele parecia ter o poder de deixá-la desequilibrada, à mercê do desalinho.

Ele foi se aproximando dela lentamente, como se caminhasse dentro de um sonho. Parecia haver uma atração poderosa envolvendo e unindo o coração de ambos, agora. Quando ele finalmente parou diante dela e tirou o chapéu, Bianca o saudou com um belo sorriso de "seja bem-vindo".

– Olá – disse ela, timidamente.

O sorriso na face daquele que para ela ainda era um estranho abriu-se um pouco mais.

– Há muito que gostaria de conhecê-lo – continuou ela, procurando manter a voz compassada –, você me parece ser um homem interessante... Tenho a ligeira impressão de já tê-lo visto em algum lugar. Será que já nos vimos por aí, no Rio de Janeiro, quem sabe?

O moço começou subitamente a gargalhar, deixando Bianca sem graça e altamente constrangida.

– Por que ri? Disse eu alguma coisa que não devia?

– *Ô diacho* – exclamou o estranho, ainda rindo –, a *senhora senhorita* num *tá* reconhecendo *eu*, não?

Bianca arregalou os olhos tomada de espanto e, ao mesmo tempo, de horror.

– Sou eu, dona Bianca, Zé Rufino. *Num* lembra *d'eu*, não?

Bianca mal podia acreditar no que via e ouvia. Era Zé Rufino de fato. O matuto feioso e tosco. Aquele que sempre lhe parecera um porco transformado em gente, mas que por algum milagre fora transformado num homem com cara de príncipe.

– Não pode ser – murmurou Bianca, boquiaberta.

– Parece até que a senhora senhorita *tá* vendo uma assombração.

– E estou mesmo – respondeu ela, estupefata.

José Rufino fez uma de suas caretas, uma das mais engraçadas dessa vez.

– Responda-me com sinceridade – tornou Bianca, ainda tomada pelo choque –, você nunca havia tomado um banho em toda a sua vida até o dia em que você decidiu tirar aquela barba horrível e imunda e cortar aquele seu cabelo cumprido encardido e ensebado, não é mesmo?

– *Má diacho*, é lógico que eu tomava banho, sim, *dona*. No inverno, tomava banho de bacia e no verão no riacho que tem lá no sítio do meu pai.

E, aproximando a boca do ouvido de Bianca, o lindo rapaz acrescentou, baixando a voz:

– E no riacho eu tomo banho pelado... *Eta* coisa boa, num existe coisa *mió pra* refresca*r* o *corpo* nos *dia* de *sór* quente do que toma*r* um banho pelado. Se a senhora senhorita nunca *exprimentô tomá* um banho pelada num riacho, devia, é uma *dilícia*!

– Tomar banho...

– Pelada!

– Pelada?

– *Ora*, diacho, isso *memo*. É um fresco*r*.

– Você acha que eu, Bianca Tomazoni, vou tomar um banho num riacho e, além do mais, pelada?

– Se vai ou *num* vai, depende da senhora senhorita. Mas devia, é *bão* demais, *sô*.

Bianca soltou um risinho irônico e disse:

– Você não existe.

– Existo sim, *ora diacho*, *tô* bem aqui. Bem na frente da senhora!

O rosto de Bianca tornou-se sombrio, enquanto seus olhos ardiam de ódio. José Rufino disse a seguir;

– Soube que a senhora senhorita vai se casa*r*. Quer dizer então que conseguiu *finarmente* fisga*r* um marido como a senhora tanto queria, hein? Foi *trabaio* de cigana, foi? Minha mãe diz que *num* existe coisa *mió pra* uma *muié fisgá* um marido do que *trabaio* de cigana. A avó dela contou que a bisavó dela *contô* que a tataravó dela *contô* que só conseguiu um marido com a ajuda de uma cigana. Dizem que elas *cobra* caro, *mais* vale a pena se o feitiço *dá resurtado*, né?

– Você é mesmo um brucutu, uma aberração. Pode ter ficado bonito por fora, mas por dentro continua sendo a pessoa mais feia e grotesca que existe na face da Terra.

– *Qué dizer* então que a senhora senhorita *achou* que eu fiquei mais bonitão depois que cortei meu cabelo e tirei a barba? Nunca pensei que a senhora senhorita fosse achar Zé Rufino bonito.

– Como dizem: "De que vale a beleza externa se a interna é um horror?".

– Ahn? *Num entendi nadica de nada.*

Um rosado coloriu as faces morenas de Bianca, que mordeu os lábios, contendo-se para não gritar.

– E, *afinar*, a senhora senhorita vai me contar como é que conseguiu *fisgar* um *home pra se casar* ou *num* vai?! Foi *trabaio* de cigana ou bebeu café coado numa *carcinha* suja?

Bianca deu as costas para o rapaz e partiu, estugando os passos. José Rufino ficou parado, repetindo em alto e bom tom:

– *Num* é que ela me achou bonito, sô. Quem diria... *Eta muié* enfezada dos diabo. *Vixe* Maria!

Ele ajeitou o colarinho da camisa, repôs o chapéu sobre a cabeça e partiu assoviando alegremente uma de suas canções favoritas.

Bianca caminhava pela calçada cada vez mais apressada, procurando enxugar com um lenço o suor que escorria por sua face. Respirava pesado agora, como se tivesse ficado debaixo d'água por mais tempo que o limite físico.

Quando é que ela podia imaginar que por trás daquela barba malfeita e daquele cabelo maltratado de José Rufino havia um rosto bonito de homem? Nunca! No entanto, de que valia tamanha beleza se o moço não passava de um caipira tosco e ignorante? Semianalfabeto.

– Que bom. – comentou consigo mesma. – Que bom que descobri que era esse infeliz que me tirava o sono e suspiros do meu coração. Agora tenho a certeza absoluta de que estou fazendo a coisa certa casando-me com Tarcísio Fontenelle. Ele é o homem certo para eu me casar e viver até o final de minha vida.

Assim que Bianca entrou na casa da tia, encontrou-a levando algumas roupas passadas para o seu quarto.

– Bianca. – disse ela.

– S-sim, titia!

– Você está bem?

– S-sim estou.

– Aconteceu alguma coisa? Você parece que veio correndo para a casa, está vermelha como um pimentão, toda molhada de suor.

Bianca engoliu em seco, procurou sorrir enquanto pensava numa desculpa convincente para dar à tia.

– O banheiro – disse ela, sem dar-se conta ao certo do que dizia.

– Banheiro?

A pergunta deixou Bianca ainda mais sem graça.

– Preciso ir ao banheiro. Estou apertada. Por isso vim correndo para casa.

– Sei... – murmurou a tia, não muita convencida da resposta.

Bianca permaneceu parada olhando para o nada por alguns instantes. Então a tia repetiu pela terceira vez a pergunta que havia sido rechaçada pelos ouvidos da sobrinha.

– Então vá para o banheiro, querida. Antes que seja tarde demais.

– Ah! Sim, é lógico, estou indo.

Bianca começou a subir as escadas, quando a tia sugeriu.

– Querida, por que não usa o lavabo?

– Lavabo? – perguntou Bianca, parando no meio da escada.

– Sim. Está bem aqui – explicou a tia, indicando com a mão a porta do lavabo.

Bianca deu meia volta, desceu novamente as escadas e seguiu em direção do cômodo. Ao passar pela tia, procurou sorrir, mas não passou do mero esboço de um sorriso pálido amarelado.

Assim que Bianca se trancou no banheiro, ela se sentou no vaso e mergulhou o rosto por entre as mãos. Seu coração batia disparado e sua respiração oscilava como oscilam as árvores em meio a um furacão.

"Calma, Bianca, calma...", disse ela para si mesma. Ela procurou se acalmar, inspirando e expirando o ar lentamente. A respiração foi conseguindo devolver-lhe o equilíbrio até então distante. Por fim ela se levantou, lavou o rosto com bastante água e, depois de enxugá-lo com a toalha de rosto, olhou-se firmemente no espelho e disse em silêncio:

"Aquele demônio só pode ser um carma na minha vida. Só pode... Por pouco não estraga o meu casamento com Tarcísio, a minha felicidade, o meu futuro, a minha vida! Eu não suporto aquele infeliz. Simplesmente, não o suporto! Bronco, matuto, jacu, Zé Busca-Pé!".

A tia, que havia suspeitado que a sobrinha havia mentido para ela quando lhe disse que havia corrido para a casa porque necessitava ir ao banheiro, confirmou suas suspeitas ao perceber que Bianca deixara o lavabo sem fazer uso da descarga, sinal de que não havia usado o recinto para os devidos fins.

Assim que Bianca se fechou em seu quarto, ela se viu novamente pensando em José Rufino. No novo José Rufino, de barba feita e cabelo aparado.

"Vá ser lindo assim nos quintos do inferno!", ralhou.

E se dirigindo ao nada, indagou:

"Como um homem tosco daquele pode ter nascido tão lindo, com rosto de homem, cheiro de homem, jeito de homem? Como?! Não é certo... Não pode ser!"

E, voltando-se para o espelho, olhou firme em seus olhos e disse firmemente para si mesma, como faz um pai ou uma mãe quando quer repreender um filho:

– Eu não vou permitir que esse sujeito desagradável apareça em seus pensamentos e em seus sonhos por mais um minuto sequer. Está ouvindo, Bianca? Se você permitir que ele continue a ocupar sua mente e a aparecer em seus sonhos, é sinal de que você perdeu de vez o respeito por si mesma! Ouviu?!

Ela bufou. Correu para o banheiro, abriu a torneira da pia e começou a lavar seu rosto com grandes golfadas de água. De repente, começou a jogar água em seus cabelos, depois na nuca, logo estava com a cabeça inteira molhada. Ainda assim um súbito e estranho calor parecia queimar-lhe a pele. Ela, então, desligou a temperatura do chuveiro para obter somente água em temperatura natural e entrou debaixo dele.

– Saia de mim! – dizia enquanto se esfregava. – Saia de mim! – repetia ela, querendo imensamente que a nova imagem de José Rufino, bem como tudo que ele despertava nela fosse tirado de seu corpo com a fricção da bucha com sabonete.

Quinze minutos depois, Bianca sentia-se mais tranquila. E a tranquilidade chegou acompanhada de um choro que ela não sabia definir o porquê de ele ter aflorado em sua pessoa. Talvez não houvesse motivo algum para chorar senão o simples desejo de chorar por chorar. Afinal, chorar é preciso, lava a alma. Tomara que lavasse e levasse José Rufino para longe dela para sempre! Para todo o sempre!

...

Dois dias depois do encontro entre Bianca e o novo José Rufino, lá estavam eles dois mais uma vez sendo unidos pelas mãos do destino. Desta vez, no supermercado da cidade, o melhor deles.

– *Oi nóis aqui traveis!* – exclamou o rapaz com bom humor, assim que a encontrou num dos corredores do estabelecimento.

– Ai não, você de novo? – reclamou Bianca, que, por pouco, não gritou de susto pela aparição repentina do rapaz e deixou cair o vidro de azeitonas que estava tirando de cima da prateleira.

– Ué, parece até que a senhora senhorita *num gostô* de encontra *eu* por aqui?

– E não gostei mesmo. Será que ainda não percebeu que eu não simpatizo com você?

– *Duvido, o dó!*

– Não simpatizo mesmo.

– Nem agora depois que eu aparei o cabelo e a barba?

– Nem agora.

– Sei não... Peguei a senhora senhorita me *oiando* diversas *veiz*... Aposto que se não soubesse que era eu, o Zé Rufino, matuto, como a senhora senhorita sempre me chama, a senhora bem que teria arrastado suas asinhas *pra cima d'eu*.

– Enxergue-se, seu caipira pretensioso!

– Arrastava as asinhas *pra cima d'eu* sim, senhora!

Bianca bufou.

– Só você mesmo para pensar que eu seria realmente capaz de uma barbaridade dessas! Você pode não ter noção do ridículo, mas eu tenho!

– Noção do quê?

– Não sei nem por que estou aqui perdendo o meu tempo falando com você.

– Porque gosta *d'eu*.

– Você se engana, eu o abomino. Sinto asco pela sua pessoa e por todos aqueles que são iguais a você.

– A senhora senhorita é uma onça brava, *memo, hein?!*

Os olhos de Bianca se inflamaram com ondas de luz e trevas.

– A senhora senhorita, depois que se *engraçô aí* por esse *tar* de Tarcísio, *ficô* mais metida que antes, sabia?

– Eu não sou para qualquer bico. Não fui, nem nunca serei de me misturar com qualquer um...

– *Xiii, Marquinho,* a onça *enfezô* de *veiz!*

– Deixe-me em paz, seu Jeca Tatu! Vai caçar sapo com estilingue, vai!

O moço ergueu a calça um pouco acima do umbigo, no melhor estilo Mazzaropi, fez um estalido com a língua e perguntou:

– *Me* diz aí, a senhora senhorita vai se casa*r* com esse moço po*r*que gosta *memo* dele ou porque *tá* com medo de fica*r sorterona?*

– Ora, não ouse...

– *Tô* só pe*r*guntando...

– É lógico que eu vou me casar com o Tarcísio porque gosto dele, na verdade é mais do que gostar, é amar, eu o amo, o amo do fundo do meu coração.

– Ah... *bão*. Pensei que...

– Pois pensou errado.

– Casar deve ser *bão*, né? Senão o povo *num* casava, *num* é verdade? Bianca deu de ombros.

– Eu também, loguinho, loguinho, vô me casa*r* com a Mareliz.

– Vai?!

– *Vô* sim, a Mareliz é uma moça boa. Mora no sítio vizinho do meu pai. A mãe dela é uma fera que nem a senhora. Se eu *num casá ca fia* dela, é capaz de ela me capa*r*. Capa*r*, sabe, *cortá os miúdo* fora!

Bianca não conseguiu conter o riso. José Rufino prosseguiu:

– Casa*r*, te*r fio*, envelhece*r* juntinho deve ser *bão* demais.

Bianca ficou pensativa, enquanto José Rufino divagava.

– Toma*r* café da manhã junto, banho de riacho, fica*r* embaixo das coberta no frio... *Eta* coisa boa, né?

O rapaz suspirou. Limpou a cera do ouvido com a unha do dedinho e acrescentou:

– Mas casamento tem o seu lado ruim também, a senhora sabe, né?

A última frase despertou Bianca de suas reflexões. Ela olhou para ele como quem diz "o que, por exemplo?".

– Os *gais*, por exemplo, eles podem *complicá* o casório. *Num* vai me *dizê* que *num* complica?!

Bianca enviesou os olhos por total ausência de compreensão. José Rufino, percebendo que ela não havia compreendido o que ele estava querendo lhe dizer, tratou logo de explicar:

– *Tô* falando dos *gais* provocado pelo feijão, po*r* exemplo. O feijão provoca muito *gais* em *nóis*, as *veiz num* dá *pra* segura*r* e escapa, né? Po*r* mais que *nóis* faz força *pra* segura*r*, escapa! Parece, às *veiz*, uma rajada de fogos que se *sorta* na festa de São João!

Bianca também não se segurou, deu um tapa com toda força no rosto do caipira.

– Você é um despeitado mesmo! – bramiu.

Ele segurou firme os braços dela e perguntou, olhando fundo nos seus olhos:

– Vai me *dizê* que a senhora senhorita *num sorta gais*?

– Você é um bronco mesmo – ralhou Bianca, indignada.

– Só *farta* a senhora senhorita me *dizê* que os *gais* que a senhora *sorta* é perfumado, com cheiro de perfume *franceis*.

– Você é repugnante.

– E a senhora é uma onça que precisa ser domada por um *home* de verdade, garanhão que nem eu, sabia?! Garanhão! E não um pangaré *quarqué*.

– Solte-me.

– Sabe po*r* que a senhora senhorita é assim tão cheia dos "não me toques, não me reles"? Po*r*que nunca foi pega por um *home* de ve*r*dade. Um macho que nem eu.

– Macho?! – ironizou Bianca, em meio a um risinho debochado.

– Macho, sim senhora.

– Só se for macho*cado*, né?! – debochou Bianca, e, num tom ainda mais ácido, completou: – Você pode até ser macho, mas homem, duvido. Um bicho do mato, tudo bem, faz sentido, mas um homem, isso jamais. Agora, quer fazer o favor de soltar o meu braço?

Ele soltou. José Rufino respirava ofegante, agora. Bianca começou então a inspirar o ar como quem procura descobrir a procedência de um cheiro que agrada ou desagrada uma pessoa. No caso dela, que a desagradava profundamente.

– Que colônia é essa que você está usando? – perguntou ela, assim que descobriu que o cheiro partia do moço. – Que cheiro horrível é esse? Infestou a minha roupa.

– É uma colônia que a Mareliz me deu de presente.

– Isso tem cheiro de água sanitária.

José Rufino ergueu os braços e cheirou a região das axilas.

– Eu gosto.

– É lógico que gosta. Tem péssimo gosto. Para quem tem péssimo gosto, a fragrância deve ser ótima.

O moço coçou o miolo da orelha direita com o dedo minguinho e disse:

– A senhora senhorita gosta de *provocá eu*, né? Gosta de *judiá* do pobre Zé...

– Pobre mesmo e põe pobre nisso... Pobre de dinheiro, pobre de espírito, pobre de cultura.

Bianca bufou. Depois riu:

– Alguém lá em cima realmente não gosta de mim. Com tanta gente interessante e bonita, fina e de classe alta para eu encontrar pelas ruas, encontro justamente um estrupício como você.

Ele fez nova careta. Ela ficou olhando para ele com desdém. O silêncio tomou conta dos dois por instantes. Por fim, Bianca, mais *mansa*, perguntou:

– E você?

– Que tem eu?

– Você gosta dessa moça, dessa tal de Mareliz com quem vai se casar?

Havia um certo deboche por trás da pronuncia do nome da jovem.

– Gosto, sim. É uma moça boa, direita, gente que nem eu. Ela me ama e eu *amo ela*. Vamo ser muito *filiz* depois do casório.

– Faço votos que sim.

— De que vale essa vida se *num* for *pra* gente ser *filiz*... Se não for *pra nóis viver* ao lado de quem nos *faz filiz, num* é *memo?*
— É verdade...
O comentário de Bianca dessa vez soou num tom sincero.
— A senhora senhorita há de ser *filiz* ao lado desse *tar* de Tarcísio que a senhora escolheu *pra se casar*. Ou *mió*, que a vida escolheu *pra* senhora se casar, pois minha mãe sempre diz que *num* é a gente que escolhe a pessoa pra se casar, é a vida. Deus!
— Será mesmo?
— Ao menos é o que a mãe da mãe da minha mãe dizia.
— Sei...
Bianca ficou reflexiva. Sua reflexão foi interrompida pela voz grave e carregada de sotaque interiorano de José Rufino.
— É verdade que a senhora senhorita teve um namorado que morreu bem no dia do casamento *d'oceis*?
— É verdade sim, como soube?
— Surgiu esse comentário na cidade uns *mês atrais.*
A sombra do passado passeou por instantes na mente de Bianca.
— E a senhora senhorita gostava dele? – perguntou José Rufino a seguir.
— Acho que sim, não sei dizer ao certo, nunca estive muito certa quanto aos meus sentimentos por alguém... Não sei exatamente o que é gostar.
— Minha mãe diz que, *pra* gente saber se a gente ama realmente uma pessoa, a gente precisa *observá* o quanto a gente pensa nela. Ela diz que, quando se vai dormir pensando nessa pessoa, sonha com ela, acorda pensando nela, pensa nela até *memo* no banho e quando *tá* fazendo as *necessidade*, é *sinar* de que *ocê tá* apaixonado por ela.
— É o que dizem... – murmurou Bianca, balançando a cabeça ligeiramente.
José Rufino cobriu-a mais uma vez com um de seus sorrisos bonitos. Bianca perguntou a seguir:
— E você vai para a cama, sonha e acorda pensando nessa tal de Mareliz?
— *Vô* e até *memo* quando *tô* no banheiro sentado na *privada* ou usando o pinico eu penso nela.
— Que bom, então é sinal de que você a ama, a ama profundamente.
— Minha mãe diz também que nem sempre a gente consegue casar com quem a gente ama.
— Outra verdade.
— Mas que *nóis deve* insistir, *fazê* o *possive* e o *impossive pra* ficar com essa pessoa que a gente ama.
— Será que vale a pena?
— Deve *valê*, né?!
Ele riu.

— O que foi?

— É que de repente a senhora senhorita *ficô* mais *carma*, *parô* de me *agredi*, *amansô*...

Um sorriso sem graça despontou na face de Bianca. Olhando fundo nos olhos do rapaz, ela comentou:

— Você deve ser meu carma...

— *Carma* com o que?

— Deixa para lá... Você não entenderia por mais que eu tentasse lhe explicar.

— Eu *vô* me indo. Até logo...

— Até logo...

Bianca ficou distraída por instantes, observando José Rufino partir. Novamente ela se ouviu dizendo: "Você deve ser meu carma...". Um suspiro involuntário emergiu de seu peito a seguir. Se ele não fosse tão bronco, estúpido, ignorante e semianalfabeto, comentou consigo mesma, ele seria um bom homem para ela se casar.

Bianca despertou de suas reflexões ao ouvir alguém dizendo: "Moça?!".

— S-sim – respondeu ela, meio aturdida. – Está falando comigo?

— Sim – era um dos funcionários do supermercado. – Aquele rapaz ali na calçada está acenando para a senhora.

— É mesmo? Onde? – alegrou-se Bianca.

Ela pensou imediatamente que fosse José Rufino, mas não, o rapaz que lhe acenava por trás do vidro da vitrine era Hugo, seu primo. Bianca se viu imediatamente tingida de vermelha, tamanho embaraço. Teria ele assistido a tudo que se passou entre ela e José Rufino? Deus quisesse que não. Senão Hugo não lhe daria mais sossego. Um tanto sem graça, acenou de volta para o primo, fingindo-se de contente por vê-lo ali.

•••

Naquela noite, Tarcísio chegou à casa da família Giacomelli todo empolgado para convidar Bianca para ir com ele ao show da dupla sertaneja na tarde do dia seguinte, na arena onde iria se realizar o famoso rodeio da cidade, que acontecia todo ano na primavera.

— Amorzinho – disse Tarcísio, no seu jeito mais meigo. – O show vai ser muito bom. Você vai adorar. É uma das melhores duplas sertanejas do país, na minha opinião.

— Esqueça, Tarcísio. Não suporto música caipira.

— Você já assistiu alguma vez a um show de música caipira ao vivo? Não?! Então, como pode saber que não gosta.

— Sabendo, ora.

— Vamos fazer o seguinte, a gente vai ao show e você ouve pelo menos as três primeiras músicas da abertura do espetáculo, se não gostar, a gente volta *pra* casa no mesmo instante. O que acha?
— Você é sempre assim, Tarcísio?
— Assim como?
— Vence os outros pelo cansaço?
— Amorzinho...
— Está bem, eu vou. Mas se eu não gostar, nós voltamos para casa no mesmo instante. Mas saiba desde já que eu não vou gostar. Eu me conheço bem, sou crescida o suficiente para saber do que gosto e do que não gosto.
— Muitas vezes, a gente pensa que se conhece. Tem certeza de que não gosta de algo, muitas vezes sem nunca ter provado, ou não gosta porque os outros não gostam, enfim, seja qual for o motivo, muitas dessas pessoas se surpreendem quando se permitem experimentar algo que afirmam não gostar.
— Deu agora para filosofar, é, Tarcísio?
Ele abraçou a noiva e deu-lhe um longo beijo.
— Amorzinho, você é bravinha, mas eu gosto.
Bianca foi para cama naquela noite repreendendo-se por ter aceitado ir ao show da famosa dupla sertaneja. Só aceitou o convite do noivo por receio de magoá-lo, se não aceitasse... Vai que ele, de repente, a achasse muito cheia de melindres e esnobe e chegasse à conclusão de que ela não servia para ele como esposa e acabasse dando fim ao noivado dos dois.
Seria o fim da picada, ela perder mais uma vez a chance de se casar com um homem, só porque ela não aceitou ir a um show de música caipira. Mas tratado é tratado, ela ouviria somente as três primeiras canções do show e, em seguida, pediria a ele para irem embora. Seria melhor dizer que queria ir embora por estar com uma terrível enxaqueca do que dizer que estava odiando o show.
Infelizmente, para os organizadores do show, naquela noite, caiu sobre a cidade um pé d'água, deixando poças e mais poças de lama por todo lugar. A cidade, poder-se-ia dizer, virou puro barro. Mas como diz o ditado: o show não pode parar!

•••

Ainda que o chão tivesse virado puro barro por causa da chuva forte que caíra na madrugada, as pessoas compareceram em massa ao show, pouco se importando com a lama.
— Isso aqui é um lodo só – reclamou Bianca, enojada ao se ver pisando naquele barro imundo e escorregadio. – Esse barro vai acabar com a minha bota.

— Relaxa, prima – pediu Manuela – depois as lavamos e elas ficam novinhas em folha.

— Duvido que elas voltem a ser o que eram depois de terem sido mergulhadas nesse lamaçal.

— Você vai gostar tanto do show que nem vai se importar com isso depois. Vai agradecer por ter vindo e enfrentado todo esse barro.

— Duvido. Ai, se minhas amigas do Rio me virem num local desses, será uma vergonha. Estarei desmoralizada diante da sociedade para o resto da minha vida.

Bianca voltou-se para Tarcísio e perguntou com fingida delicadeza:

— Nós já andamos um bocado e eu até agora não vi onde é que a gente vai se sentar.

— Em lugar algum.

— Como em lugar algum?

— Aqui na cidade a gente sempre assiste aos shows de pé.

— De pé? Você está brincando.

— Diz pra ela, Péricles.

— É sim, Bianca. A gente aqui assiste aos shows de pé, é mais divertido. De nada adiantaria sentar, porque a gente dança o tempo todo.

Bianca mordeu os lábios bem apertado. Desejava ardentemente gritar de ódio.

— Vocês ficam aqui que nós vamos buscar umas cervejas – disse Péricles, saindo em companhia de Tarcisio.

— Você vai me desculpar, Manuela, mas isso aqui é um chiqueiro.

— Relaxa, prima.

— E esse povo passando, acotovelando e roçando a gente, impregnando-nos com esses perfumes cafonas... Ninguém merece.

Manuela riu e tornou a repetir com bom humor:

— Relaxa, prima... Relaxa...

— C-como relaxar, Manuela? Você pode me explicar, como?

Manuela não respondeu, pois nesse exato momento um casal amigo aproximou-se dela para conversar.

Bianca ficou procurando se esquivar das pessoas que passavam por ela. Sentia-se cada vez mais enojada por estar ali. Despertou de seus pensamentos assim que a voz de José Rufino soou na sua nuca.

— A senhora senhorita num show de música caipira, quem diria, *hein*?

Ela voltou-se para ele, espumando de raiva.

— Posso lhe pedir um favor? – disse ela, fulminando o rapaz com os olhos.

— Pode.

– Quando me vir por aí, finja que não me viu, assim como eu faço questão de fazer com você.
– *Pra* que?
– Para me deixar em paz!
– A senhora senhorita hoje *tá* uma mistura de onça com jaguatirica e leopardo, *hein*?

Voltando-se para trás, José Rufino disse enquanto puxava uma jovem para frente.
– Deixa *eu apresentá* a Mareliz *pra* senhora.

A jovem simples sorriu timidamente para Bianca e disse:
– Como vai a senhora?

Bianca mediu a moça da cabeça aos pés. Era, no mínimo, uns onze anos mais jovem que ela. Talvez mais, o rosto era bonito, o corpo também, mas a beleza se restringia somente ao corpo, assim como acontecia com José Rufino. Bastava abrir a boca para espantar qualquer um que se encantasse por sua beleza externa.

– A dona Bianca é lá do Rio de Janeiro, Mareliz – explicou José Rufino. – É parente da Manuela Giacomelli. E *tá* noiva do Tarcísio, *fio* do seu Laerte Fontenelle. Aquele homem que tem umas *terra* lá perto do riachão. Seu pai conhece ele. Sua mãe também.

A moça olhava para José Rufino com candura, observou Bianca. Os dois eram definitivamente feitos um para o outro, concluiu. Eram a tampa e a panela. As metades de uma laranja, um par de vasos.

Nesse momento, Péricles e Tarcísio chegaram, trazendo cervejas e refrigerantes. Cumprimentaram José Rufino e a namorada.

– *Cadê* o copo – perguntou Bianca, assim que o noivo pôs a garrafinha de refrigerante na sua mão.

– *Pra* que copo, *sô* – adiantou-se José Rufino –, *toma* no gargalo da garrafa, é mais *fáci*.

Bianca voltou-se para trás.
– Eu não perguntei para você, perguntei para o meu noivo.
– Só quis *ajudá*!
– O moço tem razão – afirmou Tarcísio. – Aqui se bebe no gargalo.

Bianca fez um muxoxo.

– O show vai começar – anunciou Péricles, abraçando Manuela por trás.

A plateia vibrou assim que a dupla sertaneja subiu no palanque para realizar o show.

Ao se ver rodeada por aquela gente se espremendo e gritando, Bianca quis morrer.

– Uh! – berrou José Rufino no ouvido dela de propósito, porque sabia que aquilo a irritaria profundamente.

Foi então que o rapaz foi prensado contra ela devido à pressão feita pela multidão que assistia ao show.

– Opa, *diacho* – reclamou o matuto, com bom humor.

– Está desculpado – comentou Bianca, com sarcasmo.

– *Ué, descurpado* por quê? *Num* pedi *descurpa*.

Bianca bufou e procurou contar até dez mais uma vez para não perder a paciência. José, por sua vez, sentiu mais uma vez vontade de provocar Bianca e, para isso, decidiu ficar ao seu lado esquerdo, enquanto Tarcísio ocupava o lado direito da moça.

Para irritá-la, começou a roçar seu braço no dela, depois pôs Mareliz na sua frente, enlaçou-a com seus braços fortes e bonitos e se pôs a beijar-lhe a nuca e sussurrar-lhe palavras de amor em seu ouvido direito numa altura que pudesse ser ouvido por Bianca.

Dizia uma frase de amor e depois olhava para o perfil de Bianca que fingia não ouvi-lo. As provocações alegraram imensamente José Rufino, que sorriu, maroto, realizado por provocar a moça.

Bianca contou mais uma vez até dez, cada vez mais devagar, para não avançar no rapaz e unhá-lo com suas unhas longas e lindamente esmaltadas. Por fim, perdeu a paciência, voltou-se para ele e disse:

– Dá para você parar de roçar o seu braço e o seu corpo no meu?

A resposta de José Rufino foi dada ao pé do ouvido de Bianca:

– Ora, se a senhora senhorita num *tá* gostando de fi*car* perto *d'eu*, por que num muda de lu*gar* com o seu noivo? Ah, já sei po*r* que não muda de lugar, po*rque tá* gostando de fi*car* perto *d'eu*, né?

Bianca bufou mais uma vez e fez exatamente o que Zé Rufino havia lhe sugerido: trocou de lugar com Tarcísio. De repente, Bianca não sabia dizer o que a estava irritando mais naquilo tudo, se era aquele aglomerado de pessoas se espremendo umas nas outras, a lama debaixo dos seus pés, o fato de ter de assistir ao show de pé, a voz irritante da dupla sertaneja, bem com as músicas que não casavam bem aos seus ouvidos, ou a presença de Zé Rufino. Tudo parecia estar contra ela naquele dia, um complô para tirá-la do sério, fazê-la perder de vez a compostura, revelando quem de fato era para Tarcísio e, com isso, estragando mais uma vez sua chance de se casar. Ela que se segurasse na frente do rapaz, lembrou-se Bianca, pelo menos até estar casada de papel passado com ele.

– *Tá* gostando, amor? – perguntou Tarcísio, ao pé do ouvido da noiva.

– Muito – mentiu Bianca, deslavadamente. – Onde fica o banheiro?

– Lá – apontou Tarcísio.

Bianca agradeceu com um sorriso fingido, voltou-se para Manuela e disse:

– Manuela, você pode vir comigo ao banheiro?

– Agora?
– É.
– Depois, prima, eu amo essa música...
– Estou apertada.

Mas Manuela não ouviu a prima, já voltara a cantar em alto e bom tom a canção que a dupla interpretava com encanto e emoção naquele momento.

Bianca coçou a nuca e partiu, crispando as mãos. Tentava passar por entre as pessoas sem se encostar nelas, o que era impossível.

– Alguém lá em cima não gosta de mim mesmo – dizia ela, rilhando os dentes de ódio.

Foi então que seu pé ficou preso entre as pernas de dois moços que não percebiam o que estava acontecendo. Ou se percebiam, fingiam não notar. Com muito custo, Bianca conseguiu livrar seu pé e retomou seu caminho. Minutos depois, para seu total alívio, ela se viu livre do aglomerado de pessoas que assistiam ao show.

Havia apenas algumas pessoas ao longo do caminho que levava aos banheiros e assim ela pôde caminhar com mais facilidade até o local. Para não pisar num poça, Bianca decidiu saltar. No entanto, quando seu pé direito tocou novamente o chão, escorregou. Ela se desequilibrou e teria caído de frente, atolando o rosto na lama, se não tivesse sido amparada pelo peito de um rapaz que entrou na sua frente bem naquele momento.

Ela chegou a gritar de pavor. Quando ergueu o rosto para ver quem a havia amparado, encontrou os olhos vivos e brincalhões de Zé Rufino olhando reto e direto para ela. Bianca estremeceu ao se ver rosto a rosto com o rapaz, com seus lábios tão próximos ao dele.

O tempo pareceu parar naquele instante.

Capítulo 12

– V-você? – murmurou Bianca, amparada no peito de José Rufino.

O moço teria sorrido se não tivesse sentido uma onda quente ecoar por seu corpo.

Bianca endireitou o corpo e disse:

– Preferia ter me esborrachado no chão a ter sido amparada por você, seu grosso.

A seguir, ajeitou os cabelos e retomou o caminho que levava aos banheiros.

José Rufino ajeitou o chapéu, o cinto, puxou a calça para cima e retomou o seu caminho.

– Ora, *diacho*, ela *tá* certa, sô – resmungou –, devia ter deixado ela se esborrachar no chão *memo*. De pirraça. *Eta muiezinha* ruim, ruim que nem *porca* enferrujada.

O que mais aborreceu Bianca, além do acaso que a uniu, fazia pouco, a José Rufino, foi a fila para entrar no banheiro. Havia pelo menos dez mulheres na sua frente esperando para usá-lo, o que a fez se arrepender amargamente de ter tomado o guaraná.

Outro fato tão aborrecedor como os anteriores foi o estado em que ela encontrou o banheiro, o chão ao redor do cesto de lixo estava tomado de pedaços de papel higiênico e o o cheiro de urina era tão forte que era quase impossível respirar ali dentro.

Bianca só usou o vaso por não ter outra escolha. Estava realmente necessitada, caso contrário, pediria a Tarcísio que a levasse até a casa da tia para usar um banheiro decente.

Para piorar o aborrecimento e torná-la ainda mais irritadiça, Bianca não soube mais que rumo tomar para voltar ao local onde se encontrava Tarcisio, Manuela e Péricles.

– E agora? – perguntou em voz alta, ao léu.

– *Rá tá tá na mão e joga fora!* – soou uma voz desaforada no seu ouvido.

Não foi preciso nem virar-se para ver quem era, ela reconheceu a voz de imediato.

— *Tá* perdida, é? — perguntou José Rufino no seu tom mais zombeteiro, enquanto lambia um picolé de morango.

Bianca não respondeu, continuou procurando com os olhos o caminho por que deveria seguir para chegar a seu noivo.

— E agora, como é que a senhora senhorita vai *vortá pro* local onde *deixô* o noivo e a prima com o marido? Só quero *vê*. Pago *pra vê!*

Ele gargalhou de forma cínica.

— Deixe-me em paz, seu João Brega. Seu Beira Rio.

— É *memo*? Tem certeza? *Vê* lá, hein... eu posso ajudar a senhora a *vortá pra* lá. Se demorar muito, o namorado da senhora pode se *aborrecê* c'*ocê*. Pode até pensar *mar* da senhora e desistir do namoro. *Num* vai perder a chance outra vez de se *casar, hein?* Se eu fosse *muié* na idade *d'ocê num* corria esse risco, não!

— Cale a boca!

— Calo não, a boca é minha, falo o que eu quiser.

— *Ocê* não passa de um grosseirão!

— *Ocê*?! — espantou-se José Rufino. — A madame disse *ocê*.

— V-o-c-ê — corrigiu ela. — Não me irrite!

José Rufino continuou a repetir em tom de sátira, como faz uma criança disposta a irritar alguém:

— Ela disse *ocê! Ocê!* Ela disse *ocê!*

— Cresça e apareça, rapaz!

— *Num* preciso crescer mais, não, já *tô* bem grandinho. Um metro e oitenta e cinco de *artura*.

Bianca bufou, parecia ter atingido o auge da impaciência.

— Eu sei como chegar lá. Posso ajudar a senhora senhorita.

— Eu não preciso da sua ajuda *pra* nada.

— *Óia*, lá... O namorado...

Bianca tentou se conter, mas não pôde. Explodiu:

— O que é você, um fantasma na minha vida? Uma sombra?! Eu já tenho a minha própria sombra, não preciso de outra, não...

— Pensa bem, hein?! *Ocê tá* perdida... o namorado *tá* esperando, pode pensar coisa errada da senhora... senhorita...

— Eu não mereço isso, juro que não mereço!

— Eu *vô me* indo... Quer dar uma mordida no meu picolé?

— Nem que estivesse num deserto morta de sede eu faria uma coisa dessas. Eu jamais poria a boca num alimento em que você pôs a sua boca imunda, cheia de dentes cariados, tomada de bactérias.

— *Óia* o respeito...

— Que respeito que nada. Você não merece respeito algum da minha parte, só desprezo porque você é um ser desprezível. Coitada daquela jovem que namora você. Pobrezinha, deve namorá-lo porque não tem outra escolha, se tivesse...

As palavras de Bianca foram asfixiadas pela voz grave e vibrante de José Rufino:

— Eu *tô vortando* lá *pro* luga*r* onde a gente tava, se quise*r* me seguir...

— Nem morta.

No rosto de Bianca surgiu uma expressão de desespero e, para não gritar, ela cerrou os olhos e comprimiu os lábios. Nem bem o rapaz se embrenhou na multidão, ela chamou por ele.

— Espere!

José Rufino parou, voltou para trás com ar triunfante.

— Diga ao Tarcisio que estou perdida, que é para ele vir aqui me buscar.

José Rufino fez uma careta, enquanto coçava atrás da orelha.

— *Num* esqueceu de nada não?

Bianca fuzilou-o com o olhar.

— Por favor – disse ela, entredentes.

Ele voltou até ela e disse:

— *Num* entendi. Fala mais *arto!*

— Por favor.

— P-o-*r* f-a-v-o-*r*... Ah... Po*r* favo*r*, agora sim... moça educada pede sempre po*r* favo*r*.

Nem bem ele rodou nos calcanhares, Bianca pediu mais uma vez para ele esperar.

— O que foi dessa *vez*?

— Eu vou com você.

— Ah... *Tá "***"* nas *carça* de medo, né?

— Olha só como fala comigo, seu caipira. Sua mãe não lhe deu educação, não? Não sabe que não se deve falar palavrão, principalmente na frente de uma mulher?

— *"***" num* é palavrão! É necessidade!

— Vá indo que eu vou logo atrás de você.

— Onça...

— Brucutu.

— Leoparda...

— Caipira. Zé Busca-Pé!

— Enfezada.

— Mal-amado.

Ele parou.

— Se tem *argúem* aqui que é *mar* amado esse *arguém* é a senhora senhorita, porque se tivesse sido bem amada já teria arranjado um casório faz muito tempo.

– Anda logo, pangaré.
– Garanhão.
– Sei...
– Tá duvidando *d'eu*, é? Sou garanhão, sim!
– Pangaré.
– Ora, *diacho*.

Assim os dois foram ziguezagueando por entre a multidão até chegarem ao local onde Péricles, Manuela, Tarcisio e Mareliz se encontravam.

– Demorou, meu bem, o que houve? – perguntou Tarcisio, visivelmente preocupado com a demora da noiva.

– Depois que saí dessa multidão, não sabia mais onde encontrá-los.

– Aí – adiantou-se José Rufino –, ela encontrou *eu* e seguiu *eu* até aqui.

Agradecimentos foram feitos.

A seguir, a dupla sertaneja começou a tocar os primeiros acordes de uma de suas canções mais populares. A plateia gritou de empolgação e cantou a canção do começo ao fim com eles.

"Por que esperou tanto pra dizer que me amava?
Por que me fez ficar ali parado jogado a terceiros cuidados
Não vê que quase que eu me mando com a mochila nas costas
Pela falta de respostas de você...
Ainda bem que o avião atrasou
Ainda bem que o tempo nublou
Senão não teria dado tempo de você chegar
E me pegar a tempo e me abraçar, correndo,
E dizer aquilo tudo que eu sempre quis dizer pra você
Te amo tanto..."

"Não existe amor errado
Cada afago é um passo para a felicidade
Cada abraço nosso cala a infelicidade
Amordaça a solidão, nos alimenta de paixão...
Só o coração pode entender
O que acontece entre eu e você
Os encontros que o destino reservou pra gente
Só o coração pode entender
O que acontece quando estou com você
Só o coração pode explicar
O porquê dessa vontade louca de te amar...
Até cansar... até casar... pra sempre..."

Foi sem dúvida o momento mais emocionante do show.

– E aí, gente?! Vocês são demais! – berrou um dos integrantes da dupla, fazendo a plateia urrar novamente de emoção.

Bianca voltou para casa àquela noite explodindo de dor de cabeça, que piorava toda vez que ela se lembrava das provocações feitas por José Rufino.

Na noite do dia seguinte, Tarcísio convidou a namorada para ir ao cinema assistir a um filme com Marlon Brando. No cinema, o casal encontrou Hugo e Gertrudes e sentaram-se lado a lado.

Durante o filme, Bianca sentiu algo cair no seu ombro, provocando-lhe grande susto. Ela olhou para o ombro, depois para os lados, voltou a cabeça para trás, mas não pôde ver muita coisa, devido à escuridão do cinema. Segundos depois, algo novamente caiu sobre ela. Minutos à frente, a história se repetiu. Só então ela percebeu que se tratava de pipocas. Alguém estava arremessando pipocas sobre ela.

Ela girou o pescoço ao redor para ver quem era o engraçadinho que estava fazendo aquilo com ela, mas todos os presentes ali pareciam inocentes. Nem bem ela voltou a prestar atenção ao filme, uma nova pipoca voou sobre sua cabeça.

– O que foi, Bianca, tem formiga no seu assento, por acaso? – perguntou Hugo, com bom humor.

– Algum engraçadinho está jogando pipoca em mim – murmurou ela, enfurecida.

– Acalme-se. Isso é coisa de criança. Não dê trela que ela logo para.

Nem bem Bianca voltou a prestar atenção ao filme, uma nova pipoca caiu sobre a sua cabeça. Ao passar a mão sobre o cabelo devidamente armado com laquê, ela descobriu que havia vários grãos de pipoca caídos ali e que haviam sido amortecidos pelo cabelo. Por isso, ela não os percebera.

A descoberta tirou de Bianca o último pingo que restava de paciência. Enfurecida, ela se levantou e foi atrás do lanterninha. Ele, imediatamente, entendeu seu martírio e atendeu ao seu apelo. Iluminou com sua lanterna fileira por fileira na busca de quem estava fazendo aquela chacota com a moça. Bianca mantinha-se ao seu lado, olhando enfurecida para cada um dos presentes. Quando o foco da lanterna caiu sobre José Rufino, Bianca estremeceu. O rapaz, de testa franzida, reclamou no mesmo instante pelo transtorno:

– O, *diacho, mais num* se pode assistir mais filme sossegado nesse cinema, *sô?!*

– É ele – acusou Bianca, erguendo a voz.

– Eu o quê, dona? – indagou José Rufino, fazendo-se de inocente.

– É ele quem está jogando pipoca em mim – explicou Bianca para o lanterninha.

José Rufino, parecendo indignado com a acusação, saltou do banco, peitou Bianca com o olhar e disse para o lanterninha:

— Ora, seu lanterninha, eu *num* fiz nada disso que essa doida *tá* dizendo não!

— Não acredite nele, meu senhor, ele está mentindo. Foi ele, tenho absoluta certeza de que foi esse brucutu que ficou me jogando pipoca há pouco.

— Ora, a senhora senhorita que *num* diga besteira!

As pessoas do cinema começaram a chiar, devido à discussão.

— Pode parar esse *firme*! — berrou José Rufino, com sua voz de trovão.

— Como assim parar o filme? — ralhou um dos presentes.

E, voltando-se na direção da sala de projeção, José Rufino, que conhecia o responsável pela projeção do filme, gritou:

— Tião, para o firme até essa doida aqui parar de *impricar com eu*.

Bianca, vermelha de vergonha e indignação, respondeu à altura:

— Diga logo, seu brutamontes, que foi você, para que mentir?

— Eu *num* minto não, senhora.

— Vocês dois querem se acalmar, por favor — pediu o lanterninha.

— Shhhh!!!! — berrou o público.

— Shhhh! Que nada — revidou José Rufino, erguendo a calça e estufando o peito.

O lanterninha usou de sua autoridade:

— Se vocês dois continuarem discutindo, eu vou ser obrigado a expulsá-los da sessão.

— Reviste a cadeira, seu lanterninha, o senhor há de encontrar um saco de pipoca debaixo dela — pediu Bianca, olhando agora de soslaio para José Rufino.

— *Mais* essa agora, *diacho*! Pode revistar! Quer revistar os meus *borço* também, revista!

Bianca respirou fundo. José Rufino insistiu:

— O que o senhor está esperando? Revista!

Enquanto o funcionário do cinema revistava o local, José Rufino sussurrou:

— A *onça* hoje *tá* brava que só vendo, hein.

Bianca expirou o ar no ápice da irritação. O lanterninha voltou-se para ela e disse:

— Não vejo nenhum pacotinho de pipoca por aqui, senhorita.

— Tem certeza?

José Rufino respondeu pelo homem:

— Por que a senhora senhorita mesma *num* vê?

Outro suspiro de irritação por parte de Bianca. José Rufino atacou novamente:

— Por que a senhora senhorita *num* senta lá trás, perto da entrada da sala de cinema, onde ninguém pode arremessar nada *n'ocê*?

— Eu não! — respondeu Bianca, ultrajada com o conselho. — Vou continuar sentada onde estava e ai se alguém arremessar outro grão de pipoca na minha cabeça, eu denuncio vocês às autoridades e fecho essa espelunca.

As palavras de raiva e ameaça fizeram com que a galera que se encontrava na sessão vaiasse a moça de forma ardida.

Tarcísio pegou a namorada pelo braço, enquanto dizia em seu ouvido:

– Venha se sentar, amor, antes que você volte a cidade inteira contra você.

Assim que Bianca se sentou, ela lamentou:

– Eu não entendo. Aquele brucutu faz algo de errado contra mim e eu tenho que permanecer calada diante do fato. Quando exijo meus direitos, corro o risco de as pessoas se voltarem contra mim? Que mundo é esse?

– Essa *muiezinha* é despeitada, *memo* – comentou Mareliz, assim que o namorado se sentou novamente ao lado dela.

– É uma onça, uma onça enfezada. Uma onça que precisa s*er* domada, bem domada.

Meio minuto depois, o filme voltou a passar, tirando da plateia uma grande salva de palmas e gritos de alegria. Bianca voltou novamente o rosto por sobre o ombro na direção em que José Rufino se encontrava sentado, na intenção de lembrá-lo de que ela estava atenta a ele. Qualquer movimento seu, ela o pegaria em flagrante.

Ele peitou-a com o olhar, o que serviu para deixá-la ainda mais enfurecida. Bianca queria desesperadamente saltar sobre ele e unhá-lo inteiro, como se fosse realmente uma onça enfezada.

Naquela noite, Bianca teve um sonho bastante curioso. Ela sonhou que Marlon Brando, o famoso astro de Hollywood na época, nos seus áureos tempos da mocidade, havia chegado à cidade, montando um lindo cavalo branco reluzente e estava a sua procura.

"Onde posso encontrar a senhorita Bianca Tomazoni?, perguntou a um transeunte.

O homem lhe explicou e ele partiu a todo vapor na direção indicada. Quem o visse de longe, diria que parecia mais um príncipe daqueles que só existem nos contos de fada, lindo, viril e apaixonado, montando um cavalo que corria pela longa e principal avenida da cidade de Passaredo.

Ao chegar em frente à casa onde Bianca estava hospedada, o relincho do animal a despertou, fazendo com que ela abrisse a porta da frente da casa para ver quem era.

Ao ver que se tratava de Marlon Brando, um sorriso lindo despontou na sua face. Bianca atravessou a porta, a varanda e desceu o pequeno lance de escadas com passos de uma gazela, desesperada para abrir o portão e assim receber o astro em seus braços.

Ao vê-la, Marlon Brando saltou do cavalo, abriu os braços, sorriu bonito e correu ao seu encontro.

– I'll know when my love comes along... From the moment I see you.. I'll know in my heart... Take me now and I won't ever ask... – cantarolou em inglês.*

Foi então que o astro hollywoodiano tropeçou no meio fio e foi com tudo ao chão. Bianca levou a mão à boca para conter o grito de susto. Ela estava tomada de pena por ver aquele homem lindo caído ao chão. Assim que ela se prontificou a ajudá-lo, o astro de Hollywood se levantou do chão, só que ele não era mais Marlon Brando e sim José Rufino. Um grito agudo e histérico atravessou a garganta de Bianca. Foi dado com tanta força que ela acordou gritando. Ela sentou-se na cama, procurando desesperadamente controlar-se.

– Aquele demônio – choramingou –, até nos meus sonhos ele não me deixa em paz. Maldito!

Ela se dirigia ao banheiro, quando a porta do seu quarto abriu e Manuela entrou.

– Você está bem, prima?
– Sim. Estou.
– Ouvi um grito.
– Foi apenas um sonho mau.
– Quer que eu busque um pouco de água com açúcar para você?
– Não é preciso. Vou só passar uma água no rosto e estarei novinha em folha a seguir. Não se preocupe.
– Pesadelos são muito chatos...
– Sim, ainda mais com Marlon Brando.

A sobrancelha da prima ergueu-se de forma inquiridora. Por mais que ela tentasse, Manuela não conseguiu compreender como um sonho com Marlon Brando, aquele desbunde de homem, poderia se tornar um pesadelo. Sonhar com ele era o mesmo que comer um manjar dos deuses.

No dia seguinte...

Hugo e Camilo voltavam para casa alegres, comentando, empolgados, a respeito do rodeio que estava prestes a começar na cidade.

– *Ocê* vai adora, prima – disse Hugo para Bianca.
– Eu, num rodeio? *Jamé!*
– *Jamé* o quê?
– *Jamé* quer dizer nunca em francês.
– Mas *ocê* tem de ir, prima, aposto que *ocê* nunca viu coisa *iguar*.
– Igual – corrigiu Bianca.
– Ô, prima, desiste de corrigir eu, sô. Aqui em Passaredo todo mundo fala *iguar* e se *fala* é porque *tá* certo, *num* é?!

---

*"I'll know" composição de F. Loesser, interpretada por Marlon Brando no filme "Guys and dolls/Garotos e garotas" de 1955. (N. do A.).

Bianca Tomazoni fez um muxoxo. Hugo Giacomelli disse a seguir, empolgado:

— Prima, o rodeio vai ser numa arena cercada por um monte de arquibancada, ninguém vai ter de ficar de pé, vai todo mundo poder assistir ao evento com o traseiro bem acomodado num assento. *Num* vai ser que nem o show da dupla caipira que *ocês* foram assistir ontem.

— Eu não vou nem amarrada.

Horas depois...

— Quero muito a sua companhia para ir à abertura do rodeio — dizia Tarcísio para Bianca.

— Ir ao rodeio? — murmurou ela, procurando disfarçar o choque.

— Você vai amar.

— Ô... se vou!

Tarcísio não pôde ver o desagrado que cobriu o rosto da noiva, porque ele a envolveu em seus braços. Se tivesse visto, tomaria um susto com tamanha carranca.

...

Pode se dizer que a cidade em peso compareceu ao primeiro dia do rodeio de Passaredo. Todos pareciam ansiosos para assistir ao grande evento, ainda mais porque haveria a participação de vaqueiros da própria cidade, tentando montar o touro bravo.

Bianca se perguntava mais uma vez o que ela estava fazendo ali. Deus certamente não ia mesmo com a sua cara, caso fosse, não a faria sofrer como vinha sofrendo nos últimos anos para poder se casar.

— Roda, pião! — gritou o locutor no microfone. — A competição hoje vai ser quente! Somente aquele que conseguir permanecer em cima do touro bravo é que ganha o prêmio. Um grandioso prêmio. Roda, pião! Os competidores já estão preparados para o páreo. O primeiro deles é Fernando Tavares, mais conhecido por todos como "Butina".

A plateia vibrou. Fernando, o famoso "Butina", tentou se segurar sobre o touro de tudo quanto foi jeito, agarrando-se firme ao animal, a todo custo. Por fim, foi vencido pelo bicho, derrubado um minuto e meio depois de ter sentado sobre ele. A galera vibrou.

— E agora é a *veiz* de João "Bigode" tentar amansar o touro — anunciou o locutor.

A porteira do curral foi aberta e o touro saiu esperneando dali. João "Bigode" se mantinha sobre o animal sem arredar o pé. O bicho dava tanto coice no ar, agitava-se tanto que era quase impossível alguém conseguir permanecer sobre ele por tanto tempo, mas Bigode se mantinha firme gritando:

— Ôa... Ôa...

Após um minuto e cinquenta e cinco segundos, o touro levou o rapaz ao chão. Novo grito da galera.

O locutor anunciou o próximo competidor:

— E agora é a vez de Mané Sabiá montar a fera! O primeiro competidor aqui da nossa cidade.

A galera vibrou ainda mais.

— *Vamo* lá, *pessoar, vamo batê* mais *parma pro* Mané!

O rodeio estremeceu com a corrente de palmas. Parecia até que a arquibancada ia abaixo.

— Eta, coisa boa! — urrou o apresentador.

Infelizmente, Mané Sabiá permaneceu sobre o touro por muito pouco tempo, no vigésimo nono segundo foi ao chão com tudo. *Capleft!*

— Oh!!!!!!!!!!!!!!!!! — lamentou a plateia.

— Agora é a vez do Preguiça — anunciou o locutor.

Preguiça era também da cidade de Passaredo, um sujeito alto, magricela, cuja cabeça parecia ser menor que o corpo. Parecia que o chapéu ia encobrir a cabeça do moço a qualquer momento. Seu porte físico não condizia com o tipo físico daqueles que se sujeitam a montar o touro. No entanto, como se sabe, para toda regra há uma exceção.

Preguiça conseguiu ficar sobre o animal por trinta segundos, o que foi encarado por ele com uma grande vitória, visto que nos rodeios anteriores o máximo que ele havia conseguido permanecer sobre o bicho fora dez segundos.

— Agora é a vez do Juca Toma Todas — berrou o locutor.

A galera veio abaixo. Nem bem o touro foi solto, levou Juca ao chão.

— Parece *memo* que o Juca tomou todas hoje antes de *vir* pro rodeio, *pessoar!* O coitado *num* conseguiu ficar parado sobre o touro nem sequer por cinco segundos.

Outro urro da galera.

— E agora é a vez dele, minha gente. O amigo de todos nós: Zé Rufino!

Bianca despertou de seus pensamentos no mesmo instante. Teria ela ouvido certo? Teriam dito realmente o nome de Zé Rufino? Seria o próprio ou alguém com nome semelhante? A galera começou a gritar em coro: Zé! Zé! Zé!

Era ele, sem dúvida, reconheceu ela de imediato.

— Eu não sabia que o caipira participava desse tipo de coisa — comentou ela com Hugo.

— O Zé participa de *quarqué* coisa, prima! Ele é um doido varrido.

Bianca, sem saber ao certo o porquê, sentiu seu coração se apertar.

A porteira do cercado foi aberta e o touro saiu dando pinotes com Zé se segurando firme sobre ele. A galera continuava a repetir em coro:

— Zé! Zé! Zé!!!

O touro parecia endemoniado, mais endemoniado que os anteriores.

– Ele vai cair – murmurou Bianca, verdadeiramente preocupada.

– Relaxa, prima, cai nada.

Nem bem Hugo abriu a boca, José Rufino foi arremessado longe pelo animal. Caiu de forma trágica no chão. O animal enfurecido foi em cima dele. Vaqueiros entraram no cercado para segurar o bicho, prendê-lo de volta no cercado. Mas o touro bravo foi mais rápido, chegou a passar por cima de José Rufino, que permanecia estirado ao chão, desacordado.

– Um momento, minha gente – anunciou o locutor –, parece que a queda foi grave, mantenham-se nos seus lugares.

Bianca deu um salto, estava de pé como a maioria dos presentes, na esperança de poder enxergar melhor o que estava acontecendo na arena.

– Já conseguiram amansar o bicho, minha gente – anunciou o locutor. – Estão, agora, carregando o Zé para fora da arena.

– Bianca – espantou-se Tarcísio –, você está branca!

– Estou?! – alarmou-se ela –, é que fiquei assustada com tudo o que aconteceu!

– Pobre rapaz... – lamentou Tarcísio. – Uma queda dessa pode matá-lo ou deixá-lo paraplégico. Lamentável.

– Sim, você tem razão, lamentável.

Ouviu-se então a sirene da ambulância levando José Rufino para o hospital. José Rufino era tão querido pelas pessoas que ninguém mais conseguiu se empolgar com o evento depois do que lhe acontecera.

Bianca, que até então odiara tudo aquilo, passou a odiar ainda mais.

– Você se importa se a gente for embora? – disse ela para Tarcísio.

– Não, em absoluto – respondeu o rapaz, pondo-se de pé na mesma hora.

O casal partiu. Hugo ficou olhando a prima partir na companhia do noivo. Seus olhos eram olhos de raposa, olhos de quem está juntando dois e dois para somar cinco e não quatro. Ele sorria para si mesmo como quem sorri diante da confirmação de algo de que sempre suspeitou, mas não tivera até então uma prova definitiva. O modo como a prima ficara após a queda de José Rufino era mais do que suficiente para ele saber, agora, de uma vez por todas, que ela arrastava suas asinhas para cima dele.

Bianca passou o resto do dia amuada.

– Você não me parece bem, nada bem, o que há? – perguntou Tarcísio, preocupado com o estado ausente e melancólico da noiva.

– Acho que o almoço não me assentou bem no estômago – respondeu ela, com voz partida.

Hugo, que àquela hora já havia voltado do rodeio, comentou, diante da resposta da prima:

– É... Deve ter sido *memo* o *armoço* que *num* assentô bem. Que nem o Zé que *num* soube se *assentar* bem no touro bravo.
– E como ele está, tem notícias dele? – perguntou Tarcísio.
– Nada bem pelo que se comenta na cidade. Parece que *tá* desacordado até agora.
– Que judiação, um moço tão jovem – comentou dona Veridiana. – Por isso que eu nunca permiti que os meus filhos participassem desses eventos. Vou orar por esse rapaz esta noite, durante as minhas preces.

A noite terminou de forma triste para todos que queriam bem a José Rufino. Bianca foi dormir ansiosa por saber como ele estava, se àquela hora já havia recobrado os sentidos, se estava fora de perigo. Temeu que, se fizesse muitas perguntas sobre o rapaz, seus parentes, principalmente Tarcísio, suspeitassem do seu interesse por ele.

Mas ela queria saber, queria muito saber a respeito do estado de saúde de José Rufino, o matuto, brucutu, insuportável como ela o chamava com todas as letras.

•••

No dia seguinte, assim que Bianca encontrou Hugo, ela lhe perguntou:
– E então?
– E então o quê, prima?
– Tem notícias dele?
– Do Zé Rufino?
– Sim.
– *Ora*, prima, eu juro que *num* entendo *ocê*! *Ocê* sempre odiou o Zé e agora *tá* preocupada com ele.

As palavras se aglutinaram na garganta de Bianca. Seu cérebro ardeu confuso, procurando desesperadamente por uma explicação que não veio. Hugo disse, por fim:
– Ô, prima, me dá licença, mas eu *tô mijando* nas *carça!*

E sem mais delongas o rapaz saiu correndo para o banheiro, deixando Bianca aturdida, chocada mais uma vez com os maus modos do Hugo. Maus modos para ela, simplicidade para os interioranos.

Um sorriso amargurado entreabriu os lábios finos de Bianca e o desespero a tomou por inteira. Sim, ela estava desesperada para ter notícias de José Rufino. Era mais que isso, desesperada por saber se não havia algo que ela pudesse fazer por ele. No minuto seguinte, Bianca decidiu tomar um pouco de ar e depois, quando estava no jardim da casa dos tios, decidiu caminhar pela vizinhança na esperança de acalmar os nervos.

Cinco quadras dali, sentido oposto ao centro da cidade, Bianca encontrou uma igreja de proporções bem menores que a matriz. Assim que avistou a edificação, sentiu um tremendo alívio no coração, um alívio tamanho, como nunca sentira antes.

Ela entrou na igrejinha com passos lentos e concentrados. Para seu alívio, não havia ninguém por ali. Ela pôs sua bolsa em cima do banco, ajoelhou-se, fez o sinal da cruz e disse baixinho:

– Senhor Deus. Sei que há muito não me vê na sua morada, mas o Senhor bem sabe que a nossa relação ficou bastante estremecida depois que o Senhor, ao que tudo indica, esqueceu-se de mim. Esqueceu-se sim, não ouse dizer que não. Se tivesse se lembrado da minha pessoa, teria certamente impedido que o José Felício terminasse o nosso namoro de onze anos, casasse com outra em poucos meses, deixando-me a ver navios. Ah, teria impedido sim!

"Se tivesse atento a mim, teria certamente impedido que o José Murilo falecesse bem no dia do nosso casamento, estragando toda a cerimônia que eu planejei com tanto amor e desespero. Desespero, sim, afinal, eu precisava casar e urgentemente!

"Por que, eu lhe pergunto agora. Por que o Senhor anda me tratando tão displicentemente nos últimos anos? É justo fazer isso com uma moça tão magnífica como eu? É justo? Não, não é mesmo? Portanto, tome alguns minutos agora para refletir se o Senhor está agindo corretamente para comigo e assim que perceber que não, mude seu modo de me tratar.

Bianca respirou fundo antes de continuar:

– Entrei nessa igreja hoje porque o Senhor sabe muito bem que quando uma pessoa visita uma igreja pela primeira vez ela tem o direito de fazer três pedidos, não é mesmo? Se bem que algumas pessoas chatas, estraga-prazeres, insistem em afirmar que, na verdade, se deve fazer apenas um pedido quando se visita uma igreja pela primeira vez e não três, como muitos acreditam e fazem. Mas, meu Senhor, convenhamos, se isso for realmente verdade, quantas igrejas teríamos de visitar para poder fazer todos os pedidos que nos são necessários? Para ser sincera, três pedidos por igreja é ainda muito pouco, afinal, a vida aqui na Terra está cada vez mais difícil, ainda mais aqui no Brasil. O Senhor sabe, o Senhor deve estar vendo tudo o que se passa por aqui, se bem que, desligado como anda ultimamente, sabe-se lá, enfim...

"Hoje, excepcionalmente hoje, que isso fique bem claro, quero fazer apenas um pedido. O Senhor ouviu certo, sim, um pedido, hoje, basta para mim. Esse pedido não é nem para mim, pasme, é para uma outra pessoa. Para aquele demônio em forma de gente do José Rufino."

Bianca calou-se, levando a mão à boca.

– Desculpe-me, Senhor, não devia ter dito o nome do *demo* aqui dentro de Sua morada, eu sei, mas escapou! Se bem que aquele moço é mesmo um demônio, senão o próprio, filho deste.

"Se o Senhor tudo vê e tudo sabe, deve conhecer muito bem a pessoa de quem lhe falo. Deve saber também que não estou exagerando em nada por chamar aquele demônio de botina e chapéu de palha, que só sabe me irritar, de demônio! Aquela besta que parece ter prazer em me tirar do sério. Fazer-me de boba, humilhar-me."

Bianca tomou ar antes de prosseguir:

– Ainda assim, meu Senhor, venho lhe pedir que ponha Suas mãos sobre aquele traste, o cubra com Sua luz que tem o poder de regenerar um corpo doente e as almas perdidas, que o Senhor...

Ela parou, pôs o dedo sobre os lábios em sinal de dúvida. Por fim, disse:

– Que o Senhor, meu Deus, ponha sobre aquele filho do capeta qualquer coisa que esteja ao seu alcance para impedir que ele morra. Para que ele recupere a sua saúde perfeita novamente. Apesar de odiá-lo, e, ah... como eu o odeio, o Senhor sabe, é um ódio abissal, ainda assim não quero vê-lo morto.

Após tomar cincos segundos de reflexão...

– Se bem que todo demônio deveria morrer, mas, no caso dele, penso no quanto a noiva dele sofreria com sua morte assim como eu sofri quando o José Felício me deu...

Nova hesitação antes de completar a frase.

– Antes de o José Felício ter me dado, desculpe o termo, aquele pé na bunda. Ou melhor, aquele pezão, o Senhor sabe, enfim... Quero muito que o Senhor ajude aquele piolho de botina e chapéu de palha a melhorar. Pense no quanto a mãe e o pai dele vão sofrer se ele morrer... Eles não merecem, se bem que, na minha opinião, seria uma bênção para os dois ficarem livres daquela peste. Receio, no entanto, que por mais que um filho ou uma filha seja uma peste, com "P" maiúsculo, os pais ainda assim preferem tê-los ao lado deles vivos a mortos. Portanto, por favor, ajude José Rufino a recobrar a saúde. Esse é o meu pedido para hoje.

A seguir, Bianca rezou o Pai Nosso como há muito tempo não rezava. Ao término da oração, voltou os olhos para o teto da capela e perguntou:

– Como hoje eu só fiz um pedido, um Pai Nosso basta ou tenho de rezar os três como de hábito?

Uma tossidela despertou Bianca dos seus pensamentos. Ao virar-se para trás, encontrou um padre parado a pouco metros dela, observando-a com certo interesse.

– Olá, padre – disse ela, levantando-se do genuflexório.

– Olá, minha filha. Rezando um pouco, que bom.

Bianca mostrou mais um de seus sorrisos amarelos. O padre aproximou-se, estendeu-lhe a mão e ela a beijou.

– Nunca a vi por aqui?

– Sou do Rio de Janeiro. Meu noivo é daqui de Passaredo.

— Ah — murmurou o padre, com satisfação —, como é linda a Cidade Maravilhosa, suas praias, seus encantos... As *peladas* de frente para o mar...

Bianca mostrou mais um de seus sorrisos amarelos, enquanto tentava compreender o que o homem quisera dizer com "*peladas* de frente para o mar".

— Peladas — murmurou ela.

— Futebol amador...

— Ah...

— Meu nome é Lucas. Padre Lucas.

— Muito prazer, o meu é Bianca. Bianca Tomazoni.

Foi então que Bianca teve uma súbita ideia.

— Padre, gostaria muito que o senhor viesse comigo ao hospital.

— Hospital? — alarmou-se o homem.

— Sim, o senhor precisa abençoar uma pessoa que está internada lá em estado grave. Encontra-se entre a vida e a morte.

O padre ficou visivelmente preocupado.

— Irei sim, com todo prazer — respondeu.

— Pode ser agora? O quanto antes o senhor abençoar aquele pobre coitado, melhor será para a sua salvação.

— Vou só pegar a água benta e partimos já, minha filha.

Assim que os dois chegaram à calçada em frente à igrejinha, padre Lucas perguntou:

— Onde está o seu carro, minha filha?

— Estou a pé.

— A pé? — o homem estava realmente chocado e decepcionado. — Quer dizer que vamos ao hospital a pé?

— Sim, padre. Algum problema?

— N-não... é que é uma boa caminhada.

— Nunca ouviu dizer, padre, que todo mundo deve caminhar um pouco diariamente?

— S-sim, sim, lógico...

— Se o senhor começar a caminhar mais, vai certamente perder essa barriguinha aí, ó... — completou Bianca, olhando sem pudor algum para a barriga do homem.

O conselho deixou padre Lucas vermelho beterraba.

Sem mais delongas, Bianca partiu na companhia do padre. Quando chegaram ao hospital, o pobre homem estava literalmente de língua de fora, como um cão exausto e sedento.

— O senhor está um pouco fora de forma, hein, padre? — comentou Bianca, olhando com reprovação para o homem.

— É a idade, minha filha, a idade — respondeu o padre, querendo evaporar-se da frente dela.

Assim que os dois entraram no interior do hospital, Bianca pediu informações a uma enfermeira para poder chegar ao quarto onde estava internado José Rufino.

Por sorte não havia nenhum dos familiares do acidentado por ali àquela hora, o que poupou um bocado de explicações.

Estavam prestes a entrar no quarto, quando padre Lucas quis saber:

– Qual é o nome do paciente, minha filha?

– Eu acho que é José alguma coisa... – respondeu ela, um tanto incerta. – José é o primeiro nome, Rufino é o sobrenome.

As sobrancelhas do padre se fecharam, aquele nome não lhe era estranho. Bianca abriu a porta do quarto com todo cuidado para não fazer alarde. Assim que padre Lucas avistou a figura imóvel de José Rufino sobre a cama, uma cor avermelhada cobriu novamente a sua face.

– Padre? – espantou-se Bianca, ao ver a vermelhidão no rosto do homem. – O senhor está bem, quer um pouco d'água?

O homem concordou com a cabeça. Bianca pegou imediatamente um dos copos que estava sobre a bandeja em cima da cômoda, encheu-o com a água da jarra que estava ali ao lado dos copos e serviu o padre. Padre Lucas engoliu a água numa golada só.

– Melhorou?

– S-sim – gaguejou o padre, sem tirar os olhos de José Rufino estirado sobre a cama, em estado de coma.

O silêncio caiu no quarto como uma garoa fina.

– Não dá dó, padre? – indagou Bianca, olhando com pena para o acamado. – Não dá dó ver um baita homem desses numa condição pavorosa dessas?

Padre Lucas não respondeu, pois naquele exato momento voltava à sua mente algo que vivera no passado, algo de que jamais conseguira se esquecer por mais que tentasse, o dia em que José Rufino, ainda garoto, erguera sua batina durante a reza de um terço na varanda da casa da família Vanzetto.

Muitos dos presentes chegaram a ficar vermelhos, literalmente, vermelhos-pimentão, de tão sem graça que se sentiram diante do acontecido.

– Zé – repreendeu o pai, torcendo a orelha do filho –, onde já se viu fazer uma coisa *dessa*, menino?!

– Mas, pai, eu queria *sabê* se o padre é *home* ou *muié* – respondeu o garoto de prontidão.

– Ora, *diacho*, é lógico que o padre é *home, sô*.

– Se é *home*, por que ele usa vestido?

Foi preciso muito esforço por parte de muitos dos presentes para não rir da pergunta do menino.

Nunca, em toda a sua vida, padre Lucas sentiu-se tão envergonhado como naquele dia. Envergonhado não seria a palavra correta para descrever seus sentimentos diante do acontecido, humilhado, sim, essa seria a palavra mais adequada para caracterizar seus sentimentos.

Chegou a passar mal, foi preciso sentar-se e tomar uma boa dose de vinho para acalmar seus nervos. Partiu da casa da propriedade da família Vanzetto sem terminar o terço e sem se despedir dos presentes.

Desde esse dia, padre Lucas nunca mais viu José Rufino com bons olhos. Quando soube que ele havia caído do touro e estava internado em estado grave no hospital, sentiu, na verdade, prazer, um prazer ilícito pelo que havia acontecido ao rapaz. Para ele, tudo o que José Rufino estava passando era mais do que merecido pelo que ele havia lhe feito no passado.

Ainda que naquela época José Rufino não passasse de uma criança, Padre Lucas nunca acreditou na teoria de que toda criança é inocente. Para ele, as crianças são espertas, vivas, de inocentes elas têm muito pouco. Quando aprontam maldades, sabem bem que é maldade.

Ver José Rufino, aquele que o envergonhara diante de uma cidade inteira, que o fizera implorar ao Vaticano transferência para a paróquia de uma outra cidade, pedido que inexplicavelmente nunca foi aceito, era, para ele, uma grande vitória, a melhor desforra, uma vingança à altura.

– Padre... – chamou Bianca, baixinho.

Padre Lucas olhou de soslaio para ela.

– E então, padre, não vai lhe dar sua bênção, fazer suas orações?

Padre Lucas comprimiu os lábios. Começou a contar até dez... Dez, nove, oito...

– Padre

– ...sete, seis, cinco...

– Padre

– ...quatro... três... dois...

– Padre

– ...um. Um! U-m!!!!!!!!!!!!

– Padre?!

– Sim, minha filha?

– E então, não vai fazer sua oração? Benzer o doente? Quer que eu saia?

– Não, filha...

Seria melhor que Bianca permanecesse no quarto, pensou padre Lucas. Se ela o deixasse só, ali, ele bem que seria capaz de asfixiar o rapaz com um travesseiro, sem pudor algum.

– Fique, filha, por favor, fique.

O silêncio caiu sobre os dois.

– Sabe, filha – comentou padre Lucas, coçando a orelha –, às vezes é melhor não interferir nos planos de Deus. Se Deus quer levar esse moço para junto Dele, que seja feita a Sua vontade.

– O senhor acha mesmo?
– Acho.
– Tem certeza, padre?
– Sim, filha, tenho. Agora, eu preciso ir, acabo de me lembrar de que tenho um compromisso as...
– O senhor vai partir assim, sem sequer abençoá-lo?
– É verdade.

Padre Lucas pegou com sua mão trêmula o vidrinho com água benta de seu bolso e pronunciando umas palavras que mais pareceram aos ouvidos de Bianca uma junção de vogais e consoantes sem sentido algum, ele arremessou um pouco de água benta ao redor de si.

– Eu não entendi nada do que o senhor falou.
– Não?! É porque falei em latim.
– Ah... Obrigada, padre, pelo que fez. Que Deus o abençoe.

Padre Lucas soltou um risinho sem graça e partiu, estugando os passos. Ao tomar a calçada, afrouxou o colarinho. Estava ofegante e suava em profusão.

– Demônio... – resmungou, entredentes.
– Boa-tarde, padre – cumprimentou-o uma senhora ao passar por ele.
– Boa-tarde – respondeu ele, com desagrado.

Padre Lucas balançou a batina para se refrescar.
– Demônio...
– Boa-tarde, padre – cumprimentou um outro senhor ao passar por ele.
– Demônio – disse ele, sem se dar conta do que dizia.

O senhor comentou consigo:
– Devo estar ouvindo coisas.

Padre Lucas subiu as escadas que levavam à porta de entrada da igreja que administrava o mais rápido que pôde, tão rápido que, por pouco, não tropeçou nos degraus, caiu e rolou escada abaixo.

Ele agora só tinha uma coisa em mente: que aquele que lhe fizera passar tanta vergonha em sua vida morresse o mais rápido possível.

– Ninguém merece mais "bater com as botas" do que aquele estafermo! – murmurou.

– O senhor disse alguma coisa, padre? – perguntou padre Pompeu ao vê-lo.
– N-nada não – gaguejou.
– O senhor me parece contrariado, o que houve?
– N-nada não. Aonde você está indo?
– À casa de dona Ofélia.
– A essa hora, Pompeu? Fazer o quê?
– Uma visita.
– A essa hora?

Baixando a voz, padre Pompeu explicou:

– É que essa é a hora em que ela costuma jantar. E, quando estou lá, ela acaba me convidando para jantar com ela e a família. Ela tem umas mãos para cozinhar que são divinas, por isso a comida dela é divina.

– Por isso você nunca janta conosco...

– Para que? Se eu posso comer do bom e do melhor na casa de gente que cozinha muito bem todo dia. Domingo, vou comer bacalhoada na casa da família Rodrigues.

– Eles nunca me convidaram para almoçar lá.

– Nem a mim. Eu simplesmente chego à casa deles na hora do almoço, dizendo que fui abençoar a família e pronto, logo se põe um lugar à mesa para a minha pessoa.

– E como é que você sabe que tem bacalhoada?

– Muito simples, meu caro Watson. Família portuguesa abastada come bacalhoada todo final de semana. Não sabia, não? Frei Lauro, que prefere massas, vai aparecer de surpresa na casa dos Carrazzone, frei Thomas, que adora comida árabe, vai aparecer, como quem não quer nada, na casa da família Jabur. Padre Juca, que ama carne, vai aparecer no sítio da família Santos, porque lá tem churrasco todo domingo. E assim a gente vai forrando o estômago com o que há de melhor na gastronomia.

Assim que padre Lucas se viu novamente a sós, o passado mal cicatrizado voltou a atormentá-lo. E o desejo de desligar o aparelho que mantinha José Rufino vivo ardeu mais uma vez em sua alma. Ah! Se ele tivesse coragem de fazer aquilo, seria a vingança perfeita para o que José Rufino, o demônio de botina, como ele intimamente o chamava, fizera contra ele no passado.

Capítulo 13

Dia seguinte. Padre Lucas estava sentado a uma mesa de mogno, conferindo quem havia pago os dízimos do mês, quando uma voz soou no recinto.

– Padre – disse Bianca.

Padre Lucas reconheceu de imediato a dona daquela voz. Voltou-se, procurando manter um sorriso agradável no rosto, para parecer feliz em revê-la.

– Como vai, minha filha? Em que posso ajudá-la? Diga logo, pois não posso me demorar, estou muito ocupado.

Bianca estudou o rosto do padre por alguns segundos antes de falar ao que vinha:

– O senhor nunca lhe perdoou, não é mesmo? – perguntou ela, olhando fundo nos olhos do padre.

Bianca havia tomado conhecimento da história por intermédio de dona Veridiana, ao contar-lhe que havia conhecido o padre ao visitar a igrejinha.

– Perdoar? – exaltou-se padre Lucas. – Do que está falando, filha?

– Estou falando do que o Zé Rufino fez para o senhor no passado. Quando ele ergueu a batina do senhor na frente de todo mundo para, bem, o senhor sabe.

O homem corou até a raiz dos cabelos.

– É lógico que me esqueci desse trágico episódio. Nem me lembrava mais, se não fosse você tê-lo mencionado agora.

Bianca ignorou suas palavras. Disse:

– Não minta, padre, é feio.

– Ora, filha...

– Seja sincero, padre.

– Devemos esquecer o que nos desagrada...

– Mas o senhor não esqueceu, não é mesmo? Falar é fácil, difícil é fazer.

O pobre homem baixou os olhos e murmurou:

– Você tem razão. Eu jamais me esqueci do que ele me fez.

– Como pôde o senhor se prender a algo tão bobo?

– Bobo porque não aconteceu com você, filha, se tivesse...
– Eu teria...
– Pimenta no... dos outros é refresco!
– Padre!

O homem fez bico.

– Eu pensei que o senhor, como padre, fosse capaz de esquecer, de perdoar tudo e a todos... Pelo menos é isso que todos pensam de um padre. Essa é a imagem que a Igreja nos passa deles, não?!

– Não é porque visto uma batina e carrego o título de padre que eu deixei de ser humano. Eu ainda sou humano, sabia? Humano!

– É verdade, o senhor tem razão, desculpe-me.

– Não dá para esquecer algo tão vergonhoso quanto o que ele me fez passar na frente de toda aquela gente... Você também não se esqueceria se tivesse sido o seu vestido que tivesse sido erguido por ele na frente de todos, ainda mais no dia em que você não pôde vestir sua roupa íntima. Pois é, minhas cuecas não haviam secado devido a uma torrente de chuvas que caía sobre a região fazia duas semanas. Tanto as minhas cuecas quanto as de meus colegas estavam úmidas, por isso não pude tomar uma emprestada de alguém. Daí estava sem naquele dia e todo mundo viu mais do que devia ver!

Esse era um detalhe que Bianca desconhecia.

– Pois é, vejo, pela expressão do seu rosto, que você desconhecia esse pequeno detalhe.

Bianca concordou com a cabeça. Estava deveras chocada.

– Aquele garoto era um demoniozinho – prosseguiu padre Lucas –, todos sabiam, parece que se assentou mais agora que cresceu. Ainda assim, eu quis muito vê-lo, um dia, humilhado na frente de todos da mesma forma que ele me humilhou naquele dia. Foi embaraçoso. Humilhante...

– Sim, foi humilhante sem dúvida, ainda assim não acha que deveria perdoar-lhe?

– Creio que perdoar é uma das coisas mais difíceis que existem para a alma humana realizar.

– Mas não é impossível, é?

– Espero que não!

– Eu sei muito bem do que Zé Rufino é capaz, padre, ele já me aprontou poucas e boas. Ainda assim, tenho pena dele, muita pena, principalmente agora depois do que lhe aconteceu.

– É pena realmente o que você sente dele ou é amor?

– Pena. Amar mesmo eu amo meu noivo: Tarcísio Fontenelle.

– Conheço a família, uma ótima gente.

Houve um breve silêncio até que Bianca voltasse a falar.

– E então – perguntou ela. – Será que pode voltar comigo até o hospital para abençoá-lo?

– Há tantos padres, peça a algum deles, não a mim.

– Está bem.

– Desculpe, filha, mas como lhe disse, antes de ser padre, sou um ser humano. E todo ser humano tem suas fraquezas.

– Mais fraquezas do que virtudes, receio eu.

– É – concordou o homem – infelizmente.

Assim que Bianca deixou padre Lucas, um trecho do passado voltou a ocupar sua mente – o dia em que fora à casa da família de Zé Rufino para conversar com o pai dele a respeito daquilo que o menino havia lhe feito.

– O senhor deve castigar o seu filho – disse ele.

– *Descurpa*, seu padre. Mas ele é apenas uma criança. Criança *num* sabe o que *faz*.

– Sabe, sim, parecem coitadinhas, mas no fundo são bem espertinhas.

– Perdoa meu *fio*, padre.

– Por mais que lhe perdoe, ele não vai aprender que o que fez foi errado, se não receber umas boas palmadas.

Emergindo de suas lembranças, padre Lucas comentou consigo mesmo: "Finalmente aquela criança detestável recebeu as palmadas que merecia. Ainda que tenham sido dadas por um touro bravo."

Um sorriso de satisfação cobriu a face do homem.

Naquele dia, depois de muito custo, Bianca conseguiu finalmente arrastar um padre para dar uma bênção a José Rufino. Por mais que tentasse, ela não conseguia compreender por que todos os padres e freis da cidade, assim que sabiam para quem seria oferecida a bênção, diziam-se muito ocupados para fazer aquilo. Teria José Rufino também aprontado alguma coisa com eles que os deixara traumatizados, a ponto de quererem ignorá-lo, num momento tão necessitado como aquele? Tratando-se de José Rufino, tudo era possível.

•••

– Prima! – exclamou Manuela, assim que viu Bianca entrando pela porta da frente de sua casa.

– Manuela?!

– Onde estava?! – quis saber Manuela, olhando cautelosamente para a prima.

– Por aí...

– Por aí?

– Sim...

– Ouvi falar que esteve no hospital.

– Hospital?! Eu?!

– Sim.
– Quem foi que lhe disse isso?
– Uma colega que trabalha no hospital como enfermeira.

Bianca não sabia para onde olhar, tamanho o embaraço.

– Você foi lá visitar o Zé, não foi? – perguntou Manuela, olhando fixamente para a prima.
– Eu, visitar aquele *beira-rio*?! Nem morta!

Manuela aprofundou o olhar sobre a prima, um olhar que incomodou Bianca profundamente.

– Por que está me olhando assim? – quis saber Bianca, deveras incomodada.
– Qual o problema de você me dizer que foi ao hospital visitar o Zé?
– Se eu tivesse ido, lhe diria sem problema algum, acontece que não fui, jamais iria.
– Se está com receio que eu vá comentar com o Tarcísio a respeito, fique tranquila, não lhe direi palavra alguma, prometo. Você tem medo de que ele fique enciumado, caso saiba que você esteve lá visitando o Zé Rufino, não é mesmo? Pode se abrir comigo, prima.
– Ora, Manuela...
– Eu, particularmente, achei um gesto muito bonito da sua parte, visitar o Zé.

Bianca explodiu:
– Eu odeio aquele demônio, Manuela. Eu simplesmente o odeio!
– Em muitos casos, por trás do ódio reside o amor.
– Aonde está querendo chegar?
– Prima.
– Fale.
– Você gosta dele, não gosta?
– De quem você está falando?
– Do Zé. Do Zé Rufino.
– Ora, Manuela, você acha...
– Você gosta dele, sim!
– Daquele matuto, bronco, caipira... Pé de chinelo!
– Dele mesmo.
– Você acha que eu iria me apaixonar por um borra-botas daqueles? Nunca!
– Iria sim, por que não? Ele é lindo, é um homem de enlouquecer qualquer mulher, seja ela solteira, casada, viúva, *tico tico no fubá*... Basta o Zé passar perto de uma mulher para que ela torça os olhos, as pernas, os quadris, tudo que for possível torcer. Prima, Zé Rufino pode ser bronco, caipira, matuto, tosco como você diz, mas é um homem, um homem com H maiúsculo, isso ninguém pode negar.

— E daí?

— E daí que você gosta dele.

— Não seja ridícula, Manuela.

— Não seja ridícula você em querer teimar com essa verdade.

— Não é teimosia, não.

— Prima, se você gosta do Zé Rufino, abra o seu coração para ele.

— Manuela, você bebeu? Sim, você só pode ter bebido para estar falando um monte de asneiras como essas.

— Talvez você ainda não saiba que o ama, mas se fuçar aí dentro do seu coração, não levará muito tempo para descobrir que o ama.

— Eu vou me casar com Tarcísio Fontenelle. É com ele que eu quero me casar. É ele o homem que eu escolhi para ser o meu marido... É...

— Mas não é ele o homem da sua vida.

— Não deturpe as coisas...

— Prima, ouça-me. Eu não quero deturpar nada, pelo contrário, quero apenas ajudá-la a esclarecer para si mesma o que vai em seu coração, quero muito que seja feliz.

— E eu serei feliz casando-me com Tarcísio Fontenelle.

— Está bem, se você está realmente certa disso.

— Estou. Certíssima.

— Que bom que você está certa, seria muito desagradável casar com alguém gostando de outro; casar e descobrir depois que gostava mesmo é deste último a quem deveria ter-se declarado antes de se casar.

Bianca bufou. Deu as costas e subiu as escadas, pisando duro rumo ao seu quarto. Manuela permaneceu ali parada, pensativa, observando a prima até ela desaparecer do seu campo de visão.

•••

Bianca chegou ao hospital no horário habitual de visitas a José Rufino. Desta vez, porém, havia alguns familiares por ali. Para não ser vista por eles, Bianca resolveu fazer hora até que eles fossem embora. Dirigiu-se até a pequena capela que havia nos fundos da Santa Casa de Passaredo. Lá se ajoelhou e rezou um pouco pelo enfermo.

Somente quando a família de José Rufino partiu é que ela entrou no quarto. José Rufino continuava estirado sobre a cama de hospital, na mesma posição dos dias anteriores. Parecia um boneco largado sobre um leito, um boneco desmelinguido e alquebrado. Ela aproximou-se da cama com cautela, parou junto a ela e ficou estudando o rosto bonito de José o qual estava sendo novamente coberto por uma barba serrada castanho-clara como a cor de seu cabelo. A respiração dele ia e vinha de forma serena, tranquila.

Ela ficou por quase meia hora, orando pelo rapaz, tão concentrada que levou alguns segundos para que ela percebesse que os olhos dele haviam tremido ligeiramente, como se fizessem força para abrir.

Bianca imediatamente moveu-se para mais perto do leito, na altura do peito do rapaz.

– Você está reagindo – murmurou Bianca, emocionada. – Que bom, eu sabia, sempre soube que você iria sair dessa.

Uma lágrima escorreu de seu olho esquerdo.

A mão esquerda de José Rufino se comprimiu. Ela imediatamente pegou sua mão e a alisou carinhosamente. A mão dele se comprimiu mais uma vez, segurando firme desta vez a dela.

– Reaja, demônio, reaja – pediu ela, em tom de súplica.

Foi como se ele tivesse ouvido suas palavras e atendesse ao seu pedido. Os olhos dele se abriram vagarosamente, até se abrirem por inteiro.

Bianca apertou mais forte a mão dele.

Os olhos dele até então focados no teto baixaram e foram dar em Bianca. Houve um ligeiro espasmo quando eles a viram ali, parada rente à cama.

– Ai... Meu Deus... – murmurou José Rufino, numa voz lamuriosa. – Se eu fui tão *bão* na Terra por que *ocê*, meu Senhor, mandou eu *pro* inferno, *sô*?

– José... – murmurou ela.

Ele estremeceu diante do seu chamado.

– *Tira* eu aqui do inferno, meu Senhor, eu *num* mereço *vivê* ao lado dessa *muié*...

– José! – exaltou-se Bianca. – Cala essa boca, homem de Deus. Você não está morto, está vivo, vivinho da Silva. Antes tivesse morrido, sua morte seria encarada por muitos com bom grado, chegariam até a fazer uma festa em homenagem a sua morte.

– Quer dize*r* que eu *tô* vivo, é?!

– Está! Agora, mantenha-se calmo, que eu vou chamar a enfermeira.

– *Espera* – disse ele, assim que ela se virou na direção da porta.

– O que foi? – a pergunta soou com impaciência.

– Onde eu *tô*?

– No hospital.

– *Hospitar*?

– Sim, no hospital. Você caiu do touro, perdeu os sentidos e veio parar aqui. Entrou em coma assim que chegou aqui, está despertando hoje.

Bianca voltava-se mais uma vez para a porta, quando ele disse:

– *Espera*!

– O que foi dessa vez?

– O que *ocê tá* fazendo aqui?

– Vim ver como estava passando.

— *O-ocê?*
— S-sim, eu, por quê?
— Ora, sempre pensei que *ocê* odiasse *eu*.
— E odeio.
— Então po*r* que veio, *dona*?
— Ia passando em frente do quarto e, quando soube que era onde você estava internado, resolvi entrar para ver como estava. Sabia, a cidade toda sabe, que você estava com um pé na vida e outro na morte. Tive esperança de que iria encontrá-lo com os dois pés na morte, infelizmente...
— Mentirosa.
— Cale-se, vou chamar a enfermeira.
— *Espera!*
— Ai, o que foi agora?
— Já faz um tempinho que eu recobrei os *sentido* e, bem, ouvi *ocê* rezando *pra eu*, pedindo a Deus que eu *miorasse*.
Bianca quis, literalmente, nesse momento, morrer.
— Você deve ter delirado.
— Não *memo*. Ouvi e vi *ocê* rezando *pra* eu, *ocê num* percebeu porque fiquei com os meus *oio* quase *fechado*.
— Você ouviu e viu coisas, é normal no estado em que se encontra. Saiba que eu jamais, em toda a minha vida, perderia um segundo do meu tempo pedindo a Deus por sua melhora.
— Pinóquia.
— Pi... o quê?
— Pinóquia. *Ocê num* passa de uma *pinóquia*. Pinóquia, a muié do Pinóquio. Mente tanto quanto ele.
Bianca enfureceu-se dessa vez.
— Quero vê-lo morto! – bramiu.
— Que nada, *ocê* gosta *d'eu*.
Bianca deixou o quarto sob protestos.
— Enfermeira, o paciente do quarto dezessete recuperou os sentidos – informou ela.
— Ah, sim – respondeu a enfermeira com um sorriso. – Nós já sabemos, ele despertou do coma logo pela manhã.
— Logo pela manhã?! C-como assim, pela manhã?
— Pela manhã. Deveria se*r* por volta das sete, sete e quinze da manhã. Os médicos já o examinaram.
— Mas eu cheguei há cerca de uma hora e ele ainda estava em coma.
— Ele deveria estar dormindo, não em coma. A senhora, po*r* não sabe*r* que ele já havia despertado do coma, pensou que ele ainda estava desacordado.

Bianca quis, mais uma vez, literalmente, morrer.

– Que ódio – o desabafo escapou da sua boca.

– O que foi que a senhora disse?

– Nada! Eu já me vou.

Bianca voltou-se tão abruptamente em direção à porta que colidiu, sem querer, com Mareliz, que vinha chegando, acompanhada de sua mãe, dona Zelinda.

– *Num* gosto dessa *muié*. *Num* passa de uma metida. – resmungou a moça para a mãe.

– O que ela *tava* fazendo aqui? – indagou dona Zelinda, olhando de soslaio para Bianca, que se dirigia naquele instante para fora do hospital.

– Só pode te*r* vindo visita*r* o Zé.

– O Zé, ora, po*r* quê?

Mareliz deu de ombros.

– Cuidado, Mareliz, abre bem os *oio*. Abre esses *oio*, porque essa espevitada *tá* arrastando asinha *pra* cima do *teu* futuro marido.

– O Zé nunca vai *abandoná* eu po*r* causa *dessazinha* aí, mãe... O Zé gosta *d'eu*! O Zé me ama!

– *Óia lá, hein?* Fica de *oio* nesses dois.

– Essa *muié* aí *num* vai quere*r* nunca nada com o Zé, mãe, ouve o que *tô* falando *pra* senhora. O que *que* ela pode quere*r* com um *bicho do mato* como o Zé?!

– Sei, não, *fia*. Quando a *muié* gosta *d'um homê*, ela *num qué nem* saber se ele é bicho do mato ou casado.

Bianca voltou para casa naquela tarde sentindo-se mais tranquila, por mais que estivesse espumando de ódio pelo que havia passado mais uma vez nas mãos de José Rufino. O ódio logo deu lugar à paz interior por ver que ele finalmente estava fora de perigo. Agora, ela já podia voltar para o Rio de Janeiro e dar sequência aos preparativos de seu casamento. Faltava agora muito pouco para o grande dia. Um mês.

...

Tarde do dia seguinte. Bianca encontrava-se no seu quarto na casa da tia, fazendo a sesta, quando foi despertada por alguém, batendo de leve à porta do quarto. Não havia ninguém na casa naquela hora, senão ela e a empregada.

– Pode entrar – disse ela.

Era Jurema, a moça que estava cobrindo as férias de Elvira.

– Dona Bianca – disse a mulher –, *descurpe* incomodá-la, mas tem visita *pra* senhora.

– Visita?

– Sim.

Bianca estava tão aérea por ter acabado de despertar que nem sequer perguntou quem era. Apenas disse:

– Eu desço já.

Pensou tratar-se de Tarcísio. Sim, quem mais poderia ir até lá querer falar com ela naquela hora. A seguir, ela correu para a frente do espelho, mediu-se da cabeça aos pés, ajeitou os cabelos com duas presilhas, retocou o batom e desceu. Ao encontrar José Rufino esperando por ela na sala de estar da casa da tia, Bianca estancou.

– Você, aqui?

A pequena frase saltou de sua boca como que por vontade própria. O rapaz, que segurava o chapéu de palha na mão, torcendo-o como quem faz quando se vê nervoso ou envergonhado, procurou sorrir para ela, enquanto se estampava em seu rosto imensa alegria por rever a moça. Timidamente, disse:

– Eu vim *agradecê ocê* por te*r* se preocupado comigo, te*r* visitado *eu* no *hospitar,* rezado po*r* mim.

A resposta de Bianca soou curta e grossa.

– De nada.

– Eu... – continuou ele, mas não foi além disso, Bianca o cortou com rispidez:

– Já agradeceu, agora pode ir embora, por favor.

Ele torceu um pouco mais forte o chapéu de palha, com suas mãos grandes e viris, e disse:

– Quando eu importuno *ocê*, faço e falo *coisa pra* irrita*r ocê* é só porque eu gosto de *vê ocê* irritada. Parece uma onça enfurecida, uma cachopa de abelha em polvorosa. *Ocê* fica mais bonita irritada.

Bianca balançou a cabeça, rubra.

– É verdade, *ocê* fica mais bonita! – reforçou o moço.

Bianca passou a mão pelo vasto cabelo por duas vezes, enquanto procurava olhar para o nada. José Rufino deu um passo à frente, esticou a mão direita e fez uma proposta:

– *Vamo fazê as paiz, vamo?*

Visto que Bianca se mantinha na mesma posição, olhando para um canto qualquer, o rapaz deu mais um passo, pegou a mão esquerda dela e a apertou delicadamente. Disse:

– Eu só quero *fazê* as *paiz* com a senhora senho... Opa! Com a senhora!

Levou, então, a mão dela até seus lábios e a beijou com ternura.

– *Tô* muito agradecido pelo que *fez* por mim.

As palavras dele fizeram com que Bianca, dessa vez, encarasse o moço.

— *Brigado* mais uma *veiz* — tornou ele, parecendo verdadeiramente agradecido.

Ela permaneceu olhando para ele com olhos turvos e interrogativos. Ele também manteve-se olhando para ela com certa curiosidade. O tempo pareceu se perder deles por um instante. Foi um suspiro, um suspiro lento e denso que os trouxe novamente de volta à realidade. Ele pigarreou para limpar a garganta e disse:

— Pena que *nóis* dois *faiz* parte de mundos tão *diferente*, né? Senão, *nóis* dois, junto, podia dar um bom *cardo*.

Dessa vez, Bianca engoliu em seco e uma lágrima cobriu-lhe os olhos castanhos, ligeiramente tímidos. Os olhos claros e bonitos de José Rufino brilharam como se retivessem lágrimas. Ambos ficaram se olhando demoradamente até que ele dissesse:

— Só quero que *ocê* saiba que eu tive medo de morrer...

— Eu faço ideia — comentou ela, envolvida pelo carinho com que o rapaz lhe falava.

Num tom emocionado, ele completou:

— Eu tive medo de morrer sem roubar um beijo *teu*.

Os olhos de Bianca brilharam emocionados. Suas faces ruborizaram-se, asfixiadas por súbita alegria.

— Quer parar de brincar comigo — disse ela, volvendo seus cabelos castanhos e anelados que caíam por sobre os ombros.

— *Num* é brincadeira não, *sô*, falo sério. E *óia*, eu é que *num vô se* mais besta não. *Num vô memo*. Vai que me acontece *arguma* desgraça de novo comigo e eu morro sem *fazê* o que eu tanto quero, esse desejo que vem me atormentado já faz um bocado de tempo, por isso...

José Rufino não completou a frase, puxou Bianca com toda força para junto dele e lascou-lhe um beijo. Bianca tentou se defender, recuar seus lábios dos dele, mas ele a segurou firme até fazê-la amolecer em seus braços.

Quando ele a soltou, os dois respiravam ofegantes, como se tivessem ficado submersos na água por muito tempo.

— Pronto — desabafou o rapaz —, agora eu posso morrer em *paiz*.

— V-você — exaltou-se Bianca, rubra. — Você não devia ter feito isso. Onde já se viu? Sou uma mulher de casamento marcado...

— Eu também.

— Que isso não se repita.

— Pode ficar tranquila, *muié*, que isso nunca mais vai se repetir.

— Acho bom.

Ele repôs o chapéu sobre a cabeça. Pensou em dizer mais alguma coisa, coçou a nuca, por fim optou por partir sem dizer mais nada. Bianca foi até a janela e ficou observando-o deixar a casa. Estava agitada, nervosa e tomada de certa angústia, como se o beijo a tivesse tirado do compasso, um beijo que a pegou desprevenida, que ela jamais pensou que haveria de receber um dia em toda a sua vida.

Já ouvira dizer que a vida é cheia de surpresas, boas e más, mas jamais pensou que chegaria a tanto. Ela também não sabia definir se aquela surpresa fora boa ou má.

– Má, com certeza – disse para si mesma, contraindo a fronte. – Definitivamente má!

Assim que José Rufino ligou a caminhonete, ele tornou a dizer, só que, dessa vez, somente para si próprio:

"Pronto, agora eu posso morre*r* em *paiz*. Em *paiz!*"

Mas paz foi o que ele menos conseguiu obter nas horas que se seguiram. O beijo que ele havia dado em Bianca naquele dia não conseguiu mais sair da sua cabeça. Na tarde do dia seguinte, lá estava ele mais uma vez, a sós, de frente para Bianca.

– O que foi dessa vez? – perguntou ela, fingindo-se de irritada com a sua presença.

– O beijo – respondeu José Rufino com voz trepidante.

– Esqueça-se dele porque eu já o esqueci.

– *Memo?*

– No mesmo instante.

– Eu disse *pr'ocê* que precisava daquele beijo *pra* eu pode*r* morre*r* em paz, *num* disse? Só que depois daquele beijo perd*i* a *paiz* de *veiz*. Num consigo *tirá* ele da cabeça, sô. Nem Deus *tá* com dó *d'eu*, já pedi, implorei, mas nada de ele *fazê* eu esquece*r* daquele beijo.

– E o que eu tenho a ver com isso?

– Ora, *diacho*, *ocê* tem tudo a ve*r*!

– Não tenho, não! Aquilo foi ideia sua – defendeu-se Bianca, indo para cima dele, empunhando o dedo indicador. – Problema seu, se agora você não consegue esquecer o beijo que me deu.

Ele estudou os olhos dela por instantes, olhos que brilhavam emocionados. Mergulhou fundo dentro deles com os seus. Por fim, disse:

– *Ocê* também *num* se esqueceu do beijo!

– Esqueci!

– Posso *vê* nos *oio teu* que *num* esqueceu, não!

– Esqueci, sim.

– É *memo*, é? *Vamo vê!*

Nem bem José Rufino terminou a frase, ele pegou firme, com as duas mãos, o rosto de Bianca e o beijou novamente. Ela estapeou seu peito com toda força. Ainda assim, ele não a soltou. Depois, comentou:

– *Eta* boca boa de se beija*r*, *sô*. Parece até que os *lábio* têm mel.

Bianca recuou, enquanto procurava limpar com o punho de sua blusa as salivas deixadas por José Rufino em seus lábios. Ele imitou seu gesto, limpou a boca no dorso da mão, sem tirar os olhos dos dela. Eles agora se olhavam desafiadoramente, como dois galos antes de começar uma briga. Bianca foi a primeira a desviar os olhos, baixou a cabeça e aquietou-se. O silêncio pegou novamente os dois de forma inesperada.

– O que foi, o gato comeu sua língua, foi? – explodiu José Rufino, incomodado com o silêncio de Bianca.

Ela voltou-se para ele e mirou fundo nos olhos dele. Havia lágrimas caindo agora de seus olhos. Lágrimas que deixaram o rapaz imediatamente de coração partido.

– *Ocê tá* chorando? *Descurpa*, eu *num* queria *fazê ocê* chorar, a *úrtima* coisa que eu queria na vida era *fazê ocê* chorar...

Ele acariciou o rosto dela, enquanto contemplava aqueles olhos castanhos e aveludados, como se neles tentasse ler algum segredo. Com tristeza, perguntou:

– O que foi, po*r* que *ocê tá* chorando?

– É de emoção – respondeu Bianca, com voz embargada.

– De emoção?

– É. É muito bom poder ver você aqui, vivo, gozando novamente de saúde perfeita. Apesar de odiá-lo e, nossa, como eu o odeio, você sabe bem disso, eu não quis que você partisse, assim, tão jovem...

– Pa*r*tisse?

– Sim...

– Ora, *diacho*, pa*r*tisse *pra* onde?

– Para o outro plano, você sabe...

– Plano?

– Paraíso.

– Paraíso? Ora, o que eu ia faze*r* numa cidade que nunca ouvi fala*r*, *sô*. Se nunca ouvi fala*r*, como podia chega*r* lá?!

Bianca bufou. Irritada, disse:

– Como você é ignorante. O que eu quis dize*r* é que eu não queria que você falecesse.

– Ah... *ocê* que*r* dize*r* "bate*r com as bota!"* Ah... por que *num exprica* direito?

Ele enlaçou-a, dessa vez sem que ela protestasse, e falou com aquela voz que vem direto do coração:

– *Ocê* é uma *muié* muito *especiar pra* mim, sabia? Eu gosto *d'ocê*. *Ocê* é diferente, mas eu gosto. É uma capivara no cio, mas eu gosto.

– E você é um troglodita, um Jeca Tatu, um brucutu, um...

Ele tapou-lhe a boca com seus dedos longos e grossos.

– Deixa eu fala*r* – pediu, em súplica.

– Desembucha.
– Se é *pra* falar, eu falo.
– Fala então.
– Falo, se é *pra* falar, eu falo.
– Desembucha, homem.
– Desembucho.
– Eu tenho mais o que fazer.
– *Vô falá!*
– Ai...
– Eu...
– Eu?
– Eu...
– Eu?!
– Eu quero...
– Eu quero...
– Eu quero casar com *ocê!*
– Eu quero... O que foi que você disse?
– Isso *memo* que *ocê* ouviu. Eu, Zé Rufino, quero casar com *ocê!*
– Você, por acaso, está caçoando de mim?
– *Num tô*, não, senhora. *Tô* falando muito sério. Eu quero casar com *ocê*. Na igreja, diante do padre, de Deus nosso Senhor, de *paper* passado. Tudo nos conforme.
– Você, por acaso, esqueceu que você é noivo e eu também?
– *Sô*, *ocê* é, mas o que se pode *fazê* se eu gosto *d'ocê* e *ocê* gosta *d'eu*.
– E quem disse que eu gosto *d'ocê*, homem de Deus?!
– Os *oio* da senhora, os *lábio*, a boca... Eu ouvi tudo o que ocê dizia a meu respeito enquanto visitava eu naquele quarto de *hospitar*. Vai querer negar? *Num* vai, *né*? Pra que?! Ocê gosta *d'eu*, eu sei, até os *periquito sabe*.

Aquelas palavras ressoaram aos ouvidos de Bianca, como se a transportassem para um novo mundo. Com cuidado e espanto, ela disse:

– Sabe o que é pior nisso tudo... É que você tem razão, eu realmente gosto de você.

Um sorriso explodiu no rosto bonito e bronzeado de José Rufino.

– Eu disse! – exclamou, febril de tanta alegria.

Seu semblante tornou-se mais lindo naquele instante, foi como se uma luz houvesse sido acesa dentro dele, precisamente no coração, iluminando todo o seu interior, escapando pelos poros. Bianca sentiu-se encabulada diante dos olhos claros e bonitos do rapaz pousando sobre os seus, de forma amorosa.

– Isso é sinal – disse ela, a seguir –, de que eu não estou no meu juízo perfeito, porque, se estivesse...

Ele, na sua simplicidade de sempre, cortou o que ela dizia:

— A Mareliz é uma moça boa, gosto muito dela, mas não tanto como eu gosto *d'ocê*. Ela vai compreende*r* eu se eu termina*r* o noivado com ela. Tenho certeza que vai. Se *ocê falá* com o Tarcísio, ele também vai compreende*r ocê*.

Aquela declaração feriu de alegria o coração de Bianca que, a seguir, disse:

— Você sabe que eu nunca ouvi uma proposta de casamento feita assim, de forma tão espontânea, em toda a minha vida? No meu casamento que não aconteceu, a proposta partiu de mim. Com Tarcísio, ocorreu a mesma coisa.

— É porque os *home* que *ocê* se envolveu *num* são macho como eu. Eu sempre disse que *ocê* precisava de um macho que nem eu na sua vida, num disse?

— É, você disse...

Ele enlaçou mais uma vez Bianca em seus braços fortes e viris, encostou a ponta do seu nariz no dela, sorriu e disse:

— *Faiz* o que eu digo. *Vamo* ficar junto, *vamo*?

— Eu preciso de um tempo

— Tempo *pra* quê, *sô*? Se o coração *d'ocê* diz que *qué* o Zé, e o coração do Zé diz que *qué ocê*, *vamo ouvi* a voz do coração, ora, *num* é isso que todo mundo diz, *diacho*? Que é *pra* ouvir a voz do coração?

Bianca sorriu em concordância.

— A vida passa rápido demais *pra nóis ficá* mais tempo longe um do outro.

— Eu sei. Mas antes de qualquer coisa eu preciso falar com o Tarcísio. Estamos às vésperas do nosso casamento, já recebendo presentes dos convidados. Preciso falar com ele com jeito...

Ele cortou-lhe as palavras com mais um beijo em seus lábios. Um beijo ardente e apaixonado.

— Eu espero. Espero o tempo que fo*r pra* ficar com *ocê*.

Um sorriso amargurado entreabriu os lábios firmes de Bianca. E antes que alguém da casa aparecesse e pegasse os dois ali na sala, a sós, Bianca achou por bem não prolongar a conversa com o rapaz. Assim, sem mais delongas, os dois se despediram.

•••

Bianca voltou para o seu quarto e se trancou dentro dele. Seu coração ainda batia acelerado, comovido e emocionado. Sua respiração ainda se mantinha agitada, como se tivesse subido e descido uma escada de quinze degraus umas cinco vezes.

Foi então que, em meio a toda aquela alegria contagiante, uma voz se fez ser ouvida, uma voz que se propagava somente na mente de Bianca.

— Bianca – disse a voz. – Onde você está com a cabeça? Você não pode seguir sua vida ouvindo somente a voz da emoção. Tem de ouvir a voz da

razão também, se quiser ser bem sucedida nesse mundo racional. Olha bem quem é José Rufino, o que ele pode lhe oferecer.
— Estou vendo — respondeu ela.
— Não está, não.
— Estou sim, *diacho*.
— *Diacho?*
— Ora... — ela bufou. — Eu gosto daquele demônio, eu realmente gosto dele. Sei que ele não passa de um ignorante, tosco, semianalfabeto, mas é ele quem me provoca arrepios, quem aparece nos meus sonhos mais íntimos.
— Ninguém pode desprezar a voz da razão.
— Eu vivi a minha vida inteira ouvindo a voz da razão e não consegui atingir os meus objetivos. Eu quero ser amada por um homem que tem a coragem de me beijar contra a minha vontade. Um homem que é capaz de declarar o que sente por mim em qualquer circunstância. Um homem que tem cheiro de homem, que fala grosso, que cospe no chão, que ao mesmo tempo é gentil e carinhoso com uma mulher, que sabe ser tosco e amável ao mesmo tempo. É esse o homem com quem eu quero me casar. Que me ame de verdade! Que me diga frases de amor, ainda que num português errado. Frases que vêm do coração, que me diga sem que eu precise forçá-lo a me dizer, que me diga espontaneamente. É esse o homem com quem eu quero me casar, entendeu?
— Você vai se arrepender. Pense no que sua mãe e seu pai vão pensar ao descobrir que você está querendo terminar seu noivado com um rapaz de família de classe média alta, estudado, por causa de um grosseirão caipira que só sabe falar "diacho, sô"
— Eu quero ser feliz...
— Ninguém pode ser feliz nesse mundo ouvindo somente a voz da razão.
— Há exceções.
— Mínimas.
— Eu posso ser uma exceção.
— Siga por sua conta e risco.
A voz se silenciou, deixando Bianca tomada de angústia. Em seguida, jogou-se na cama e começou a chorar, baixinho, com o coração opresso, incerto. Meia hora depois, Manuela bateu à porta do quarto e, não ouvindo resposta, entrou. Ao ver a prima estirada na cama, correu até ela e perguntou, preocupada:
— O que houve?
— N-nada não.
— Se não tivesse acontecido nada, você não estaria chorando.
— É a vida... Sempre nos aprontando surpresas.
— O que foi que a vida lhe aprontou dessa vez?
— Ela quer embaralhar a minha cabeça. Fazer-me perder o rumo.

Manuela alisou os cabelos da prima e comentou com voz de mãe que tenta acalmar um filho:

— Não se amofine, prima. A vida complica, mas o tempo tudo descomplica.

— Deus a ouça.

— Eu vim avisá-la de que o Tarcísio está lá embaixo.

— Lá embaixo?! — espantou-se Bianca, sentando-se na cama e enxugando as lágrimas com a fronha do travesseiro. — Ele não pode me ver assim.

Ela saltou da cama e seguiu em direção ao banheiro. Manuela foi atrás.

— Calma, prima.

Bianca lavou o rosto bem lavado, voltou para o quarto, retocou o batom, passou um pouco de ruge, ajeitou a roupa e o cabelo e desceu acompanhada de Manuela.

— Bianca — disse Tarcísio, assim que avistou a noiva descendo as escadas.

Com ares de rainha, num lindo vestido que combinava muito bem com seus cabelos castanhos maravilhosamente penteados, Bianca procurou transparecer normalidade, mas Tarcísio percebeu que ela não estava bem.

— O que houve? — perguntou, olhando firme para ela. — Você parece abatida.

— Uma ligeira indisposição.

— Vim buscá-la, pois tenho uma surpresa para você, mas se não estiver passando bem, eu volto outra hora.

— Não, que nada, já estou bem melhor. Surpresa? Que surpresa?

— Você verá.

Os dois saíram.

— Tchau, Manuela — gritou ele.

— Tchau.

Bianca voltou-se e procurou sorrir para Manuela, ela retribuiu o sorriso, mas ficou preocupada com a prima.

•••

Durante o trajeto de carro, Tarcísio foi contando alegremente sobre os últimos acontecimentos que envolveram a sua vida.

— Chegamos — disse ele, estacionando o carro. — Desça!

Bianca desceu. A seguir, apontando para a bela casa que se encontrava diante deles, Tarcísio disse:

— Essa casa é a nossa casa!

— Nossa?! — espantou-se Bianca, maravilhada com o tamanho da casa.

— Nossa sim. Foi presente do meu pai.

— É uma casa muito linda.

— E espaçosa. Venha ver.

Os dois entraram na espaçosa morada.

— É formidável! – exclamou Bianca, verdadeiramente contente com o que via.

— Eu sabia que você iria gostar – alegrou-se Tarcísio, satisfeito com o contentamento da noiva.

— Vai levar um certo tempo para que nós a mobiliemos por completo, mas o mais importante a gente já tem, que é um teto sobre a nossa cabeça.

Bianca sorriu.

— Seu pai foi muito gentil...

— Papai sempre foi muito generoso.

Ela sorriu. Foi então que uma lágrima escapou de seu olho direito.

— O que foi, você me parece triste.

— É a emoção.

Ele a enlaçou e beijou-lhe a testa.

— Falta pouco, bem pouco agora para o grande dia...

Bianca olhou para o noivo, procurando sorrir, porém as lágrimas aprisionadas fugiram de repente de seus olhos castanhos, bonitos e viçosos. Ela tentou se dominar. Entretanto, em pouco tempo, soluçava. Tarcísio a apertou ainda mais contra o peito, procurando transmitir-lhe paz e calor.

— Desculpe – disse ela, quando se sentiu mais segura para falar – estou emocionada.

— Eu sei, meu bem, eu sei.

Ela, por fim, controlou-se e deixou que ele enxugasse suas lágrimas com um lenço.

— Nós vamos ser muito felizes aqui, meu bem, você verá! – disse ele, acreditando muito no que dizia.

A frase pareceu fazer com que o coração de Bianca sangrasse. Sangrasse sem saber ao certo o porquê.

Os lábios dela se aproximaram dos dele, trêmulos de emoção e eles se beijaram. Ela tinha esperança de sentir as mesmas ondas de calor que sentira ao ser beijada por José Rufino. Infelizmente, não houve um frêmito sequer de calor.

Minutos depois, Tarcísio Fontenelle comentou como quem não quer nada:

— Eu queria que você não se aborrecesse com a minha mãe.

— Eu, me aborrecer com ela, por que haveria?

— Porque a língua da minha mãe é muitas vezes ferina. Ela fala coisas sem pensar, coisas indevidas.

— Como, por exemplo?

— Que você só está se casando comigo para não ficar solteira. Não porque me ama, realmente. Eu acho, particularmente, que ela fala isso para nos perturbar, porque morre de ciúme de você, por você estar, entre aspas, tirando o filhinho adorado dela de casa.

– Eu compreendo.

– Eu sei que você jamais faria isso comigo ou com qualquer outro homem porque você é honesta, uma mulher de caráter refinado, dentre poucas. Eu sei, eu sinto. Se não soubesse, não teria me apaixonado por você.

Bianca fugiu dos olhos do noivo, enquanto comprimia os músculos faciais. Ao vê-la de olhos furtivos, pálida, Tarcísio beijou-lhe a fronte febril, acariciou-lhe suavemente os cabelos, como se procurasse distribuir a paz e repetiu o que dissera havia pouco:

– Nós vamos ser muito felizes aqui, você vai ver.

Bianca cerrou os olhos enquanto um certo assombro se estampava na sua face e, ao mesmo tempo, em seu coração.

...

Assim que Tarcísio deixou Bianca na casa da família Giacomelli, ela se trancafiou no quarto e se jogou na cama, querendo muito que sua mente se esvaziasse, serenasse e ficasse livre daqueles pensamentos trevosos. Seus olhos estavam agora cada vez mais tristes e os grandes cílios cada vez mais úmidos e brilhantes. Dentro dela a razão e a emoção duelavam com todas as armas. Foi então que ela ouviu uma voz masculina chamando por ela:

– Bianca.

Ela não deu trela, pois pensou estar ouvindo coisas. A voz tornou a alcançar seus ouvidos:

– Bianca.

Por fim, ela ergueu a cabeça e olhou na direção da porta que continuava fechada.

– Pode entrar – disse.

Mas a porta não se abriu. Ela tornou a dizer, elevando a voz:

– Pode entrar.

Mas a porta continuou fechada.

– Estou mesmo ouvindo coisas – murmurou.

Ela voltou a aconchegar sua cabeça no travesseiro macio. Inspirou novamente o ar para sentir o perfume gostoso do sabão com que a fronha havia sido lavada. Aquilo, de certa forma, conseguia apaziguar um pouco o seu desespero. Segundos depois, a voz de homem tornou a alcançar seus ouvidos.

– Bianca, sou eu...

Bianca estremeceu diante do novo chamado, pois, dessa vez, ela reconheceu o dono daquela voz. Pertencia a José Murilo, o falecido noivo.

Capítulo 14

Bianca, imediatamente, ergueu a cabeça e olhou ao redor, para todos os cantos do aposento.

– Que brincadeira é essa?

– Não é brincadeira alguma, Bianca – foi a resposta que ela obteve a sua pergunta.

Aflita, ela saltou da cama e foi espiar atrás da cortina para ver se encontrava alguém ali, escondido. Era certamente Hugo quem fazia aquela brincadeira com ela, brincadeira de muito mau gosto, aliás. Depois de ver atrás das cortinas, verificou o guarda-roupa. Não havia ninguém por ali também.

– Devo estar delirando – lamentou, voltando a se jogar na cama.

A voz de José Murilo voltou a se propagar no local:

– Larga de ser turrona, Bianca... É dele que você gosta, é ele quem você ama!

Bianca tornou a estremecer diante daquelas palavras. Aquela voz só podia ser uma projeção da sua mente, afinal, José Murilo estava morto, morto e enterrado. Como ele poderia estar conversando com ela?

– Quem está fazendo essa brincadeira de mau gosto comigo? – tornou ela, rompendo-se em lágrimas.

– Isso não é uma brincadeira, Bianca, é sério – respondeu a voz com determinação.

– Por favor, pare! – suplicou ela, com os olhos embaçados de agonia e espanto.

A voz soou enfática ao dizer:

– Paro assim que você me ouvir.

– José Murilo, é você?

– Sim, Bianca. Sou eu.

– Você não pode estar aqui, não pode, você está morto, José Murilo, morto!

– Quem morreu foi meu corpo físico, Bianca, eu, a minha essência, a minha alma, o meu espírito, tudo isso continua vivo, só que num plano diferente do plano terrestre, por isso é que estou aqui falando com você agora.

Bianca escondeu o rosto entre as mãos.

– Isso não pode estar acontecendo. Isso não pode estar acontecendo... – repetia incansavelmente. – Tudo isso não passa de um delírio meu...

– Bianca, ouça-me! – insistiu José Murilo, em espírito, externando carinho na voz. – Pelo amor de Deus, ouça-me.

Ela deixou de esconder seu rosto para lançar mais uma vez um olhar aterrorizado para as paredes do seu quarto.

– Você quer o meu mal, é isso, não é, José Murilo? Você quer o meu mal, porque a essas alturas deve saber muito bem o que me levou a casar com você.

– Eu quero o seu bem, Bianca. – defendeu-se o espírito. – O seu bem.

– Não acredito.

– Acredite-me. Eu sempre gostei de você, por isso quero o seu bem. Você quer ser feliz, Bianca. Como todo mundo, o que você mais quer na vida é ser feliz. E você sabe, no íntimo, onde está a sua felicidade.

– Se você está se referindo àquele pangaré, tosco, *beira-rio*...

– É dele mesmo que estou falando.

– Ele não passa de um matuto. Além disso, é pobre.

– Certas riquezas não são visíveis a olho nu, Bianca, e são elas as que mais importam para o ser humano, acredite-me.

– Não me venha filosofar numa hora dessas, por favor. O que eu menos preciso agora é de algo para embaralhar ainda mais a minha cabeça.

– Longe de mim querer embaralhar a sua cabeça. Tudo o que mais quero é desembaralhá-la.

Bianca enxugou as lágrimas no lenço de cetim que mantinha sobre o criado-mudo e se sentou na cama. Parecia um pouco mais calma agora. Percorreu mais uma vez os olhos pelo aposento antes de perguntar:

– É você mesmo, José Murilo?

– Sim, Bianca, sou eu mesmo.

– Como isso pode ser possível?

O rapaz riu antes de responder:

– Eu não entendo o ser humano. Todas as religiões, sem distinção, afirmam que o espírito humano sobrevive à morte; no entanto, quando um espírito aparece, tenta se comunicar com alguém na Terra, as pessoas (espíritos encarnados) descreem do que ouvem ou veem. Duvidam totalmente. Isso revela para mim que tudo que se diz durante os cultos religiosos, seja qual for a religião, entra por um ouvido e sai pelo outro daqueles que ali estão.

– Quer dizer que você agora é um espírito?

– Sempre fui, você também é, a diferença entre nós, por enquanto, é que a minha alma, o meu espírito, já se desprendeu da matéria, ou seja do corpo físico, e o seu continua preso a ela, pois você ainda vive na Terra.

– É tudo tão confuso...
– É tudo muito simples e lógico.

O silêncio caiu sobre os dois. Novas lágrimas atravessaram os olhos de Bianca, seu olhar adquiriu um aspecto desolado, perdido...

– Eu... – murmurou desolada –, eu sinto muito por ter feito o que fiz com você. Por ter dito tudo o que disse no dia do nosso casamento que não aconteceu. Tudo aquilo que talvez, por acaso, você tenha ouvido. Eu estava com raiva, com muita raiva de você por ter estragado os meus planos.

– Eu sei.
– Só queria que me perdoasse.
– Eu nunca guardei ressentimento de você, Bianca.
– Eu guardaria de você, se você tivesse feito comigo o que eu fiz com você. Se tivesse dito apenas um terço do que eu disse de você no dia de sua morte.
– Você estava nervosa, sentida, eu compreendo.
– Estava mesmo, muito sentida.

Um suspiro cortou a frase. Ela tomou ar e, num tom angustiado, desabafou:

– Minha vida mudou tanto depois que você partiu, José Murilo.
– Eu sei.
– Sabe?
– Lógico que sei. Desde a minha partida, venho acompanhando a vida daqueles que amo.
– Então você sabe o quanto a minha vida mudou.
– Ela não mudou tanto assim.
– Como não?
– As mudanças não são medidas pelas mudanças que você faz na matéria. Mudança de cidade, de trabalho, de namorado... nada disso significa realmente mudança. O que vale mesmo são as mudanças internas. Essas sim são valiosas, valiosas como o ouro é para o sistema econômico do planeta. Porque essas mudanças, você as leva consigo para onde quer que você vá, principalmente para além da vida.

Bianca, surpresa com as palavras do espírito, perguntou:
– Você me perdoou mesmo?
– Sim. Porque jamais abri espaço para o rancor, a mágoa...

Bianca gostou mais uma vez do que ouviu e disse:
– Eu gostaria de fazer o mesmo que você. Para mim, as pessoas que são capazes de enfrentar o rancor, de tirá-lo de dentro de si, são mais felizes.
– Com certeza.

Houve uma breve pausa até que ele dissesse:

– Prometa-me que vai pensar no que eu lhe disse. Refletir melhor a respeito do que você quer para si mesma, para a sua felicidade.

– Será que sou capaz?

– A gente é sempre bem mais capaz do que pensa.

– Vou tentar.

– Isso, pelo menos tente.

A voz de José Murilo silenciou-se. Bianca permaneceu ali sentada na cama, abraçando os joelhos, pensativa. Perguntava-se volta e meia se o pequeno diálogo que tivera há pouco com José Murilo não passava de um delírio seu.

•••

– Prima! – chamou Bianca, assim que encontrou Manuela.

– Sim, prima.

– Aquele suco que foi servido para todos no almoço não foi feito com bebida alcoólica, foi?

– Ora, prima, é lógico que não.

– Tem certeza?

– É lógico que sim, é só perguntar para a Jurema. Por quê?

– Porque andei tendo umas alucinações.

– Alucinações?

– Sim. Pode?

– Que tipo de alucinação?

– Deixa *pra* lá. Se eu disser, vão começar a pensar que eu estou ficando *tereré*.

Bianca estava remexendo sua carteira, em busca de uma oração que havia trazido da capela da Santa Casa, quando encontrou, para o seu total espanto, uma foto de José Murilo que ela podia jurar que havia rasgado e jogado fora.

Ela largou o que estava fazendo para prestar melhor atenção à foto. Olhou para ela com admiração e para seu espanto podia ver traços em José Murilo que ela jamais havia visto, enquanto conviveu com ele. Era, de repente, como se ele fosse uma nova pessoa para ela, quase um estranho. As palavras dele voltaram a ecoar em sua mente:

"Você quer ser feliz, Bianca. Como todo mundo, o que você mais quer na vida é ser feliz. E você sabe, no íntimo, onde está a sua felicidade."

"Certas riquezas não são visíveis a olho nu e são elas as que mais importam para o ser humano..."

"Prometa-me que vai pensar no que eu lhe disse. Refletir melhor a respeito do que você quer para si mesma, para a sua felicidade."

Sua mente já estava em rodopios antes de o espírito de José Murilo ter aparecido para conversar com ela, agora, então, havia se transformado num "Chapéu Mexicano" que girava e girava e girava cada vez mais forte.

Capítulo 15

A maioria dos familiares e amigos convidados para o casamento de Bianca Tomazoni e Tarcísio Fontenelle chegaram à cidade de Passaredo um dia antes da cerimônia. As casas dos parentes estavam tumultuadas para poder acomodar todos os que haviam vindo de longe. O pequeno hotel da cidade comportava aqueles que podiam pagar por um quarto.

Os presentes tomavam conta da sala de visitas que dona Ênia Fontenelle havia reservado para guardá-los. Havia presentes pelo chão, a se perder de vista. Uma maravilha, uma fartura. Baixelas, jogos de louça, bandejas de prata e madeira, vasos de cristal, paneleiros, faqueiro. Uma variedade tamanha...

Até então, Bianca Tomazoni havia refletido muito a respeito do que José Murilo havia lhe aconselhado, mas chegou à conclusão de que já era tarde demais para voltar atrás na sua decisão de se casar com Tarcísio Fontenelle.

À véspera do casamento, Bianca recebeu uma ligação de José Rufino. Ele queria porque queria vê-la, falar com ela a sós. Depois de ele muito insistir, Bianca acabou aceitando se encontrar com o rapaz e escolheu a igreja onde conhecera padre Lucas para o tal encontro.

– Olá – disse ela, assim que encontrou José Rufino aguardando por ela, dentro da igreja.

Ele permaneceu calado, olhando fundo nos olhos dela e admirando, mais uma vez, com olhos amorosos, seu porte esbelto, seu andar gracioso, seu rosto rosado, coberto com grossa camada de *pankake*, pó de arroz, ruge, batom e lápis preto, tudo, enfim, que uma mulher pode usar para se tornar mais bonita, realçar sua beleza e esconder a idade.

Bianca estava, como sempre, trajando um elegante vestido que realçava lindamente as curvas de seu corpo. Seus cabelos maravilhosamente penteados faziam sobressair seu olhar triste e ansioso. Um olhar que se prendeu ao dele enquanto o silêncio calava os dois. Por uma, duas vezes, os lábios de ambos se moveram sem emitir uma palavra sequer. Foi José Rufino quem conseguiu falar primeiro:

– *Ocê* vai se casar *memo* com o Tarcísio? É isso *memo* o que *ocê qué pr'ocê*?

Ela respirou tensa. Os olhos brilharam, aflitos, procurando fugir ao olhar transbordante de amor com que ele a devorava.

– É? – tornou ele, contemplando os olhos castanho-aveludados, querendo muito descobrir o que eles ocultavam.

Os olhos dela agora brilhavam porque retinham lágrimas. E o peito palpitava porque a razão e a emoção duelavam com todas as armas dentro dele. Sua face parecia agora queimar, a dele também, asfixiada pelo silêncio inesperado que caiu sobre os dois. Por fim, ela respirou fundo, *respirou* coragem para dizer o que achava ser o correto dizer:

– Nós dois pertencemos a mundos completamente diferentes um do outro. Nós nunca daríamos certo juntando os nossos mundos.

A voz dela vacilava, amargurada. Os olhos castanhos, sempre sinceros e risonhos do lindo rapaz expressavam agora somente angústia e tristeza. Com dificuldades, ele perguntou:

– E o que *nóis sentimo* um pelo outro, *num* conta?

– Sentimentos vêm, sentimentos vão...

– Até *memo* os *verdadeiro*?

– Até mesmo estes...

O rosto de ambos foi coberto por uma expressão de dor a seguir. A dor também transparecia na voz quando ele disse:

– *Ocê num* me *qué* porque eu *sô* pobre, *né*? Pobre, matuto e ignorante? Num uso perfume *franceis*, *num* tenho carrão, nem piscina no sítio, nem sei me vestir direito, eu sei, pode *dizê*.

– É isso mesmo... – confirmou ela, fingindo-se de forte. – Como duas pessoas tão diferentes poderiam viver juntas? Não dá, é impossível. Case-se com a Mareliz, ela é uma moça do seu nível social, você vai ser muito mais feliz ficando com ela do que ficando comigo.

Os olhos dele agora estavam encharcados de lágrimas.

– É melhor você ir – acrescentou Bianca, friamente.

– É *mió memo* – concordou ele, repondo o chapéu sobre a cabeça.

Ele estava prestes a atravessar a porta da igreja, quando se voltou e disse:

– Que *ocê* seja muito feliz ao lado do seu marido.

– Obrigada. Serei, pode estar certo de que serei.

Os dois se contemplaram mais uma vez, longamente, como se procurassem gravar para sempre as feições do rosto de cada um na memória.

José Rufino partiu da igreja cabisbaixo, desgostoso da vida. Ao se fechar dentro da sua caminhonete, rompeu-se em lágrimas. Pouco importava agora para ele que alguém o visse chorando, mentira quem disse que homem não chora, chora sim, principalmente quando perde a mulher da sua vida.

Assim que Bianca chegou à casa da tia, fechou-se em seu quarto e se jogou na cama. Rompeu-se também num pranto amargurado e sentido. Tinha a sensação de que um pedaço de seu corpo, um pedaço vital, havia sido arrancado dela de forma abrupta, sem anestesia, sem dó nem piedade.

– Por quê? – perguntava-se ela. – Por que a vida nunca pode ser do jeito que a gente tanto quer? Por quê?

Sua voz se perdeu entre as lágrimas.

...

Assim que José Rufino chegou ao pequeno sítio de sua família, estacionou a caminhonete e seguiu para o lago. Sentou-se sobre um tronco rente ao lago e deixou seus olhos se perderem na superfície da água. As lágrimas ainda rolavam por sua face e pareciam não ter fim.

– *Ô diacho*, *mardito* o dia que eu fui conhecer aquela *muié*...

A atenção de José Rufino foi despertada pela chegada do seu cão de estimação, um vira-lata de cor branca e manchas pretas, focinho ligeiramente longo, rabo comprido que sempre se agitava ao vê-lo. O cão sentou-se ao lado do seu dono e se pôs a olhar para ele com pena.

– É isso *memo*, Tijuca. – disse José, choroso.

Tijuca era o nome do cão.

– *Tô* chorando *memo*, chorando por causa de uma *muié*.

O cão resmungou alguma coisa. Carinhosamente, José pegou no focinho do animal e, olhando firme em seus olhos, disse:

– *Ocê* que nunca se apaixone por uma cadela, *tá* ouvindo? Principalmente por uma cadela de raça. Se isso acontecer, *ocê* vai sofrer um *tantão*, porque ela vai *te* desprezar só porque *ocê num* é de raça.

O cão soltou outro rosnado.

– *Muié* é uma praga, *sô*. Só serve *pra judiá de nóis*.

A voz de José Rufino apagou-se diante de mais uma torrente de lágrimas.

O cão rosnou baixinho, entristecido pelo estado em que se encontrava o seu melhor amigo. Logo, seu rosnado virou um choro angustiado. Cinco minutos depois, dona Ilva, mãe de José Rufino, juntou-se a eles.

– *Ocê* nunca seria *filiz* ao lado dela, *fio* – disse a senhora, seriamente.

José Rufino voltou seus olhos vermelhos, lacrimejantes, para a mãe, que repetiu, amorosamente:

– É isso *memo* que *ocê* ouviu, *fio*: *ocê* nunca seria *filiz* ao lado dela.

José Rufino engoliu em seco.

– Como é que a senhora sabe, minha mãe? – perguntou.

– Porque óleo e água *num* se mistura. *Ocê* é como se fosse o óleo e essa *tar* de quem *ocê* tanto gosta é que nem a água.

José Rufino engoliu em seco novamente. A mãe acrescentou:

– *Ocê* vai *casá* com a Mareliz, ela é a *muié* certa *pr'ocê, fio*. É gente como a gente. *Tira* essa outra do *seu* coração, *num* é *bão* sofre*r* por algo que nunca pode se*r*.

– Eu gosto dela, mãe.

– Ela só trouxe infelicidade *pr'ocê, fio*, se *ocê* insisti*r*, ela vai traze*r* ainda mais infelicidade *pr'ocê*.

– Deus *num* tem dó de *nóis*, mãe?

– Tem sim, *fio*, mas a vida é feita de sacrifício.

Houve uma breve pausa até que dona Ilva disse:

– *Vamo* pra casa, Zé Rufino.

– Deixa eu fica*r* um pouco mais aqui, mãe.

– *Num* quero *deixa ocê* sozinho, Zé. Não nesse estado de desespero que *ocê tá, fio*.

– *Num tô* sozinho, mãe, o Tijuca *tâ* comigo.

A mulher olhou bem fundo nos olhos do filho e seriamente falou:

– *Ocê* que *num* me faça uma besteira, *hein, Zé*?

– Pode fica*r* tranquila, mãe. *Num sô* doido, não.

A mãe voltou para a casa, sentindo um aperto no coração. Implorava a Deus que iluminasse a cabeça do filho, que varresse dele aquela mulher que o estava fazendo sofrer.

José Rufino permaneceu no mesmo lugar, sentado de frente para o lago na companhia de Tijuca até o sol se pôr no horizonte.

– *Temo de sê* forte, Tijuca, meu companheiro – disse ele, quando finalmente se viu disposto a voltar para a casa. – *Vamo pra* casa, amigo *véio*, de nada adianta eu fica*r* aqui sentado *oiando pra* esse lago. Nada vai *mudá* por causa disso. Minha mãe *tá* certa, eu e aquela *muié num* combina. *Muié* certa *pra* mim é *memo* a Mareliz. É com ela que eu *vô* me casa*r* e se*r* muito feliz! Ponto *finar*!

Os últimos raios do sol se apagaram e a noite tomou conta do céu de vez.

...

Enquanto isso, na casa de Mareliz da Silva, a mãe virou-se para a filha e perguntou:

– Mareliz, minha *fia*, o que há?

– Nada não, mãe. *Tava* apenas pensando na vida.

– *Ocê* me parece preocupada.

– *Tô* não, mãe.

– *Tá* quase na hora de dormi*r*.

— Eu já *vô*, mãe, só quero ficar um pouquinho mais aqui *oiando pro* céu.

A mãe fechou a porta, mas permaneceu olhando para a filha por uma fresta. Estava preocupada com a moça. Nunca a vira assim tão dispersa... Parecia remoer algo dentro dela, algo que escondia de todos a sete chaves. O que seria? No minuto seguinte, Dona Zelinda mergulhou nas suas orações.

•••

Oito horas da noite do dia seguinte, a igreja da matriz de Passaredo já estava praticamente lotada de convidados. Aquele era o primeiro casamento a ser realizado àquela hora da noite na cidade, horário que causou polêmica entre os moradores do local.

— Onde já se viu fazer um casamento tão tarde da noite assim, sô? – disseram uns.

— Isso é coisa de gente metida – comentavam outros.

Bianca entrou no carro que seu pai havia mandado vir especialmente do Rio de Janeiro para levá-la à igreja matriz da cidade exatamente às oito horas e dez minutos. Até mesmo o chofer, Romualdo, moço bom e polido, percebeu o quanto a noiva estava nervosa.

Foi preciso que Armando Bellini, o costureiro que fizera o vestido e fora especialmente para Passaredo para vestir a noiva, ajudasse Bianca a subir o lance de escadas que levava até a porta de frente da igreja, pois as pernas dela tremiam tanto que pareciam ter virado gelatina.

Tudo pronto. A marcha nupcial começou a tocar. Os convidados se levantaram e dirigiram o olhar para os fundos da igreja. As portas se abriram e Bianca entrou conduzida por seu pai. Tarcísio sorriu ao vê-la vestida de noiva, linda! Divinamente linda!!

Bianca procurava sorrir para todos enquanto seguia pelo tapete vermelho estirado no centro da matriz. Queria mostrar-se alegre e segura do que estava fazendo para todos, exatamente o oposto do que se passava dentro dela. Nunca se sentira tão incerta quanto aos rumos de sua vida quanto naquele momento.

Então, subitamente, em meio aos convidados, ela avistou o espírito de José Murilo olhando seriamente para ela. Ela sorriu para ele. Levou quase vinte segundos para que ela se desse conta do que havia realmente visto e feito. Estremeceu por baixo do vestido. Voltou a cabeça para trás na direção em que havia visto o espírito, mas ele já não se encontrava mais no mesmo lugar. A palpitação parou. Ela respirou aliviada.

O pai entregou a filha ao noivo. Ele agradeceu, beijou Bianca na testa e a conduziu até o altar. O padre deu início à cerimônia.

Bianca por pouco não gritou ao avistar José Murilo parado a menos de um metro na diagonal do padre. Era uma imagem transparente e levemente reluzente. Ele se mantinha olhando sério para ela. Ela novamente estremeceu. Seu queixo agora tremia e, para segurá-lo, ela começou a morder os lábios.

– Bianca – chamou José Murilo.

Ela fingiu não ouvi-lo.

– Bianca – tornou ele, um pouco mais alto.

Ela continuou fingindo que não o ouvia.

– Eu sei que está me ouvindo – disse ele, com firmeza. – Você pode fingir o quanto quiser que não me ouve, mas eu sei que está me ouvindo.

Ela olhou para ele por um mero segundo. Engoliu em seco, procurou se concentrar no que o padre dizia.

José Murilo repetiu as palavras que havia dito para ela no primeiro reencontro dos dois:

"Você quer ser feliz, Bianca. Como todo mundo, o que você mais quer na vida é ser feliz. E você sabe, no íntimo, onde está a sua felicidade."

"Certas riquezas não são visíveis a olho nu e são elas as que mais importam para o ser humano..."

"Prometa-me que vai pensar no que eu lhe disse. Refletir melhor a respeito do que você quer para si mesma. Para a sua felicidade."

Bianca queria mandá-lo se calar, mas como falar com ele sem ser ouvida pelos demais ao seu redor.

– Você refletiu, que eu sei – continuou José Murilo. – Nem foi preciso fazer muita reflexão para perceber que o melhor a ser feito da sua vida é se casar com José Rufino. No entanto, você continua teimando, curvando-se para aquilo que os outros, a sociedade valoriza e não o que a alma, a sua alma valoriza. Continua sendo cruel consigo mesma ao se negar a dar para si mesma o que realmente sabe que pode fazê-la feliz no amor. E eu lhe pergunto: isso é justo? Se José Rufino não a amasse, eu lhe diria que seria tolice pensar nele, todo amor que não é recíproco já é sinal de que não é para acontecer. Mas esse não é o caso de vocês, vocês dois se amam, vocês dois se querem, a união de vocês dois só não aconteceu até agora por causa da sua teimosia, do seu apego à matéria, aos valores sem valores de uma sociedade capitalista e hipócrita.

Bianca inspirou fundo.

– Bianca – tornou ele, abrandando a voz.

– Por favor, José Murilo – disse-lhe, baixinho.

O espírito não se deu por vencido, insistiu:

– Você merece ser feliz, Bianca. Não roube de você essa chance de felicidade.

– Eu não posso... – respondeu ela, em pensamento.

– Você gosta de outro! – insistiu ele.
– De um homem que não passa de um mequetrefe? – insistiu ela, num murmúrio. – Como posso viver com um jacu daqueles? Sou uma moça da alta sociedade. Você sabe disso. Eu e o Zé pertencemos a mundos diferentes. Mundos totalmente diferentes.
– Nada vale mais que o amor, que o verdadeiro amor – tornou José Murilo.
– Dona Bianca – chamou o padre.
Ela voltou os olhos aflitos para ele.
– Está tudo bem com a senhora?
Ela balançou a cabeça afirmativamente.
– Você está passando bem? – perguntou Tarcísio, ligeiramente preocupado.
– Estou. Prossiga com a cerimônia, por favor.
– Muito bem – suspirou o padre, retomando o curso da cerimônia.
– Arrependa-se do que fez e não do que não fez – salientou José Murilo.
– Cale-se! – berrou Bianca. A resposta saltou-lhe a boca de forma totalmente involuntária.
O padre se assustou.
– O que foi que a senhora disse?
– Eu?
– Sim.
Ela se abanou com as mãos.
– Desculpe, não estava falando com o senhor.
– Não?! Com quem, então?
Bianca levou o rosto à frente para que somente o padre pudesse ouvir o que ela tinha a lhe dizer:
– É um espírito.
– O espírito santo?
– Não! O espírito do meu ex-noivo...
– Filha, você está nervosa, os espíritos dos mortos não vagueiam pelo mundo dos vivos.
– Diga isso para ele e não para mim! – exaltou-se Bianca, começando a sentir um faniquito por baixo do vestido que cobria o seu corpo.
O padre, sem compreender, perguntou:
– Posso continuar?
– Por favor.
– Muito bem, como eu dizia, você Bianca Tomazoni aceita...
José Murilo se fez mais uma vez ser ouvido:
– Bianca.
Bianca fez beicinho. José Murilo insistiu:
– Bianca, se você se casar com esse moço, nem você nem ele serão felizes. Acha certo isso?

Ela respirou fundo. Nesse momento, o padre repetia a pergunta que mais uma vez havia fugido dos ouvidos de Bianca.

– Você, Bianca Tomazoni, aceita Tarcísio Fontenelle como seu marido, na alegria e na tristeza, na saúde e na doença, amando-o e respeitando-o até o último dia de sua vida?

José Murilo manteve-se firme olhando para ela, procurando expressar por meio do seu olhar o que tanto achava que ela deveria fazer para se feliz.

– Dona Bianca – tornou o padre –, a senhora está me ouvindo?

– Bianca – chamou Tarcísio, apertando a mão dela que estava entrelaçada à sua.

– Oi?

– A senhorita está me ouvindo? – insistiu o padre.

– S-sim.

– Então responda a minha pergunta. Concentre-se nela. Você, Bianca Tomazoni, aceita Tarcísio Fontenelle como seu marido, na alegria e na tristeza, na saúde e na doença, amando-o e respeitando-o até o último dia de sua vida?

Os olhos de Bianca se encontraram mais uma vez com os de José Murilo.

– S... – disse ela.

– S... – ajudou o padre.

– S... N... Si... Nã... – gaguejou ela.

Muitos dos casais de padrinhos se entreolharam. O padre tornou a repetir:

– Você, Bianca Tomazoni, aceita Tarcísio Fontenelle como seu marido?

– É claro que... – ela parou, balançou a cabeça como se faz quando se quer desviar de um mosquito ou de uma abelha a nos importunar.

– Eu... – disse ela, em meio a um suspiro tenso.

Enfim, ela recuou, olhou firme para Tarcísio que a olhava bastante sem graça.

– Desculpe, Tarcísio – disse ela –, mil desculpas, mas eu não posso... não posso me casar com você... não é certo fazer isso comigo nem com você. Você merece ser feliz, eu também... E eu não posso fazê-lo feliz... Não posso...

As palavras fugiram da boca de Tarcísio.

O *zum-zum-zum* entre os convidados foi se intensificando. Muitos chegaram a levantar do banco onde estavam sentados para ver o que estava acontecendo.

– O que deu nessa moça? – rosnou o pai de Tarcísio, assim que compreendeu o que se passava.

Bianca voltou-se para ele e disse:

– Eu sinto muito, muito mesmo.

Voltando-se para seus pais, acrescentou:

– Papai, mamãe, eu sinto muito...

E sem mais palavras Bianca deixou a igreja pelo corredor todo enfeitado que levava ao altar.

As pessoas olhavam-na atônitas, mas ela não olhava para ninguém, seus olhos apenas avistavam a grande porta em arco da entrada da igreja pela qual ela havia entrado no local.

— Eu devo estar louca — comentava Bianca consigo.
— Louca de amor... — dizia José Murilo, seguindo a sua sombra.
— Você! — gritou ela com o espírito. — Você, fique calado. Não me diga mais nenhuma palavra.

Assim que ela se viu fora da igreja, Bianca se perguntou:
— Ai, Jesus, o que faço agora?
— Vá atrás dele! — sugeriu José Murilo.
— Eu não quero mais que você me dirija a palavra.

José Murilo riu e disse:
— Parece mesmo uma onça brava.
— Você também!

Ao ver o chofer, Bianca correu na sua direção.
— Romualdo, leve-me daqui, por favor.
— Mas, dona Bianca, e quanto ao casamento?
— Não vai haver casamento algum.
— A senhora tem certeza?
— Tenho, Romualdo!

Bianca entrou no carro com a ajuda do chofer. Assim que o motorista se ajeitou no banco, voltou-se para ela e perguntou:
— Para onde a senhora quer ir, dona Bianca?

Ela refletiu por instantes, por fim disse:
— Por ali, eu vou lhe dando as coordenadas.

O simpático chofer ligou o carro e seguiu suas instruções.

•••

A chegada do carro às imediações da sede do sítio da família Rufino, onde morava José Rufino, causou alarde entre os animais. Bianca sabia onde ficava o sítio porque o tio e a tia, num dia de passeio com ela, haviam lhe mostrado diversos pontos da cidade. José Rufino, que assim como sua família dormia cedo, assim que ouviu o agito dos animais, os latidos incessantes de Tijuca, saltou da cama, apanhou a espingarda e disse ao encontrar seu pai e sua mãe.

— Mãe, pai, tem *arguém* lá fora!
— Eu ouvi barulho de carro, fio — disse a mãe, um tanto apreensiva.
— Deve *sê* ladrão — opinou o pai.
— Pode deixar, pai, mãe, que eu pego esses *mardito*.

O moço deixou a casa empunhando a espingarda na direção do carro que havia estacionado a poucos metros da morada.

– Ué?! – resmungou. – Nunca vi ladrão com carrão tão grã-fino como este, *sô*.

A seguir, o moço falou a toda voz:

– Fora das minhas *terra*, senão eu atiro!

Foi então que Bianca abriu a porta do carro e se preparou para deixar o veículo.

– Eu *tô* falando sério, se *ocês num* sumir daqui, eu passo fogo! – repetiu José Rufino, empunhando o rifle ainda com mais firmeza.

O rapaz estava prestes a puxar o gatilho da espingarda quando Bianca saiu do carro. José Rufino mal podia acreditar no que via.

– *Ô diacho* – resmungou, frisando os olhos para ver melhor. – O que *ocê tá* fazendo por aqui, *muié?* E o casamento? Não vai me dizer que o noivo *bateu com as bota* mais uma vez? *Eta* farta de sorte, *sô*.

– Não foi nada disso – respondeu Bianca, indo ao encontro dele.

– Não?

– Não. Quer fazer o favor de abaixar essa espingarda.

O moço obedeceu. Ambos então ficaram se encarando, enquanto o silêncio caía sobre eles como uma chuva de pétalas. Enfim, Bianca, num tom de voz completamente fora do habitual, explicou:

– Eu desisti do casamento.

– *Ocê* o quê?!

– Isso mesmo que você ouviu. Eu desisti do casamento.

– Ora, *diacho*, por quê?

– Por sua causa.

Ela aproximou-se dele, passou a mão pelo seu rosto bonito e sereno e disse:

– É de você, Zé Rufino, é de você que eu gosto. É em você que eu penso quando vou me deitar, é com você que eu sonho, é em você que eu penso quando acordo... Penso em você dia e noite, noite e dia... A toda hora...

– *Ocê* desistiu *memo* do casamento?

– Por sua causa.

– Por causa *d'eu*?

– Sim. Achei que deveria ser honesta comigo mesma e com as pessoas pelo menos uma vez na vida.

O silêncio caiu sobre os dois novamente, só que desta vez como uma chuva de pétalas e espinhos.

– *Tá* tudo bem aí, *fio?* – perguntou dona Ilva, incomodada com o silêncio.

– Sim, mãe, *tá* tudo bem – respondeu José Rufino, coçando a nuca.

O silêncio permaneceu entre os dois, enquanto cada um se detinha preso ao olhar do outro. Ele era a menina dos olhos dela; ela, a menina dos olhos dele.

Ouviu-se, então, o mugido da vaca leiteira alojada no curral. Depois, o leve relincho da égua presa na estribaria e, a seguir, o leve cantar de uma coruja. Nada, porém, despertou os dois de seus pensamentos.

Somente quando um pássaro passou voando raso nas imediações, despertando a atenção de Tijuca e fazendo o cão latir, é que José Rufino voltou à realidade.

– Quieto, Tijuca!

Bianca também estava de volta à realidade, respirando agora com mais tranquilidade.

– E então, Zé, o que me diz? – perguntou ela, ao sentir-se pronta para ouvir qualquer coisa que ele tivesse para lhe dizer.

José Rufino coçou a nuca, indeciso quanto às palavras que deveria usar para expressar seus sentimentos. Enfim, disse:

– Ocê é uma *muié* bonita, uma *muié* que vive atormentando meus pensamentos já um *bão* tempo, *ocê* sabe, eu *memo* disse, mas...

– Mas...

– Foi *ocê memo que* disse que *nóis fazemo* parte de mundos *diferente*. *Ocê* é fina, educada, tem estudo... eu sou um caipira de sítio. Um jacu, como *ocê memo* diz.

– Mas você me disse aquele dia que gostava de mim.

– E gosto. Gosto muito que chega até doer no peito *d'eu*. *Mais nóis num* pode vive*r* junto *nunca*, pois *somo* como água e óleo e água e óleo *num* se mistura.

– Nós não somos água e óleo.

– É modo de dizer.

Bianca Tomazoni respirou fundo, voltou os olhos para o céu e deixou seu olhar se perder por entre as estrelas. Por alguns instantes, ela se esqueceu de onde estava e tudo mais que se passava ao seu redor.

– Muié – disse José Rufino um minuto depois. – Foi tolice *d'ocê ter* desistido do seu casamento.

Bianca voltou calmamente os olhos na direção do rapaz e com a mesma calma disse:

– Não foi, não, Zé, não foi, não. Fiz o que era certo. José Murilo estava certo.

– José quem?

– É uma longa história, um dia lhe explico.

Ele pegou no ombro dela, massageou e disse com voz sonora:

— A Mareliz gosta *d'eu*, sonha com o nosso casório faz um bocado de ano. Ela vai ficar muito desapontada comigo se eu desistir do casório agora. Num é certo, *sô*. Se eu desistir do casório, vai parecer que eu embromei a moça durante todo esse tempo. Ela vai se *revortá* comigo. É capaz até de ela atirar panela, colher, faca, garfo ou berrante na cabeça *d'eu, sô!* A mãe dela, então, é capaz até de passar fogo em mim... O pai dela é capaz até de furar as minhas *tripa*, até *memo capá* eu, *sô! Num* quero *fazê* a Mareliz infeliz, *num* posso e também *num* quero fazer *ocê* infeliz, porque... porque a... – ele engasgou, limpou a garganta por três vezes até conseguir dizer o que sentia: – porque eu amo *ocê*.

— Você me ama mesmo?

— Ora, *diacho*, disso *ocê* pode ficar certa. Amo do *memo* modo que uma vaca ama o boi. A onça ama o *onço*. O periquito ama a periquita. Um porco ama uma porca.

— Tudo que você acabou de falar a respeito da Mareliz está muito certo. Não é justo terminar o seu namoro com ela assim, de repente, depois de tantos anos de dedicação, tanto da parte dela quanto da sua parte. Isso já aconteceu comigo e eu me senti péssima. Fui ao fundo do poço.

— É *memo?!*

— Fui.

— Mas como foi que isso aconteceu, *diacho?* A senhora se *desequilibrô*, foi? E como é que fizeram *pra* tirar *ocê* de dentro do bendito? Eu num sabia que as *casa* no Rio de Janeiro *tinha* poço!

Bianca riu com ternura.

— Quando alguém diz que foi ao fundo do poço não está querendo dizer que foi ao fundo de um poço literalmente, é uma força de expressão, quer dizer que a pessoa ficou de baixo astral, compreende?

— Ah!!!!!!!!!!!!!!! – exclamou ele, balançando a cabeça em concordância por alguns segundos. Então, disse:

— Não!

Bianca riu mais uma vez de modo suave e sereno.

— Quer dizer que a pessoa ficou muito triste, desiludida com a vida.

— Ah!!!!!!!

— Compreendeu agora?

— Acho que sim.

Os dois se admiraram por mais algum tempo, por fim Bianca respirou fundo e se despediu:

— Eu preciso ir, minha família deve estar preocupada comigo.

Ela mirou fundo nos olhos dele antes de completar:

— Adeus, Zé... Foi muito bom conhecê-lo. Você, de certo modo, me ensinou muito.

– C-como assim, adeus. Adeus só se diz *pr'aqueles* que *nóis* nunca mais *vamo* vê...
– Eu sei. Digo adeus exatamente por isso, não creio que nos vejamos mais. Vou voltar para o Rio de Janeiro. Não pretendo nunca mais voltar a Passaredo.
– Ora, por que? *Diacho!*
– Para poder esquecer você. Deixá-lo em paz, deixar-me em paz.

O silêncio caiu sobre os dois novamente, desta vez, de forma devastadora. Ambos eram capazes de ouvir as batidas pesadas e aceleradas de seus corações com nitidez. Por fim, as lágrimas, que José Rufino se esforçava para não derramar, atravessaram seus olhos e riscaram sua face. Com tristeza, ele disse:

– Eu *num* quero deixar de ver *ocê*, *num* posso, *vô senti* muita saudade.
– Você se acostuma, Zé.
– *Num* sei, não.
– Acostuma, sim. Você vai ver. A gente acaba se acostumando com tudo na vida.

Ele mordeu os lábios na esperança de conter suas lágrimas, mas foi em vão. Elas continuavam a cair de seus olhos, copiosamente.

– Sabe *duma* coisa, nunca ninguém me fez chorar assim.
– Pois devia chorar mais, dizem que as lágrimas lavam a alma.
– A senhora é muito *especiar* na minha vida.
– Você também, Zé... Você também...

Ele pegou a mão dela, levou até os lábios e a beijou demoradamente, repetidas vezes.

– Adeus, Zé – disse ela, então. – Seja muito feliz.
– Ocê também, ocê também.

Bianca se afastou lentamente, andando de costas até chegar ao carro. Então, acenou um último adeus e entrou no veículo. José Rufino permaneceu ali, com o rosto cada vez mais riscado de lágrimas, olhando para o carro que partia de sua pequena propriedade.

– Ô, Deus – murmurou, lacrimoso –, por que eu fui conhecer essa *muié*, *sô*? Pra quê? Só pra *embaraiá* as minhas *ideia*? *Tirá* o meu sono? *Me deixá* confuso?
– *Cê* fez o que é certo, *fio* – disse dona Ilva, juntando-se ao filho. – *Ocê e essa moça* nunca *daria* certo.
– Será *memo*, mãe?
– Nunca, *fio*.
– C-como a senhora sabe, é cigana por acaso, é?
– Experiência da vida.
– Eu gosto dela, mãe. Faz tempo que eu gosto dessa danada.
– *Esquece ela*, Zé. *Pro* seu próprio bem, *esquece* essa *marvada*.

– Se eu pudesse, mãe, enfiar a minha mão lá dentro do meu coração e arrancar essa *danada* de lá, eu juro que fazia, mãe, juro!

– Mareliz vai fazer *ocê* muito feliz, *fio*. Tão feliz que *ocê* nunca mais vai *lembrar* dessa grã-fina.

– Deus *te* ouça, mãe. Deus *te* ouça!

– Deus já me ouviu, *fio*, já ouviu!

Mãe e filho se olharam com admiração.

– Agora, *enxuga* essas *lágrima* e *vamo vortá pra* cama que amanhã é um novo dia. Tem muito *trabaio* na roça.

José Rufino não se mexeu, permaneceu parado olhando na direção que o carro tomara.

– *Fio?*

O moço permaneceu surdo ao chamado da mãe.

– Zé Rufino! – repetiu ela, erguendo a voz. – Pra dentro, já, *fio* de Deus. Direto *pra* cama!

E com aquela calma insuperável de mãe, dona Ilva Rufino arrastou o filho para dentro da humilde casa da família, puxando-o pelo punho.

Assim que se viu a sós com o marido, dona Ilva comentou:

– Pobre Zé, *véio*, essa *muié tá* atormentando o *pobrezinho*. *Entrô* na vida do nosso *fio* só *pra judiá* dele.

– Que nem *ocê*, *né*, *muié*? *Entrô* na minha vida só *pra* judiar *d'eu*.

– Óia lá, Chico Rufino.

O marido fez cara de menino endiabrado.

Dona Ilva Rufino dormiu naquela noite pedindo à Santa Rita de Cássia que pusesse sua mão sobre a cabeça do filho para protegê-lo e tirar do seu coração a mulher grã-fina que há tanto vinha atormentando o rapaz. Que ele nunca mais sofresse por ela e que ela tampouco interferisse no casamento dele com Mareliz.

Capítulo 16

Lícia Tomazoni, que aguardava pela filha na sala da casa da família Giacomelli, parou de andar de um lado para o outro assim que avistou Bianca entrando pela porta da frente da casa.
– Filha, o que deu em você?
– Depois nós falamos a respeito, mamãe. Eu preciso agora tomar um banho.
– Eu não entendo. Casar era o seu maior sonho. E, de repente, quando esse sonho está prestes a se realizar, você, simplesmente, desiste de tudo...
– Por favor, mamãe, agora não.
– C-como assim, agora não?! Eu exijo uma explicação.
Bianca fez uma careta e se pôs a subir a escada.
– Bianca! – berrou a mãe.
Dona Veridiana Giacomelli foi até Lícia Tomazoni e procurou tranquilizá-la:
– Acalme-se, Lícia! Tenha paciência com sua filha. Ela deve estar confusa. O momento não é para inflar os nervos e sim amorná-los.
– Eu não entendo, por mais que eu tente, eu não consigo entender o que deu nela.
– Fique tranquila. As respostas virão no momento certo.
Dona Veridiana conseguiu com muito custo fazer com que Lícia se sentasse no sofá e relaxasse. Depois, pediu-lhe licença e foi ter uma palavrinha com a sobrinha.
– Achei que estava precisando da minha ajuda para tirar o vestido – disse ela, assim que entrou no quarto onde estava hospedada Bianca.
– Estava mesmo, titia.
Com a ajuda da tia, Bianca se despiu.
– Pronto, querida, agora tome um banho, vai-lhe fazer muito bem.
– Obrigada, titia.
Bianca fechou-se no banheiro e entrou no chuveiro. Enquanto a água escorria por seu corpo, ela fechou os olhos e procurou se desligar da realidade.

Ficou assim por cerca de oito minutos, então reabriu os olhos e voltou a abraçar a realidade que a cercava. Era preciso, ninguém pode fugir dela por muito tempo.

Enxugou-se, lavou o rosto novamente, até tirar os últimos resíduos de maquiagem. Ao sair do banheiro, encontrou Manuela no quarto aguardando por ela.

– Falou com ele? – perguntou ela indo ao seu encontro.

Não era preciso questionar a que Manuela se referia. Ela soube de imediato que ela falava de José Rufino.

– Falei – respondeu Bianca, num tom de voz calmo e sereno.

– E então?

– Ele usou de sinceridade comigo. Disse o que eu já sabia, o que eu sempre soube, no íntimo. Que nós juntos nunca daríamos certo. Nunca.

– Como pode saber? – exaltou-se Manuela, indignada. – Por acaso vocês são videntes, são? Não, não é mesmo? Então, como podem prever algo que não viveram? A gente só sabe se algo vai dar certo, tentando, vivendo... Quando dois querem, dois se dão bem.

– Ele está de casamento marcado, Manuela.

– Você estava no altar. Melhor corrigir um erro enquanto é tempo do que...

– Ele mesmo disse que não pode fazer uma coisa dessas com a Mareliz. Ele lhe quer muito bem, não acha justo terminar um relacionamento de tantos anos, tempo que ela se dedicou a ele... Ela sofreria demais e sofreria mesmo, pois eu já passei por essa situação e foi para mim lastimável.

– Eu compreendo, mas não é certo alguém se casar gostando de outra pessoa, ainda mais quando esta pessoa gosta de você reciprocamente.

– Ninguém sabe muito bem o que é certo ou errado na vida.

Manuela tomou a toalha de rosto das mãos da prima, fez com que ela se sentasse diante da cômoda e se pôs a enxugar o cabelo dela.

– O que você pretende fazer? – perguntou Manuela a seguir.

– Viajar. Quero viajar.

– Viajar? Para onde?

– Não sei bem ao certo, mas para qualquer lugar que seja bonito e interessante. Há tantos no planeta, basta escolher um e voar para lá.

– Você está certa, não existe coisa melhor para pôr a cabeça no lugar, refazer-se de um passado mal cicatrizado, do que viajar. Viaje mesmo, prima, será ótimo para você pôr a cabeça em ordem.

– Manuela, – disse Bianca, segurando o punho da prima – acho que nunca tive a oportunidade de lhe agradecer por tudo o que tem feito por mim, mas quero que saiba que lhe sou muito grata.

— Que é isso, prima. Não precisa agradecer nada, não.

— É preciso, sim. Você tem sido formidável comigo. Soube como ninguém me perdoar pelo mal que estava prestes a lhe fazer.

— O que seria de nós se não vivêssemos de mãos dadas com o perdão?

— Obrigada.

— De nada, prima.

Manuela voltou a enxugar os cabelos de Bianca e disse:

— Você há de encontrar um outro homem, um que esteja livre para você, por quem você se apaixone da mesma forma que ele se apaixone por você. É isso o que eu mais desejo para você, prima. Do fundo do meu coração. Se bem que dizem que não é fácil esquecer um grande amor. Esquecer uma grande paixão. E para mim os sentimentos seus por Zé Rufino são um misto de amor e paixão.

— Ele diz que sente o mesmo por mim.

— Eu sei. Pobre coitado. Vai ser também bem difícil para ele superar tudo isso. Se houvesse um meio de remediar essa situação.

— Quando não há remédio, remediado está, não é isso que nossas avós diziam?

Manuela concordou com breve sorriso nos lábios.

— Sim, é isso mesmo. Agora venha, vista uma roupa. Você precisa comer alguma coisa.

— Não tenho fome.

— Tem sim. Você não comeu nada desde às quatro horas da tarde. Não sei nem como ainda se mantém de pé.

Após ajudar Bianca a se vestir, Manuela seguiu rumo à copa puxando a prima pela mão.

Assim que as duas jovens pisaram no hall da sala, dona Lícia e dona Veridiana foram ao encontro das duas.

— Filha?!

— Bianca?!

Manuela repreendeu as duas com o olhar.

— Bianca vai comer alguma coisa agora – disse seriamente.

— Eu preparo! – prontificou-se dona Veridiana.

— Eu preparo! – corrigiu dona Lícia.

— Nada disso! – respondeu Manuela, seriamente. – Vocês duas fiquem aqui, conversando uma com a outra, que eu cuido de tudo.

Diante da vontade das duas mulheres de desacatar sua sugestão, Manuela reforçou:

— Por favor.

As duas senhoras acabaram acatando o pedido.

Manuela fez com que Bianca se sentasse à mesa, que, em questão de segundos, foi coberta por uma toalha xadrez, bonita, em tons de vermelho e ajeitada para servir-lhe um pedaço de torta de linguiça que havia sobrado do almoço, acompanhado de um copo de leite e um prato de cural.

– Se quiser uma fruta... – sugeriu Manuela.

Bianca agradeceu com o olhar e disse:

– Apesar de toda essa confusão que armei hoje, sinto-me tranquila, jamais pensei que tivesse coragem para tanto, mas a descoberta me fez sentir orgulho de mim mesma.

– É tão bom quando a gente descobre que é bem mais capaz do que pensa, não?

Bianca concordou com Manuela.

•••

Na manhã do dia seguinte, assim que o relógio soou oito horas, o coração de dona Lícia Tomazoni bateu aliviado. Ela estava aguardando aquele momento, virando-se de um lado para o outro na cama desde as seis horas da manhã. Queria desesperadamente falar com a filha. Dar-lhe conselhos que só uma mãe pode dar.

Nem bem o cuco deu a oitava badalada, dona Lícia saltou da cama e seguiu em direção ao quarto da casa que estava sendo ocupado por Bianca.

Bianca dormia um sono tranquilo, parecia uma Bela Adormecida.

– Filha! – disse a mãe, sentando-se na beiradinha da cama. – Filha! – insistiu ela.

Bianca despertou.

– O que foi, mamãe?

– Filha, eu mal consegui dormir a noite toda. Estou acordada desde as seis horas da manhã, louca para vir aqui lhe falar.

– Fale.

– Filha, volte atrás na sua decisão, Tarcísio é um moço bom e direito.

– Não, mamãe, por isso mesmo eu não posso me casar com ele. Não o amo o suficiente para desposá-lo. Seria um desrespeito da minha parte para com ele casar-me, fingindo que o amo só para não permanecer solteira. Cheguei à conclusão de que, se queremos o respeito dos outros, da vida em si, devemos respeitar os outros, respeitar a vida e a nós próprios.

Lícia pareceu ignorar as palavras da filha, interrompeu-a, dizendo:

– Peça-lhe desculpas, Bianca, ajoelhe-se aos pés do moço, implore por perdão, mas não perca um bom partido como o Tarcísio Fontenelle. Você pode nunca mais encontrar um homem como ele.

– Mamãe, mamãe, mamãe... Será que a senhora não me ouviu? Eu não gosto do Tarcísio o suficiente para me casar com ele. Só ia me casar com ele para não mais ser chamada de solteirona pelos outros. Como a senhora mesma disse, Tarcísio é um moço bom, direito, por isso merece se casar com uma mulher que o ame de verdade, seja sincera e honesta com ele.

– Filha, estou desconhecendo você.

Bianca sentou-se na cama, sorriu e disse:

– Eu quero viajar agora, mamãe. – desabafou. – Quero fazer aquela viagem que a senhora e o papai me propuseram meses atrás. Só que quero viajar sozinha. Vai ser melhor para mim. Para que eu possa refletir, conhecer melhor a mim mesma, aprender a viver comigo mesma, conhecer meu íntimo como nunca me dei a oportunidade de conhecê-lo.

– Tem certeza?

– Tenho.

Bianca levantou-se e foi até a janela, abriu a cortina e a veneziana com vontade enorme de ver o sol. A manhã estava linda, o sol brilhante, o ar puro, cativante. Ela inspirou o ar com alegria e disse:

– Hum... como é bom o ar da manhã.

Ela tornou a inspirar o ar, voltou-se para a mãe e sorriu feliz. Dona Lícia perguntou a seguir:

– Diga-me, Bianca, qual foi o verdadeiro motivo que fez com que você acabasse com esse casamento? Deve haver um motivo mais profundo do que o que me apresentou.

– Tem razão, mamãe, há mesmo um motivo mais forte do que aquele que lhe apresentei. Mas não quero falar dele agora. Um dia, talvez.

Bianca foi até a mãe, beijou-lhe a testa e disse:

– Venha, ajude-me a vestir, estou louca de vontade de tomar um bom e farto café da manhã. Meu estômago está roncando.

Havia um silêncio fúnebre durante o café da manhã. O senhor Aramis Tomazoni estava inquieto, com os olhos a ir e vir, sem saber ao certo onde pousá-los. Sentia coceira na língua. Estava louco para tirar satisfações com a filha pelo que ela havia feito. Dona Veridiana procurou pôr panos quente nas coisas, falando de fatos agradáveis, rememorando casos familiares divertidos, na intenção de alegrar os presentes e espantar o clima tenso que envolvia todos. No entanto, não teve êxito algum.

Bianca parecia longe, enquanto degustava seu café da manhã com tranquilidade. Mas o silêncio sepulcral que pesava sobre todos à mesa começou a interferir na sua paz e foi por isso que ela disse:

– Pessoal, que silêncio é esse? Não morreu ninguém aqui, não. Alegria! A vida continua... Vida normal...

Manuela juntou-se a eles e, após beijar todos, sentou-se à mesa e desatou a falar e rir com Bianca. Todos, então, se descontraíram.

•••

O cuco tinha acabado de soar três vezes quando padre Lucas chegou à casa da família Giacomelli para ver Bianca.

— Eu precisava vê-la — disse ele assim que viu a moça. — Precisava saber como estava, fiquei preocupado com você depois do que aconteceu ontem à noite. Mal pude acreditar.

— Estou bem.

— Tem certeza?

— Estou bem, sim.

— Jesus há de iluminar seus passos.

— Creio em absoluto que Jesus já fez isso, padre. Sinto-me uma pessoa mais iluminada agora, bem mais do que ontem, anteontem, que meu passado todo.

Padre Lucas, olhando cismado para a moça, perguntou:

— É por causa dele, não é? Daquele demônio de chapéu de palha e botina, não? Você gosta dele, é isso, não é?

Os olhos dela responderam que sim. Padre Lucas falou com todas as palavras:

— Zé Rufino não merece você, Bianca! Você é uma moça bonita, fina, educada... Ele não passa de um grosseirão, um caipira, um ignorante tosco e desagradável. Que vida você poderia levar junto daquele traste, Bianca? Diga-me! Reflita!

Padre Lucas bufou, o sangue havia subido a sua cabeça.

— Não estrague a sua vida por causa daquele demônio — acrescentou, enfurecido — ninguém merece ter sua vida prejudicada por um *animal* daquele! Animal, sim. Uma *besta!*

— Eu agradeço a sua preocupação para comigo, padre Lucas, mas, como diz o ditado: "Não se pode chorar sobre o leite derramado".

Padre Lucas benzeu aquela que agora tinha como amiga e orou por ela por instantes. Por fim, disse:

— Gosto de você, Bianca. Gosto muito. Não queria vê-la sofrendo. Não por aquele desmiolado. Não vale a pena. Você não merece!

— Hoje estou mais do que certa de que quem realmente sabe o que merecemos na vida é Deus, padre. Só Deus!

Padre Lucas baixou os olhos e, com pesar, abençoou a moça:

— Que Deus a abençoe.

•••

Horas depois, na sala de estar da casa da família Giacomelli, Bianca se via mais uma vez frente a frente com Tarcísio Fontenelle. A primeira pergunta que o rapaz lhe fez foi:

– Você gosta de outro, não é? Por isso é que foi capaz de me abandonar no altar...

– Gosto sim, Tarcísio, não vou negar. Só não sabia que gostava dele tanto assim. Foi uma surpresa para mim, acredite-me, quando descobri que gostava dele tanto, a ponto de me dar coragem para fazer o que fiz. Foi preciso muita coragem para deixar a igreja ontem à noite daquela forma. Foi preciso uma boa dose de caráter e integridade da minha parte para chegar a esse ponto. Não era certo eu me casar com você gostando de outro, fingindo que gostava de você da mesma forma que você gostava de mim. Não era certo nem para comigo nem para com você.

– Quem é ele, Bianca?

– O que importa?

– Tem razão. O que importa?

– O que realmente importa, Tarcísio, é que eu usei de honestidade para com você. Fiz o que fiz em respeito a sua pessoa, você merece ser feliz e essa felicidade só se pode ganhar quando nos casamos com alguém que nos ama reciprocamente. Pelo menos, é assim que eu penso.

– Tem certeza de que é isso mesmo o que você quer?

– É. E no fundo é isso também o que você quer para você, se procurar no seu íntimo, se optar por ser honesto consigo próprio.

O rapaz suspirou e disse:

– Desejo tudo de bom para você, Tarcísio. Espero que você, do fundo do meu coração, me perdoe pelo que lhe fiz. E que encontre uma mulher que o ame reciprocamente e que o faça muito feliz. Você merece, você é um cara e tanto. Amanhã, vou-me embora daqui, acho que nunca mais voltarei a Passaredo. Acho que nunca mais nos veremos...

– Você e o homem que você tanto ama... quando pretendem se casar?

– Não nos casaremos.

– Não?

– Não. Ele não me quer. Nós nos amamos, mas pertencemos a mundos diferentes, por isso jamais poderemos ficar juntos.

– Eu não entendo. Você desistiu do nosso casamento por um homem que não vai ficar com você?

– Quem vai entender, Tarcísio? A vida é mesmo assim, feita de desfechos incompreensíveis, amores impossíveis e incompreensíveis. Amores que só o coração pode entender e, um dia, quem sabe, nos explicar por que nos apaixonamos por quem nunca pode ficar ao nosso lado.

Ele tomou a mão dela e a beijou, carinhosamente. Depois repetiu a pergunta feita há pouco:

– É isso mesmo o que você quer?

– S-sim – respondeu ela, parecendo segura de si.

Em seguida, Bianca beijou Tarcísio no rosto, carinhosa e demoradamente. O rapaz partiu do encontro pensando no que Bianca havia lhe dito a respeito do coração. Ela estava certa, há coisas na vida que só o coração pode entender e explicar. Explicar, um dia, por que se apaixonara daquela forma por uma pessoa que nunca pôde corresponder a esse amor.

• • •

No dia seguinte, após se despedir da família Giacomelli, Bianca Tomazoni partiu para o Rio de Janeiro na companhia dos pais. Antes de o carro se pôr em movimento, ela admirou mais uma vez a casa da tia onde se hospedara nos últimos meses e onde vivera as experiências mais fantásticas de sua vida.

Cada canto da cidade por onde o veículo passava trazia à memória de Bianca os bons e os maus momentos que vivera em Passaredo. Era surpreendente para ela descobrir que podia, agora, admirar tanto os maus quanto os bons momentos. A vida era realmente uma caixinha de surpresas. Surpresas boas e más.

Em cada esquina por onde o carro passava, ela enxergava também José Rufino, exibindo-lhe seu sorriso bonito na sua face linda.

Ela, certamente, não se esqueceria de José Rufino, jamais. Estivesse onde estivesse, ela jamais se esqueceria dele. Não podia, ela o amava. Antes não o amasse tanto assim.

Naquela tarde, por volta das quatro horas, José Rufino encontrava-se esparramado na rede pendurada na varanda da humilde casa de madeira em que morava com sua família. Estava mascando um cabo de trigo seco enquanto seus olhos se perdiam no horizonte.

– Zé – disse Mareliz, aproximando-se de mansinho.

– Mareliz, nem vi *ocê* chegar, *muié*.

– É porque *ocê tava* com a cabeça longe daqui, *home*.

Ele endireitou o corpo.

– *Tava* pensando *n'eu*, Zé?

– Ora, *diacho, é craro* que eu *tava* pensando *n'ocê, muié*. Em quem mais eu *ia tá* pensando, *sô*?

Ela sorriu para ele. Ele procurou sorrir para ela. Dona Ilva, que estava à janela da sala que dava para a humilde varanda, ouviu o pequeno diálogo do filho com a noiva. Por isso fez o sinal da cruz e voltou para dentro da casa, orando pelo casal, implorando a Deus que tirasse da cabeça do filho a moça grã-fina por quem ele havia se apaixonado. Se não o fizesse, Zé jamais poderia ser feliz de verdade. E felicidade real é o que toda mãe deseja para seu filho.

Capítulo 17

Bianca pensou que iria entrar na casa onde vivia com seus pais, no Rio de Janeiro, de cabeça baixa, sentindo certa vergonha por estar de volta ali do mesmo modo que partira: solteira. Mas não, ela entrou na casa de cabeça erguida, sentindo-se contente por haver tomado a decisão que tomara, por ter sido honesta com os seus sentimentos, por ter respeitado os sentimentos do outro.

Chegou, sim, por alguns momentos, a acreditar que teria uma recaída, que começaria repentinamente a chorar e se descabelar por se ver arrependida pelo que fizera, mas não, surpreendentemente não. Foi a calma que prevaleceu ao lado dela, ao lado da coragem que passou a andar na sua companhia desde o dia em que ela desistira do seu casamento.

– Olá, Maju – cumprimentou Bianca, assim que encontrou a empregada.

– Dona Bianca, a senhora por aqui, que *maravia*! Não esperava a senhora tão cedo! E o *maridão*, cadê?!

A mãe fez sinal para que a mulher se calasse.

– Não me casei, Maju – respondeu Bianca, sem floreios.

– Não?! C-como não, dona Bianca?! O que aconteceu dessa vez?!

– Depois lhe explico.

– Mas a senhora não me parece triste pelo que aconteceu.

– Não estou mesmo, Maju. Para falar a verdade, estou muito bem. *Bem* como há muito tempo não me sentia. Creio mesmo que jamais me senti tão bem assim como agora.

Antes que a criada estendesse o assunto, dona Lícia interferiu na conversa:

– Depois vocês duas conversam mais. Bianca precisa agora ir tomar um banho, trocar essa roupa suada da viagem.

– A senhora tem razão, mamãe. Vou agora mesmo.

Bianca tomou um banho demorado, lavou a cabeça com gosto, sem pressa alguma de acabar. Queria mais era desfrutar da intimidade que vinha tendo consigo mesma nos últimos dias, algo que lhe era totalmente novo e altamente recompensador.

Ela acabava de pendurar um colar de pérolas, o seu favorito, em torno do pescoço, quando avistou José Murilo parado num canto do quarto, olhando para ela. Não houve grito, nem um espasmo no olhar por vê-lo ali parado, a poucos metros da sua pessoa. Suas aparições já não lhe causavam mais espanto nem medo.

— Como vai? — perguntou Bianca, contente por ver o espírito novamente na sua companhia.

— Bem, e você?

— Surpreendendo-me comigo cada vez mais.

— Não é bom quando a gente se surpreende com a gente? Descobre ser mais capaz e corajoso do que se pensava ser?

— É uma sensação maravilhosa.

— Quem dera todos pudessem provar dessa sensação. Não só dessa como de todas mais que surgem, quando nos permitimos ser honestos e sinceros conosco e com os demais.

Bianca sorriu. José Murilo contou:

— Por falar em coragem, lembrei-me de uma anedota sobre coragem. A professora pediu aos alunos que escrevessem uma redação sobre "coragem", que descrevessem o que era "coragem". Quem terminasse poderia ir embora. Joãozinho arrancou uma folha do caderno, pôs o nome e escreveu uma linha. Arrumou seu material, entregou a redação para a professora assim que passou pela mesa dela e disse: *Tchau, psora.* A mulher olhou para ele espantada, afinal, como é que Joãozinho poderia ter feito a redação em tão pouco tempo? Por fim, olhou para a folha e leu a redação do menino. Estava escrito: "Coragem é isso!".

Bianca riu. José Murilo também.

— Você contando anedotas?

— Ora, por que não? Não é por que o espírito volta a sua essência espiritual que ele perde o bom humor. O humor faz parte da vida, seja ela na Terra, seja ela no plano espiritual. O humor é tão importante quanto o amor, sem ele, o amor adoece. Sabemos disso porque muitas pessoas que se amam, quando perdem o bom humor, acabam ferindo o amor. Pode perceber. O humor nos alivia quando os corredores da vida se estreitam, quando as luzes se apagam e só nos resta a escuridão diante dos nossos olhos. Não é à toa que muitos doentes melhoram quando são motivados a rir. Por isso o riso já é encarado no mundo como terapêutico. No futuro, o humor será peça fundamental no tratamento de pacientes, principalmente aqueles com doenças graves. Haverá grupos que vão passar de hospital em hospital levando brincadeiras e contando piadas para os enfermos, porque saberão comprovadamente o quanto o riso é medicinal para todos.

"Nossa sociedade ri pouco. Se você observar bem, o riso raramente aparece ao longo da sua vida e quando vem, surge fragmentado. Um risinho ali, outro acolá e olhe lá. Sem humor, o ser humano vai endurecendo por dentro e por fora. Torna-se intolerante, impaciente, ansioso e doente física e mentalmente. Uma sociedade de mau humor é o caos, uma sociedade de bom humor é a paz."

– Você aprendeu tudo isso aí onde mora agora?

– Não, eu já havia chegado a essa conclusão há muito tempo. Apenas não havia tido a oportunidade de comentar com você.

Bianca assentiu com os olhos. Ele a elogiou a seguir:

– Você fica muito bem com esse colar de pérolas.

– Você acha?

– Sim. Fica linda! Não me lembro de tê-la visto usando o colar quando namorávamos.

– Nunca o usei. Essa é a primeira vez. Sempre achei que esse colar fazia com que eu aparentasse ser mais velha do que já sou.

– Você não é velha.

Ela fez uma careta.

– E, se quer a minha opinião, eu acho mesmo é que esse colar a deixa com a aparência mais nova e mais bonita.

Bianca gostou do que ouviu e disse:

– Você não vai acreditar na coincidência, mas, pouco antes de você aparecer, eu estava indo justamente a uma floricultura comprar um buquê de flores para levar ao cemitério. Deve haver vasos no túmulo da sua família, não?

José Murilo deu de ombros.

– Sei lá...

– Como assim "sei lá"?

José Murilo riu:

– Bianca, com tantos lugares bonitos e interessantes para eu frequentar e prestar atenção, você acha que eu, ou qualquer outro espírito, vai perder seu tempo observando o que tem ou não tem sobre o túmulo de sua família?

– Quer dizer que você nunca reparou direito no túmulo em que foi enterrado? Sua última morada?

– Última morada do corpo, Bianca! Última morada do corpo, não do espírito! Lá no cemitério está apenas o corpo que ocupei até a minha partida para o plano espiritual.

– Como assim, plano espiritual? Não é reino de Deus? Eu aprendi que os mortos vão para o reino de Deus!

– E, por acaso a Terra e o cosmos não são também partes do reino de Deus? Não foi tudo criado por Ele? Não é tudo mantido por Ele? Portanto, tudo é reino de Deus. Da mesma forma que toda a Terra é santa, pois toda ela foi criada por Deus. Tolo quem pensa que santo, entre aspas, são somente os países onde ocorreram as histórias bíblicas.

– Nunca havia pensando nisso...

– Se quiser ir ao cemitério depositar algumas flores nos vasos que porventura estejam sobre o túmulo da minha família, vá, fique à vontade...

– Vou sim, é tão bom morar numa casa florida.

– Bianca! – exaltou-se José Murilo. – Aquela não é a minha casa, santo Deus! Não faz a mínima diferença para mim se há flores ou não por lá. Eu nunca visito o cemitério. Nem encarnado eu o visitava, nunca fui muito fã deles. Na minha opinião, e essa é a minha opinião, que isso fique bem claro, eu pegaria esse dinheiro que você vai gastar com flores e comprava alimentos para ajudar crianças carentes ou idosos necessitados.

– Sério?

– Sério. Esse pequeno gesto fará grande diferença na vida de quem precisa. Não que você não possa depositar flores nos túmulos de seus familiares, uma vez ou outra, pode. Mas, para nós, espíritos, o que conta mesmo é o que você sente em relação ao espírito de quem partiu. Dos minutos que você tira do dia para conversar com ele. Fazer aquilo que todos, no íntimo, sentem vontade de fazer em relação àqueles que já partiram para o plano espiritual: conversar. Ainda que essa conversa seja desprovida de respostas. Afinal, nem todos têm a habilidade de ouvir a resposta dos espíritos.

"O que conta para o espírito é o que você fez de você depois que ele partiu. Como trata o próximo, a si mesmo e a vida em si, como se dispõe a realizar a sua missão de vida. Isso é o que realmente conta. Isso é o que realmente pode fazer diferença positiva no cosmos em que vive tanto para a pessoa quanto para o espírito de quem partiu."

– Eu pensei...

– Eu sei, muita coisa que se pensa é errado.

O que José Murilo disse a seguir deixou Bianca ainda mais surpresa.

– Não é bom também que os espíritos dos desencarnados fiquem presos ao cemitério ou à casa onde residiam, rodeando seus parentes. Isso não lhes faz bem. Nada bem. Não tem proveito algum para eles. Só serve para provocar e alimentar a dor. Há muito o que se fazer no plano espiritual, aqui há muita gente também precisando de ajuda... Pessoas que chegaram aqui por meio de tragédias e atentados contra si próprias e requerem amparo.

"Os encarnados não devem também ficar presos aos cemitérios, rodeando, entre aspas, o espírito daqueles que partiram para o plano espiritual. Não devem, também, se apegar aos seus pertences. Isso faz mal tanto para quem fica como para quem foi. Não há proveito algum para ambas as partes. Impede a pessoa de dar sequência ao seu plano de vida, de adquirir forças necessárias para realizar sua missão de vida.

Bianca, pensativa, indagou:

– Quer dizer que sem flores?

– Você é quem sabe, foi apenas uma sugestão.

– *Cá com os meus botões* eu acho que eu nunca, em toda a minha vida, dei uma esmola para um pobre.

– Esmola bem dada, ajuda redobrada!

Bianca pareceu não compreender, José Murilo explicou:

– É bom saber ou lembrar que os necessitados não precisam somente de ajuda material: roupa, comida e remédios. Crianças de orfanatos e idosos que moram nos asilos precisam de companhia, de um ombro amigo, de atenção. Comida, roupa e remédios eles já conseguem por meio de assistência social do governo e de doações de empresa e pequenas empresas. Companhia e atenção, calor humano, isso pouca gente doa, inclusive para pessoas que vivem muito próximas a ela dentro de suas próprias casas.

– Se você prefere que eu use o dinheiro das flores para comprar algo para quem necessita.

– Não é questão de eu preferir ou não, Bianca. É apenas uma questão de bom senso. Consulte o seu coração, veja o que ele diz. Veja o que é lógico, o que pode causar mais efeito na vida seja ela na Terra ou nos céus.

"Sabe, Bianca, às vezes precisamos parar, tomar pelo menos um minuto do nosso dia para refletir, pôr nossa cabeça em ordem, pôr a nossa vida em ordem. Revermos se os pensamentos que temos nos fazem bem, se os valores que temos nos são proveitosos, benéficos, prósperos para a nossa alma."

Bianca balançou a cabeça em sinal de compreensão e comentou:

– Só não entendo uma coisa. Você morreu de uma forma tão estúpida e mesmo assim se mantém sereno, buscando sabedoria, compartilhando sabedoria com o próximo.

– De que adianta a revolta, Bianca? Diga-me: quando e onde você já viu uma pessoa revoltada adquirir algo de bom na vida? Eu nunca vi. Ninguém nunca viu. Só viu o revoltado piorar ainda mais a sua vida com a revolta. Piorar até doer fundo na sua alma e fazê-lo perceber que não há outra escolha senão seguir pelo amor, pelo perdão, pela meditação, em busca do equilíbrio físico e mental.

– Você tem razão.

– Todos nós podemos nos permitir elevar a alma por meio do amor e da sabedoria. E onde está o guia para a vida, o guia que nos leva pelas estradas do amor e da sabedoria e nos eleva a alma? Está contido nas palavras e ensinamentos que Jesus deixou para a humanidade, durante sua curta passagem pela Terra. De todos os livros de auto-ajuda, o melhor deles é o que contém os ensinamentos de Jesus.

Bianca sorriu, apreciando intimamente aquelas palavras. Enfim, disse:

– Eu gosto tanto de falar com você agora, José Murilo. Gosto mesmo. Sou tão agradecida à vida por ter você como amigo que você não faz ideia. Acho que nunca gostei tanto de ter um amigo como gosto da sua amizade. De repente, percebo que a nossa união foi uma união feliz, pois você está me ensinando coisas maravilhosas, coisas que estão me fazendo sentir orgulho de mim mesma.

– Daqui a pouco você vai descobrir que todo aquele com quem você se envolve ao longo da vida é importantíssimo para o seu crescimento pessoal e espiritual. Poucos são aqueles que percebem ou têm a coragem de admitir que todo relacionamento trouxe algo de importante para o seu crescimento pessoal e espiritual. Mas toda união, por mais simples que seja, nos acrescenta algo, pois é através dos relacionamentos que nos conhecemos melhor e desenvolvemos nossa tolerância e amabilidade.

Bianca olhou com profunda admiração o espírito, Enfim, comentou:

– Não sei se soube, mas estou viajando para a Europa amanhã.

– Vá mesmo, a viagem vai lhe fazer muito bem.

Bianca apreciou novamente a sugestão de José Murilo.

•••

Ao crepúsculo, Bianca desceu a escadaria da sua casa sorrindo para si mesma. Parecia e estava de fato mais feliz e radiante.

– Amanhã, numa hora dessas – disse ela para a mãe, minutos depois – estarei sobrevoando o oceano.

– Tem certeza de que não quer que eu vá com você, Bianca?

– Não, mamãe. Desta vez, não. Já estou mais do que grandinha para viajar sozinha.

– Tenho tanto medo de que lhe aconteça algo, que você fique doente e precise de mim. Quem vai socorrê-la se você adoecer? Ainda mais numa terra estrangeira onde você não conhece ninguém?

– Pense positivo, mamãe.

– E se você tiver uma dor de estômago, prisão de ventre, uma intoxicação alimentar, cólicas?

– Eu me viro.

– Não hesite em procurar um médico.

– Não hesitarei.

Bianca parou rente à janela e admirou a lua que ao crepúsculo já brilhava no céu.

– A lua está linda, mamãe, veja só!

– Está mesmo, filha!

Bianca lembrou-se naquele momento do casamento de José Rufino e Mareliz que estava prestes a acontecer. Naquela noite, pouco antes de adormecer, com a mente voltada para o passado, ela disse:

– Que você seja muito feliz, Zé. Muito feliz, mesmo. Apesar de tosco e caipira, você merece ser feliz.

Na manhã do dia seguinte, enquanto Bianca seguia para o Galeão*, Aeroporto Internacional do Rio de Janeiro, ela repensou mais uma vez no que havia feito de sua vida nos últimos dias e chegou à conclusão de que escolhera, apesar de não parecer, o melhor para si mesma.

• • •

Duas semanas depois da partida de Bianca para a Europa, Mareliz da Silva entrava na igreja vestindo um vestido simples e delicado, feito de cetim branco com um véu curto de tule da mesma cor, carregando na mão um buquê de flores colhidas do jardim em frente a humilde casa em que morava com a sua família.

José Rufino, por mais que tentasse, não conseguia esconder a ansiedade. Estava inquieto, eufórico com tudo aquilo. Transpirava emoção e alegria, uma estranha alegria.

Os convidados foram saudados, após a cerimônia, com um churrasco, regado a muito refrigerante e cerveja, no sítio da família Rufino.

E o tempo seguiu seu curso...

---

*Aeroporto Internacional do Rio de Janeiro/Galeão - Antonio Carlos Jobim, é o nome atual do local. (N. do A.)

Capítulo 18

No trigésimo quinto dia de Bianca na Europa, ela se sentia completamente diferente de quando chegara ali. Ainda se lembrava com nitidez da tremedeira que sentira assim que pisara em solo europeu, por se ver sozinha em continente estrangeiro. E agora?, perguntou-se ela, apavorada diante da situação. "Relaxe", aconselhou-lhe uma voz interior. "Você é mais capaz do que pensa. Todos são. Aproveite a viagem." Foi o que ela fez. Assim, Bianca pôde curtir com vívida alegria todos os pontos turísticos dos países que visitou.

Roma, na Itália, encantou-a desde o primeiro momento. Foi como se a cidade a transportasse para outro mundo. Um mundo onde só havia paz e alegria, cor e beleza arquitetônica. A Toscana a encantou tanto quanto, fez com que ela sentisse vontade de morar ali para sempre, em meio a todo aquele verde esplendoroso. Veneza foi um sonho, o passeio de gôndolas, inesquecível.

Madri, na Espanha, tirou suspiros de Bianca, principalmente os homens espanhóis, que pareciam saber galantear uma mulher como nenhum outro.

O encanto de Portugal com seus fados, sua famosa bacalhoada e seus doces típicos deu um toque a mais na viagem.

Os alpes suíços, acompanhados dos deliciosos chocolates suíços, tornaram-se outro momento inesquecível.

Amsterdã, na Holanda, foi surpreendente, um sonho.

Londres, na Inglaterra, não foi tão deslumbrante para ela quanto Dublin, na Irlanda.

E havia ainda muito mais para ela conhecer. O próximo país a ser visitado seria a Alemanha, depois a Áustria, entre outros.

O traslado de trem era, na opinião de Bianca, um momento repousante para os olhos. Não havia nada melhor do que as belas paisagens que ladeavam as linhas por onde os trens passavam.

...

Fazia 40 dias que José Rufino e Mareliz da Silva haviam se casado. Diante da triste aparência que sombreava o rosto do marido, Mareliz achou por bem usar de sinceridade para com ele:

— No que *ocê tá* pensando, Zé? Ou *mior, ne* quem *ocê tá* pensando, Zé?
— Eu?! – espantou-se o moço.
— É nela, *num é*, Zé? É na prima da Manuela Giacomelli que *ocê tá* pensando... Pode *dizê, home*? Aquela *muié virô* a cabeça *d'ocê*, Zé. Eu sei, eu sinto. Pode confessar *pra eu, home* de Deus.
— *Ocê* para de falar besteira, Mareliz.
— Fala, *home* de Deus, é dela, daquela *mardita* que *ocê* gosta, *num é*?
— Eu *tô* casado com *ocê*, Mareliz, e é isso o que importa!
— *Num* é isso que importa, não senhor. Eu *num* quero *vivê* ao lado *d'um home* que vive pensando noutra *muié*.
— *Ô diacho, muié*, deu agora pra me atazanar a alma, é?
— *Vai atrais* daquela metida, Zé!
— *Ocê* me respeita, Mareliz.
— Ouve o que eu *tô* falando, *home* de Deus. Vai *atrais* daquela metida enquanto é tempo. *Ocê* merece ser *filiz, home*, eu também.
— Eu *te* amo, Mareliz.
— Eu sei, mas não do jeito que ama *aquelazinha*, Zé. É dela que *ocê* gosta. Eu sei, todo mundo sabe. Até os *pardalzinho sabe, home*.
— Eu e ela nunca *vamo dá* certo vivendo junto, *muié*.
— Como é que *ocê* sabe, Zé? *Ocê*, por acaso, é cigano, é? *Ocês* só vão saber se vai dar certo vivendo junto, sob o mesmo teto.
— *Ocê tá* me deixando confuso, Mareliz.
— Não, Zé, eu *tô* querendo é *crarear* suas *ideia*.
— Mareliz, Mareliz...
— Zé Rufino, Zé Rufino...
O moço corou diante do rosto sério e daquela voz sonora da esposa. Mareliz insistiu:
— *Vai atrais* dela, Zé. *Vai* enquanto é tempo...
— *Nóis tamo* casado, *muié*, de *paper* passado e tudo.
— *Nóis* cancela esse casamento, *home* de Deus, e se o juiz *num* quiser cancelar, *nóis memo rasga* o documento e *ponto-finar*.
Abriu-se um sorriso bonito na face bronzeada de José Rufino.
— *Ocê* acha *memo, muié*, que eu devo ir *atrais* daquela *mardita*?
— Acho, *home de Deus*.
José Rufino tomou a jovem nos braços e a rodou enquanto um grito de alegria e furor atravessava a sua garganta.
— Eta, *muié*... *Ocê num é muié*, Mareliz, *ocê* é um *muierão*.
E na sua simplicidade de sempre, José Rufino beijou a moça nos lábios. Foi um beijo demorado, caloroso e cheio de admiração e agradecimento. Ele lhe era extremamente grato, por ela ter conseguido fazê-lo dizer o que ele, no íntimo, queria dizer para si mesmo e para todos mas não conseguia.

229

Ainda que sob protestos da família de ambos, José Rufino e Mareliz da Silva se dirigiram para o cartório da cidade na manhã do dia seguinte para entrar com o pedido de separação.

– E agora? – perguntou José Rufino, assim que saiu do cartório acompanhado da ex-mulher.

– E agora?! – espantou-se Mareliz. – E agora *ocê* vai *atrais* dela, *home* de Deus!

– *Mai* será que o *véio* pangaré *guenta* a *viage* até o Rio de Janeiro?

– Até parece besta, *home! Ocê* tem de ir pro Rio de Janeiro de caminhoneta, não de cavalo.

– E *tô* besta *memo*, Mareliz, besta de paixão, de amor...

Ele suspirou emocionado e acrescentou:

– Antes eu preciso conseguir o endereço daquela *mardita* no Rio de Janeiro.

– Deixa que eu consigo ele *pr'ocê*, Zé. Assim ninguém descobre que *ocê tá* indo ao encontro dela e estraga a surpresa. Que *tar*?

– Boa ideia, Mareliz. *Ocê num* existe, *muié! Num* existe!

Assim que Mareliz conseguiu com Elvira o endereço de Bianca no Rio de Janeiro, José Rufino fez uma trouxa de roupa, encheu o tanque de gasolina da caminhoneta e partiu para o Rio de Janeiro. Nessa época, sua *caranga* já tinha rádio e assim ele pôde seguir viagem ouvindo músicas e cantando-as a toda voz. Teve a impressão, durante muitas canções, de que o compositor havia escrito aquela canção para ele, pois a letra traduzia muito bem o que se passava em seu coração em relação à Bianca, sua mulher amada.

Quando a rádio tocou uma canção de amor, o coração do moço por pouco num deu um pulo, ou melhor, uma cambalhota. A melodia e a voz da dupla sertaneja, juntamente com a letra da canção, tocaram fundo José Rufino, a ponto de tirar-lhe lágrimas.

José Rufino teve a certeza de que ele jamais se esqueceria daquela viagem. Ela ficaria marcada para sempre na sua memória e no seu coração. Não havia emoção maior na vida, segundo ele, do que abandonar tudo, dar uma virada de 360° na vida, para ir atrás da mulher amada, a razão do seu afeto.

Ao chegar à Cidade Maravilhosa, José Rufino ficou, logicamente, por um bocado de tempo, perdido. Foi preciso parar por diversas vezes em postos de gasolina para pedir informações até que conseguisse finalmente localizar o endereço da casa da família Tomazoni.

O rapaz estava tão eufórico quando parou em frente à casa de Bianca que parecia ter tomado uma garrafa de café preto, bem forte, com um litro de chá mate misturado com pó de guaraná. Saltou da caminhonete, puxou a calça, ajeitou o chapéu sobre a cabeça e bateu palma. Ninguém veio atender.

– O *diacho* – resmungou, impaciente –, mas que gente surda.

Tornou a bater palma dessa vez com mais força. Foi então que o carteiro que vinha entregando as cartas pela rua, ao vê-lo, lhe fez uma sugestão bastante pertinente:

— Por que o senhor não toca a campainha?

José Rufino olhou para ele como se ele fosse um ET. Riu, sem graça, agradeceu ao homem e enfiou o dedão na campainha. Segurou o botão demoradamente. Joca, o jardineiro, logo apareceu para ver quem tocava a campainha de forma tão irritante e indelicada.

— Pois não? – perguntou o homem, olhando de viés para José Rufino.

— Ô, moço, eu quero falar com a dona da casa.

— Quem devo anunciar?

— Anunciar?

— O nome do senhor, por favor.

— Zé Rufino!

— Aguarde um minuto, por favor.

José Rufino arrancou o chapéu de palha da cabeça e começou a torcê-lo. Estava nervoso agora, apoiando ora numa perna ora noutra. Não demorou muito para que o jardineiro voltasse até o rapaz e dissesse:

— A dona da casa não conhece nenhum Zé Rufino.

— Ora, *diacho*, como não? Diz que é o Zé Rufino lá de Passaredo, interior do Rio de Janeiro.

— Um minuto, por favor.

— Que *home* lerdo, *sô* – ronronou José Rufino, cada vez mais impaciente e com vontade cada vez mais crescente de urinar.

Um minuto depois, o jardineiro voltou acompanhado de Lícia Tomazoni. A senhora mediu o rapaz da cabeça aos pés, surpresa com sua beleza, porém chocado com o seu mau gosto em se vestir. Por fim, disse:

— Pois não?

— Ô madame, eu *tô* procurando a dona da casa.

— A dona da casa sou eu.

— A senhora?! Ora, *diacho*... *Num* é aqui que mora a Bianca *Tomatoni*?

— Tomazoni?!

— Isso *memo*. *Num* é aqui que ela mora? É ou *num* é?!

— É aqui, sim senhor. O que o senhor quer com ela?

— Senhor? Senhor *tá* no céu, dona. Diz *pra* Bianca que o Zé Rufino *tá* aqui.

Lícia aprofundou o olhar sobre o rapaz e perguntou:

— Quem é o senhor?

— Já disse, Zé Rufino, lá de Passaredo.

Lícia refletiu por alguns segundos antes de voltar a falar:

— Bianca, minha filha, não está em casa.

— Não?!

– Não.
– E ela vai demorar muito *pra vortá?*
– Minha filha está viajando, meu senhor.
– Viajando? Onde?
– Na Europa. Foi passar um tempo por lá.
– *Tá nas* Europa, é...

A decepção de José Rufino era evidente tanto na face quanto na voz.
– E quando é que ela *vorta*, dona?
– Daqui a uns dias.
– Uns dias...
– Afinal, quem é o senhor?
– Eu, madame, sou o *homê* que ama a sua *fia*.

A mulher corou diante da revelação feita naquela voz sonora e trovejante.
– O *home* que fez com que sua *fia* desistisse de se casar com o Tarcísio para se casar comigo.

Lícia Tomazoni refletiu antes de perguntar:
– Você disse que é de Passaredo?
– *Sou*. Sou conhecido da Manuela, de seu Alípio...

Lícia considerou por alguns segundos, voltou-se para o jardineiro e pediu que ele abrisse o portão para o moço entrar.
– Entre, por favor, quero muito conversar com o senhor.

José Rufino entrou na casa trançando as pernas.
– Sente-se, por favor – disse Lícia, procurando ser cordial com o rapaz. – Aceita um copo d'água?
– Aceito, sim, mas eu preciso de um banheiro, antes que *mije nas carça*.
– Ah! Sim – exclamou dona Lícia, constrangida. – O Joca o levará até o banheiro.
– Muito agradecido.

José Rufino voltou do banheiro olhando com admiração para a casa, enquanto enxugava espalhafatosamente as mãos na calça.
– Nossa, dona, que casa linda a senhora tem, hein?
– Obrigada.

O rapaz voltou a sentar na poltrona de frente para aquela que Lícia Tomazoni ocupava.
– É tão *bão* tirar a água do *joeio*, não? – disse ele, suspirando. – Dá um alívio danado.

Lícia Tomazoni ficou vermelha novamente. Diante da sua expressão, José Rufino perguntou:
– A senhora *tá* sofrendo de *peido encravado*, tá? Minha mãe conhece um chá muito *bão pra* isso.

A mulher quis se beliscar para ver se aquilo que estava vivendo não era um pesadelo. Mas procurou se controlar e fazer ao rapaz as perguntas que queria muito lhe fazer. Começou perguntando o nome do seu pai, de sua mãe, a profissão dos dois, se José Rufino tinha irmãos, quantos alqueires de terra tinha o sítio de sua família, onde ele havia conhecido Bianca, por que ele havia dito que ele era o homem da vida dela.

Eram tantas as perguntas que José Rufino se cansou de respondê-las. O "inquérito" só foi interrompido quando o estômago do rapaz roncou. Roncou tão forte que parecia mais um porco sendo estripado. O episódio deixou Lícia Tomazoni de boca ainda mais aberta. José Rufino, na sua simplicidade de sempre, explicou:

– Num se assuste não, dona. Foi o meu estômago que roncou. É que eu *tô* com uma fome danada. *Num* como nada desde que saí de Passaredo.

– Sei... – murmurou dona Lícia, pensativa.

E, voltando-se para o jardineiro, pediu:

– Peça a Maju para trazer uns *petit four* para o cavalheiro, Joca.

– Sim, senhora – respondeu o prestativo funcionário.

– Uns o quê? – perguntou José Rufino, enviesando o cenho. – A senhora disse uns *Piti Bu*?

A mulher explicou. Um minuto depois, Joca voltava à sala acompanhado de Maju. Assim que a mulher viu José Rufino, ela se alvoroçou toda.

– Zé Rufino! – exclamou, sorrindo de orelha a orelha.

– Maju!

Os dois se abraçaram.

– Quanto tempo, *home* de Deus!

– E *ocê, muié*. Como *tá*?

Dona Lícia interrompeu os dois com delicadeza:

– Vocês se conhecem?

– O Zé é de Passaredo. *Somos véio* conhecidos.

Ao ver o prato cheio de rosquinhas, José Rufino disse:

– *Ixi*, mas eu *num* quero comer bolacha, não. *Num* tem aí um tutu de feijão, gostoso, *pra* comer com arroz, uma linguicinha, uma mandioquinha frita? *Tô* com fome de comida.

Maju olhou para a patroa sem saber ao certo o que fazer em relação ao pedido do rapaz.

– Temos as sobras do *armoço* – sugeriu ela para a patroa.

– *Pra* mim *tá bão!*

– Posso servir as sobras do *armoço* pro Zé, dona Lícia?

A contragosto, a mulher acabou concordando.

Depois de se fartar com as sobras, José Rufino voltou até dona Lícia, que aguardava por ele na sala de visitas da casa. Deixando os floreios de lado, a mulher disse para o rapaz o que achava certo dizer:

– Meu rapaz, volte para a sua casa.

– *Vortá?* Ora, *diacho*, por quê?

– Porque Bianca não volta tão cedo da Europa. Pretende ficar por lá, estudando, fazendo um curso de inglês...

– Pra quê?

– Para falar inglês, ora.

– Pra que, se *nóis* aqui só fala *brasileiro?**

– De qualquer forma, ela ficará estudando por lá por pelo menos um semestre. Talvez até dois. Não creio que ela ainda tenha algum interesse na sua pessoa. Se tinha, já não tem mais. Da última vez que falamos por telefone, ela me disse que está de namorico com um italiano.

– É *memo?*

– Sim. Por isso o aconselho a voltar para a sua esposa e se esquecer de Bianca.

– A senhora também acha que nós dois não daríamos certo, juntos, não é?

– Sim. Sinceramente, sim. Vocês dois são muito diferentes um do outro. Pertencem a mundos diferentes. Jamais dariam certo casados.

José Rufino levantou-se do sofá, sentindo seu coração se apertar, era como se um buraco estivesse sendo aberto ali, deixando um vazio imenso, uma dor infinda.

– É *mió* eu *ir* embora.

– É melhor – confirmou dona Lícia, seriamente.

– *Num* devia nunca *ter* ouvido a voz do meu coração. Fui um tolo ter vindo aqui.

– Infelizmente...

– Agradeço muito à senhora *por ter* me *aberto os oío* e pelo *armoço*.

– Não há de que.

José Rufino pôs o chapéu na cabeça, ergueu a calça até o umbigo e se encaminhou para fora da casa. Maju o acompanhou.

Morreu de pena do amigo, quando percebeu a tristeza pairando sobre o seu rosto bonito, como de um anjo bronzeado pelo sol.

Lícia Tomazoni ainda não conseguia acreditar em tudo que havia descoberto. Não conseguia entender como Bianca pôde ter jogado pela janela toda a sua sorte com um moço bom e de família boa como a de Tarcísio Fontenelle por causa de um caipira como aquele. Como? Só o coração pode entender. Só o coração poderia explicar. Mas ela não queria ouvi-lo.

---

*Muitos no Brasil ainda pensam que o nosso idioma é chamado de brasileiro e não de portuguesa. (N. do A.)

Capítulo 19

Uma semana depois, no aeroporto do Galeão, Rio de Janeiro, o avião trazendo Bianca de volta para o Brasil aterrissava.

"Voltei para casa", murmurou Bianca, assim que seus pés tocaram novamente o solo brasileiro. "Que eu tenha forças para seguir em frente, enfrentar a saudade do que não vivi ao lado daquele demônio de botina e chapéu de palha."

Bianca procurou pelo pai em meio às pessoas que estavam ali aguardando a chegada de seus familiares no portão de desembarque, mas não o encontrou. Nem ele, nem o chofer da família. Com certeza, eles haviam se atrasado por algum motivo. O jeito era esperar. E a espera começou a se estender por tempo demais na opinião de Bianca.

"Teriam o pai e a mãe se confundido quanto ao dia de sua chegada?", perguntou-se ela. "Teria Maju, quem atendeu o seu telefonema, confundido o dia e a hora de sua chegada? Burrinha como era, poderia. O que podia se esperar de uma ignorante como ela?"

Cansada de esperar, Bianca achou melhor pegar um táxi. Nem bem se decidiu, uma voz grave de homem chegou aos seus ouvidos.

– Bianca?

Ela estremeceu ao chamado daquela voz. Mal pôde acreditar quando avistou a monumental figura de José Rufino parado a poucos metros de distância de onde ela se encontrava. Ali estava ele, o velho José Rufino, de botinas, vestindo a típica calça jeans, ligeiramente surrada, seu cinto de couro preto, ligeiramente esgarçado, com a fivela de prata, bonita, toda desenhada, a camisa xadrez com os botões de cima desabotoados, permitindo que o peito ficasse ligeiramente à mostra, e, na cabeça, o inseparável chapéu de palha.

– Zé! – exclamou ela, surpresa.

Os dentes dele brilharam num sorriso lindo.

– V-você aqui?

Seus olhares se encontraram em doce saudade. Ele aproximou-se dela, ainda sorrindo, e com os olhos brilhando por reter lágrimas.

– O que você está fazendo aqui, Zé?

– Eu vim ouvir da *tua* boca se é verdade que *ocê tá* namorando outro?
– E-eu? Não! De onde foi que você tirou essa ideia?
– Sua mãe me disse.
– Quando?
– Faz uma semana, quando vim procurar *ocê* aqui na *capitar.*
– Eu não sei por que minha mãe lhe disse isso...
– Porque ela acha que *nóis* dois *pertence* a mundos diferentes. Todo mundo acha isso. Até a minha mãe, meu pai, os *piriquito* lá do sítio.

Bianca não pôde conter o riso diante da revelação. Ainda com o sorriso florindo nos lábios, comentou:

– O seu encontro com a minha mãe deve ter sido hilário.
– Hi... O quê?
– Hilário. Hilário quer dizer: engraçado, divertido...
– Então por que num fala, deve ter sido engraçado, divertido...
– É... Deixa *pra* lá...

Ele suspirou. Ela também. Depois ele sorriu, ela também.

– Por que você veio me procurar, Zé?
– Por que será, *né?*
– Cadê a Mareliz?
– *Tá* lá em Passaredo.
– Vocês estão bem...
– Foi ela que me pediu *pra* vir *atrais d'ocê.*
– Mareliz?
– Ela *mema.*
– Por quê?
– Porque ela sabe que eu amo *ocê.*
– Ela sabe?
– Sabe. Acho que até Deus, numa hora *dessas*, já sabe que eu amo *ocê* e que *ocê* me ama. Ocê ainda me ama, *num* ama?
– Amo, Zé. Amo muito. Não consegui me esquecer de você um minuto durante toda a minha viagem. Cheguei até mesmo a vê-lo em meio aos lugares que visitei.
– Eu e a Mareliz *tamo* nos separando.
– É mesmo?
– É. Pra eu poder casar com *ocê.*
– *Ocê tá* brincando, né?
– *Num tô*, não. É *ocê* que eu quero, *muié. Pra* sempre, até que a morte nos separe.

As palavras fugiam dos lábios finos de Bianca.

– Diz *arguma* coisa!

Bianca não conseguiu dizer nada, apenas sorriu. Ele, então, a tomou nos braços e a beijou quente e ardentemente. Tudo mais ao redor dos dois tornou-se invisível para eles, invisível e sem importância. O amor era mais forte que tudo, conseguia romper mais uma vez o que parecia ser irrompível.

– Eu *te* amo tanto, Zé – desbafou Bianca, quando conseguiu uma brecha entre os beijos quentes e apaixonados que os dois trocavam.

– Eu também *te* amo, *muié*. Acho que *te* amo desde a primeira *veis* em que *te* vi e cobri *ocê* de lama da cabeça aos pés.

Ele a apertou ainda mais entre os braços. Ela disse:

– Não posso dizer o mesmo, Zé. Naquele momento em que você me cobriu de lama, eu o odiei mais que tudo na vida. Eu quis até vê-lo morto de tanto ódio que senti de você.

– Se eu tivesse morrido como *ocê* quis, *ocê* nunca ia *saber* o que é felicidade, *muié*.

– Nunca mesmo, Zé.

Ele se aproximou dela e propôs com voz grave e a respiração alterada:

– *Vamo* ficar junto *pra* sempre, *muié*.

– Vamos, Zé. *Pra* sempre!

Um sorriso calmo e feliz ficou bailando nos lábios dos dois até que ele perguntasse:

– Será que *ocê* vai conseguir viver ao meu lado? No interior? Num mundo completamente diferente do seu?

Ela viu o apelo em seus olhos, dizendo: "Por favor, diga que sim". Bianca fez uma pausa de efeito antes de responder numa voz comovente:

– Posso tentar, Zé. Acho que não existe nada na vida que não requeira paciência, persistência e adaptações.

– Quero ver *ocê* feliz, *muié!*

Os olhos dela tornaram-se mais lindos diante do desejo do homem amado.

– Eu também quero fazer você muito feliz, Zé – disse ela, apaixonada. – Muito feliz.

Um lindo sorriso entreabriu os lábios dele. Ele, então, aproximou-se do rosto dela e beijou levemente a face rosada. Uma lágrima cobriu-lhe os olhos castanhos, e ela murmurou com voz embargada:

– Só não entendo por que ninguém da minha família veio me buscar.

– Porque a Maju disse *pro* seus pais que *ocê* só chega amanhã.

– Amanhã? Por que ela fez isso?

– *Pra* gente poder se *encontrar* aqui sossegadamente.

– Ela fez isso...

– Fez sim, por *nóis*. Se ela *num* tivesse feito, eu *num* poderia *ter* feito essa surpresa *pr'ocê* aqui. Ela percebeu que sua mãe *num* queria que *nóis ficasse* junto e po*r* isso tinha inventado que *ocê tava* namorando *nas* Europa. E foi ela que me abriu os *oio pra* mentira.

– A Maju?
– Ela *mema.*
– Eu nunca pensei que ela fosse capaz...
– As *pessoa* são mais *capaz* do que *ocê* pensa, *muié*. *Nóis* do interior *pode* parecer burrinho porque fala po*r*ta, to*r*ta, ho*r*ta... Mas é só impressão. *Nóis somo* tão inteligente quanto gente de cidade grande. Só o nosso coração que é diferente, é bem maio*r* do que o do *pessoar* daqui.
– Você tem razão, Zé. Eu, como muita gente, tinha muito preconceito em relação às pessoas do interior. Achava-as estúpidas e ignorantes. Hoje, no entanto, sei que me precipitei nas minhas conclusões. Não é porque uma pessoa puxar o R e vive de forma simples que ela é menos do que eu, que moro numa cidade grande e importante.

Ele a envolveu num delicado abraço e beijou-lhe levemente os cabelos. A luz que se acendeu dentro de ambos naquele encontro iluminaria para sempre os caminhos pelos quais a vida os levaria a traçar.

Já que não havia por que voltar para a casa tão cedo, pois os pais não estavam esperando pela filha, Bianca aceitou o convite de José Rufino para dar uma volta pelo Rio de Janeiro.

Assim que avistou uma vaga para estacionar rente à praia de Copacabana, Bianca sugeriu:

– Pare a caminhonete.
– Onde?
– Ali. Vamos caminhar um pouco à beira-mar. Quero que você sinta o frescor e o prazer de caminhar pela praia de Copacabana.

José Rufino gostou da sugestão, estacionou a caminhonete e a seguir os dois foram caminhar pelo calçadão que cercava toda a praia de Copacabana e depois junto ao mar, com as ondas lambendo suas pernas. Logicamente, ambos tiraram seus sapatos nesse momento para poderem apreciar tamanha delícia.

– Macacos me mordam – exclamou José Rufino, maravilhado com o Rio. – Como isso aqui é lindo, *sô*. Nunca pensei que fosse tão lindo. Já tinha ouvido falar que o mar é uma *maravia*, mas *num* pensei que fosse tanto. É *bão* demais, *sô!*

– Você nunca tinha vindo à praia?
– Nunca. Essa é minha primeira *veiz.*

Bianca ficou literalmente espantada e, de certo modo, feliz, por poder compartilhar daquele momento inédito na vida do Zé.

Frente a frente com Bianca, encostando a ponta de seu nariz no dela, José Rufino disse:

– É tão *bão está* aqui com você!

Aquela voz ressoou aos ouvidos de Bianca como uma cascata desabando sobre um corpo exausto de calor e sofrimento, transportando-a para um novo corpo, onde o coração pulsava, pulsava de paixão.

A voz de Zé ressoava agora aos seus ouvidos como uma carícia, uma melodia bonita, que toca fundo na alma... De repente, Bianca se ouviu cantando "Meu coração, não sei por que, bate feliz, quando te vê!".* E era verdade, a mais pura verdade, seu coração batia mais feliz quando via José Rufino... Como bate o coração de todos aqueles que descobrem o amor na sua forma mais doce e mais sincera.

E assim os dois acabaram se hospedando num hotel nas proximidades, onde puderam passar a sua primeira noite juntos. Fecharam as portas e janelas para o mundo. Esqueceram-se de tudo. Pensaram, ainda que por delírio, que só havia os dois na face da Terra, os dois e ninguém mais. Perdidos numa cidade nua, amando, a mando somente do amor, amando em pleno verão, com gosto de inverno, com gosto de quero mais e mais até não dar mais... Aumentando a atração poderosa que envolvia e unia aqueles dois corações.

José Rufino, por meio do ato de amor, fez Bianca se sentir mulher, uma mulher total, completa, senhora dos ventos e das tempestades, dona das quatro estações. Fez com que ela compreendesse por que certas canções tocavam fundo a alma dos apaixonados. Canções como esta: *"Se todos fossem iguais a você que maravilha viver... uma cidade a cantar, a sorrir, a cantar, a pedir a beleza de amar como o sol, como a flor, como a luz, amar sem mentir, nem sofrer..."*.**

•••

A manhã despertou com Bianca beijando o homem amado com emoção, tentando trazê-lo, novamente, para a vida. Nunca ambos tiveram tanta preguiça para se levantar da cama e encarar o dia. A vontade que gritava no peito de cada um era ficar na cama, fazendo amor, por dias. Até mesmo pelas quatro estações...

Depois do banho, juntinhos, gostoso, para despertar, os dois foram tomar um farto e delicioso café da manhã, aquele café de hotel cinco estrelas que é um sonho... Depois, dirigiram-se à casa da família Tomazoni. Dona Lícia não sabia se gritava de emoção pelo retorno inesperado da filha ou se gritava de espanto ao vê-la chegando na companhia do caipira.

— Papai, mamãe, esse é o José Rufino – apresentou Bianca.

O pai e a mãe se entreolharam, perplexos.

— De onde você conhece esse... – perguntou o pai, procurando rapidamente em seu cérebro por uma palavra que pudesse descrever o rapaz, sem ofendê-lo.

Composições: Pixinguinha e João de Barro* / Tom Jobim e Vinicius de Moraes.** (N. do A.)

— De Passaredo, papai — adiantou-se Bianca. — É uma longa história. Depois conto para o senhor.

O marido voltou-se para a esposa e perguntou, seriamente:

— Lícia, você já estava a par dessa história?

A mulher negou prontamente com a cabeça. Bianca achou por bem dar aos pais as devidas explicações:

— Papai, mamãe, o Zé é o homem que eu amo. O homem com quem pretendo me casar.

— Mas Bianca — alarmou-se o pai — ele é um...

— Caipira — acudiu José Rufino, na sua simplicidade de sempre.

— Sim, um caipira.

— E qual o problema, papai?

— Mas...

— Nós vamos nos casar e morar no interior, no sítio da família do Zé.

O pai aproximou-se da filha, pôs a mão na testa dela e disse:

— Bianquinha, o que houve com você, meu bem? Você me parece totalmente fora do seu juízo perfeito.

— Estou otimamente bem, papai. Nunca estive melhor em toda a minha vida. Acredite-me.

Voltando-se para a esposa, o marido disse:

— Diga alguma coisa Lícia, por favor.

— O que posso dizer, Aramis? Isso que aconteceu com nossa filha é coisa do coração. E quem pode entender as coisas do coração? Só mesmo o próprio coração...

A mãe estava perplexa mais uma vez com o poder que a paixão tem de mudar uma pessoa, de fazer brilhar nos olhos uma luz que jamais brilhara até então, como acontecia naquele momento com a filha. O pai voltou-se para Bianca e perguntou:

— Filha, você está certa do que quer para você?

— Estou, papai, nunca estive tão certa de algo em toda a minha vida como agora. Eu amo José Rufino e ele me ama. É isso o que importa.

— Por mais que haja amor, filha, duvido que você se acostume com a vida no interior. Duvido!

Dona Lícia disse o mesmo:

— Eu também duvido, Bianca.

E, para fechar com chave de ouro, José Rufino completou:

— *Duvido* sai cera!

O rapaz não pôde conter uma sonora gargalhada diante das expressões de seu Aramis e de dona Lícia Tomazoni.

A frase fez com que o pai de Bianca olhasse com novos olhos para o moço de chapéu de palha parado na sua frente, rindo debochadamente do trocadilho que havia feito há pouco. Por pouco não se beliscou para saber se tudo aquilo não passava de um sonho.

Seu Aramis disse a seguir:

– Vou dar, então, de presente para vocês uma casa para morar em Passaredo.

– Fico muito agradecido, meu senhor – adiantou-se José Rufino –, mas num precisa. Quero construir, assim que tiver dinheiro suficiente, a nossa casa, minha e de Bianca, no sítio do meu pai, de frente pro lago que tem lá.

– Eu lhe dou o dinheiro.

– Não, senhor. Agradeço muito a gentileza, mas meu pai sempre me ensinou que um *home* tem de arcar com as *despesa* da *famia* sozinho.

– Se é assim que você quer... Mas, se mudar de ideia...

Os olhos claros e bondosos de José Rufino deram sinal de compreensão e agradecimento.

Não levou muito tempo para que seu Aramis simpatizasse com seu futuro genro. Ainda que fossem muito diferentes social e culturalmente, José Rufino conseguiu cativá-lo com o seu carisma insuperável. Dona Lícia acabou também gostando do rapaz porque era adepta do ditado: "Quem meu filho beija, minha boca adoça!"

A novidade foi recebida com grande alegria por Manuela e Péricles, dona Veridiana e seu Alípio e por Camilo e Hugo Giacomelli. Hugo ficou tão eufórico com a notícia que saiu saltitando pela casa, gritando em alto e bom tom: "Eu sabia, eu sabia que a prima arrastava as *asinha pra* cima do Zé!".

A novidade tornou-se a fofoca número um da cidade. Saltava de boca em boca mais do que rã salta no brejo.

Capítulo 20

José Rufino apresentou Bianca aos seus pais com grande alegria. Dona Ilva e seu Chico já conheciam Bianca de longe, do dia em que ela fugira da igreja vestida de noiva e fora até o sítio declarar o seu amor para o Zé. Os três se cumprimentaram cordialmente. Pareciam fazer grande esforço para se agradarem um ao outro.

– Pai, mãe – disse o filho –, eu e a Bianca *vamo* morar aqui *c'ocês* até que eu junte dinheiro suficiente *pra* construi*r* uma casa *pra nóis* mora*r cos nosso fio*, aqui no sítio, de frente *pro* lago, que é o meu maior sonho.

– Mas nossa casa é muito *humirde, fio, pra* uma moça acostumada com grandeza – disse o pai.

– É verdade, fio – concordou dona Ilva.

– Que nada, pai. A Bianca se acostuma loguinho, loguinho. *Ocês* vão ve*r*.

"Deus o ouça", murmurou Bianca com seus botões.

– *Entonce* – exclamou seu Chico. – *Ocê* seja muito bem-vinda, minha nora.

Bianca procurou sorrir, agradecida.

Ao ver o interior da casa pela primeira vez, Bianca conteve-se para não dizer que aquilo não era propriamente uma casa. Era um barraco, um barracão, um celeiro ou um curral, mas uma casa, jamais. O quarto que eles ocupariam na morada era tão simples quanto a casa em si. Seria um desafio e tanto para ela que passara a vida toda cercada somente de luxo e riqueza morar numa casa tão humilde quanto aquela, mas o que fazer, se o marido não tinha, no momento, condições de lhe propor algo melhor? Já ouvira falar que a vida de casado é feita de sacrifícios, mas não pensou que chegasse àquele ponto.

"Não se aborreça", disse Bianca para si mesma, "lembre-se de que em breve a casa de vocês, linda e ampla, será construída em frente ao lago do sítio e, assim, o martírio de morar nessa casa acabará. Tenha paciência."

Bianca pensou em propor novamente ao marido o dinheiro que seu pai queria lhes presentear para construir a casa que ele tanto queria, mas, ao se lembrar das palavras que José Rufino usou para o pai, desistiu.

Viver na companhia dos sogros seria outro grande desafio para Bianca. Não só por eles lhe serem totalmente estranhos, mas por serem também completamente diferentes dela culturalmente. Bianca lembrou novamente a si mesma que o convívio seria por pouco tempo, somente até que a casa deles ficasse pronta. Depois, liberdade total.

Bianca conseguiu se manter calada, fingindo-se de contente, diante de quase tudo, exceto da presença de Tijuca na casa. Para ela, era inaceitável e incompreensível a presença de um cão transitando pela casa, vivendo em meio aos moradores.

— Esse é o Tijuca – apresentou Zé, pegando o vira-lata bonito e viçoso nos braços. – Diga olá *pra* Bianca, meu *véio*.

Bianca encolheu-se toda, quando Zé Rufino se aproximou dela segurando o cão.

— Mantenha esse pulguento longe de mim, por favor. Não tolero animais.

— Mas o Tijuca é de casa, é como um membro da nossa *famia*. *Ocê* logo acostuma com ele, *ocê* vai *vê*!

Bianca olhou de soslaio para o cachorrinho e disse:

— Agora, Zé, tire o cão de dentro da casa, por favor. Lugar de cachorro é lá fora, não aqui dentro.

— Mas o Tijuca mora com *nóis* aqui dentro de casa!

— O quê? – a velha Bianca estava de volta. Voltando-se para dona Ilva, ela perguntou: – E a senhora permite uma coisa dessas?

— E adianta eu proibir? Foi o Zé que acostumou ele assim. Ele dormia no quarto com o Zé.

— Como o Zé, no quarto?

— *Incrusive* na cama com ele.

Bianca acreditou por alguns segundos que estava ouvindo coisas.

— Escuta aqui, Zé. Eu que pegue esse cão dentro de casa mais uma vez ou em cima da nossa cama que eu pego as minhas coisas e sumo daqui no mesmo instante.

— Por causa de um simples cãozinho?

— Sim, senhor.

— E o nosso amor?

— É você quem escolhe: ou eu ou esse cão. Combinado?

— O cão vai ficar sentido – argumentou seu Chico. – É *capaiz* até do pobrezinho ficar doente, se *for* tirado aqui de *drento* de casa.

— Um cão tem de saber que o lugar dele é fora da casa, não dentro.

— Mas ele *tá* acostumado!

— Pois que desacostume. Você escolhe, Zé. Ou eu ou ele?

Zé olhou para a mãe com cara de quem diz: "E eu tenho escolha?". Pelo visto, a velha Bianca ainda exercia grande poder sobre a nova Bianca, percebeu José Rufino.

A partir de então, Tijuca, que sempre dormira dentro da casa, foi obrigado a dormir do lado de fora dela. A mudança chegou a tirar lágrimas do pobre animal e deixá-lo amuado e sem apetite por dias.

Nos dias que se seguiram, Bianca foi tendo a oportunidade de se familiarizar com a casa, os sogros e a vida no sítio. Parecia, para seu espanto, adaptar-se a tudo com muita facilidade. É lógico que José Rufino era o grande responsável por sua amabilidade em lidar com o novo. Nenhuma mulher conseguia se manter a mesma diante do seu romantismo e seus encantos.

Às seis horas da tarde, ele pegava na mão da esposa e ia com ela, como dois bons apaixonados, passear pelas imediações do lago que havia na propriedade para ver o lindo pôr-do-sol. Então, ele se sentava ao lado dela, ficava abraçadinho a ela, namorando, trocando beijos e palavras de amor e afeto até que o sol desaparecesse no horizonte.

Era nessas horas que Bianca percebia o quanto valia a pena o sacrifício de morar numa casa simples e modesta como aquela em que vivia com o marido. Para viver ao lado de José Rufino, qualquer sacrifício valia a pena. Ele poderia ser rústico, caboclão, mas era um homem, homem de verdade. Um homem com H maiúsculo, com o qual toda mulher sonha se casar. Todavia, ele era também doce, doce e romântico à beça, insuperavelmente romântico, podendo lhe propiciar todo aquele romantismo que toda mulher também sonha viver ao lado de um homem.

Nas tardes de sol quente, José Rufino puxava a esposa para dentro do lago e ficava ali brincando com ela, refrescando-se, enchendo-a de beijos e palavras doces ao pé de seu ouvido. Ela, presa entre seus braços lindos, sendo apertada contra o seu peito, era de tirar-lhe o fôlego. Eles, então, voltavam para a casa, tomavam banho, vestiam-se e jantavam. Depois, ficavam balançando-se na rede, admirando as estrelas no céu ou ouvindo-o tocar viola.

Tijuca ficava sempre circulando os dois, querendo muito se aproximar deles, mas Zé procurava manter o cão longe deles, a pedido de Bianca, antes que ela se enfurecesse com ele e com o pobre animal. Tijuca ficava, então, de longe, chorando baixinho, assistindo ao casal de namorico sentado na rede da varanda. Poucos faziam ideia do quanto ele estava sofrendo por ter sido expulso da casa.

Foi uma grande surpresa para Bianca saber que seus sogros dormiam cedo. Com as galinhas, como se diz. E, por isso, ela e Zé podiam se curtir à noite, sem a interrupção de ninguém.

Quando José Rufino terminava os seus afazeres no sítio por volta das quatro horas da tarde, ele saía com Bianca para uma cavalgada. No início, Bianca se recusou terminantemente a montar o cavalo, temia cair do animal e quebrar-se toda, mas depois, com todo jeitinho, José Rufino conseguiu encorajá-la a montar e ela pôde descobrir então o quanto era divertido cavalgar, ainda mais ao lado do marido.

Os dois cavalgavam por longos quilômetros, visitando os lugares mais lindos que havia nas imediações do sítio em que viviam e da cidade de Passaredo.

Bianca jamais pensou que viver ao lado de José Rufino seria tão divertido, que ele lhe seria tão atencioso, tão presente e disposto a fazê-la se sentir mulher, uma mulher amada, lindamente amada, todos os dias e sem precisar fazer esforço algum.

Nem seu português errado, nem seu jeito simples de se vestir a incomodavam mais. Na verdade, viver sem ter de se preocupar com certos modismos era, percebia Bianca agora, uma bênção.

Pescar foi outra atividade divertida que ela descobriu ao lado do marido. Algo que jamais pensou ter paciência para fazer. O silêncio necessário para uma boa pescaria era um desfrute ao lado dele. Uma delícia. Até mesmo ajudá-lo a preparar os peixes para comer se tornara algo prazeroso.

Dona Ilva, que passava boa parte do seu tempo bordando panos de prato, decidiu, certo dia, ensinar a nora a bordar.

— Eu não sirvo para isso, dona Ilva — agradeceu Bianca, achando-se incapaz de aprender bordado.

Com jeitinho, a sogra dobrou a nora e logo Bianca estava com uma agulha na mão, bordando maravilhosamente bem.

Foi com o mesmo jeitinho que dona Ilva conseguiu ensinar a nora a fazer pão assado no forno à lenha e depois uma sequência de pratos deliciosos. Bianca surpreendeu-se consigo mesma ao se ver gostando de cozinhar e também por se ver se dando bem com a sogra. Ouvira a vida toda que nora e sogra nunca se dão bem, da mesma forma que ouvira dizer que pessoas de mundos diferentes jamais podem conviver em harmonia. Mas ela, mais do que ninguém, podia afirmar, por experiência própria, que aquilo não era uma verdade absoluta.

Dona Ilva também ensinou Bianca a fazer açúcar no sítio e depois a tirar o leite da vaca e preparar doces gostosos com ele. Até mesmo sabão ela ensinou Bianca a fazer, bem como tirar a água do poço. Sentir-se útil foi se tornando para Bianca uma sensação tão boa quanto ser amada por um homem lindo como José Rufino.

Quando Bianca não tinha realmente o que fazer ou estava enjoada do que fazia, ela se dedicava à leitura. E era sempre um prazer mergulhar na literatura em meio ao clima do campo.

Os únicos ataques históricos de Bianca eram em relação a Tijuca, quando ele entrava na casa ou ia brincar com ela quando ela se encontrava ao ar livre. Ela, literalmente, não suportava o cão e gritava com toda fúria com o pobrezinho para que ele se afastasse dela.

Perdia a paciência também quando José Rufino pegava o cachorrinho no colo e o deixava lamber sua orelha. Chegava a sentir ânsia e exigia que o marido só a tocasse depois de se lavar.

É, na vida, nem tudo são flores.

Outro martírio para Bianca era ter de se deparar com a dentadura do sogro que ele deixava, toda noite, antes de ir dormir, dentro de um copo com água em cima do movelzinho que havia no banheiro. Toda vez que ela se deparava com a prótese, ela se assustava e deixava escapar um gritinho histérico. José Rufino corria então até ela e procurava acalmá-la em seus braços.

Pior do que aquilo era sonhar com a dentadura adquirindo vida e correndo atrás dela em meio à escuridão dos pesadelos. Quando isso ocorria, Bianca acordava no meio da madrugada, gritando e suando frio.

É, nem tudo são flores... Mas nos braços de um marido lindo e amado, as flores voltam sempre a reinar.

Era nessas horas que Bianca se perguntava se havia feito a coisa certa, aceitando morar com o marido no sítio. Eram os ecos da velha Bianca, mimada e descontente com tudo. No entanto, quando ela se lembrava de que sua vida em meio ao luxo e à riqueza havia se tornado tão vazia e sem sentido, que jamais tivera a alegria que ela tinha agora, vivendo ao lado do marido, Bianca conseguia calar a velha Bianca dentro de si.

Além dos banhos de rio e das cavalgadas, havia também os passeios por Passaredo, o churrasco com os amigos, os almoços com a família, as sessões de cinema a dois, as idas aos parques de diversão e circo que chegavam à cidade e as quermesses beneficentes.

O casal também se divertia quando ia passar o fim de semana no Rio de Janeiro para visitar os pais de Bianca. Desfrutar das maravilhas que a cidade maravilhosa oferece a todos é show de bola, ao lado de quem se ama, então, é quase que o mesmo que acertar na loteria.

•••

Enquanto os papéis da separação corriam, Zé Rufino, certo dia, voltou-se para Bianca e disse:

– O nosso casório vai ser o mais lindo de todos que já *teve* em Passaredo. Quero a igreja cheinha de enfeite e de gente.

– Não podemos mais nos casar na igreja, Zé, esqueceu? A Igreja não permite casamento de separados.

– Não?!

– Não.

– Ora, *diacho*, por quê?!

– Porque... Bem eu não sei muito bem o porquê, só sei que não permitem.

— Isso num é justo. Que *curpa* temos *nóis* de ter casado com a pessoa errada?

— Para a Igreja não há uma segunda chance, Zé. Ainda que você tenha se casado com a pessoa errada, ou mais tarde tenha percebido que o casamento de vocês foi um erro, tornou-se um caos, *ela* não permite um novo casamento. Ela não lhe dá uma segunda chance.

— Ora, *diacho*, isso *tá* errado.

— Acho que a Igreja age assim para preservar os casamentos. Para não virar um *casa separa, casa separa, casa separa...*

— Quer dizer, então, que *ocê num* vai poder se casar vestida de véu e *grinarda* como toda *muié* sonha se casar?

— Não. Eu gostaria, é lógico, de me casar com você vestida de noiva, com uma festa linda, mas se isso não é possível, que assim seja. Nem tudo na vida é como a gente quer. Não é mesmo?

— Ora, *diacho*, isso *num tá* certo.

— Eu não me importo, Zé.

— Importa, sim.

— Não me importo mais, é sério, o que importa mesmo no casamento é que a gente seja feliz. E se a Igreja não nos abençoar, é importante lembrar que quem não nos abençoa é a Igreja, não Deus, Deus está além da Igreja, além de tudo, porque Deus está em tudo, nós estamos em Deus, e Ele quer a nossa felicidade, por isso vive nos dando sempre uma nova chance para ser feliz.

Um novo beijo cortou as palavras de ambos. Dez minutos depois, José Rufino comentava alegremente:

— Eu sei como a gente pode se casar nos conforme, *muié*! Realizar o sonho *d'ocê* de se casar vestida de noiva comigo, vestido de noivo e na presença de um padre.

— Sabe?

— *Hum-hum. Deixa* os *paper* da separação sair que *ocê* vai ver.

...

Para realizar o sonho de Bianca de se casar vestida de noiva, José Rufino foi atrás de Padre Lucas. Encontrou-o no interior da igreja, que administrava, num silêncio sepulcral.

Padre Lucas, assim que ouviu as palmas se propagando pelo eco da capela, correu para ver quem estava ali perturbando o silêncio, pronto a repreender a pessoa por um gesto tão inapropriado quanto aquele.

— Shh — sibilou ele, mas ao avistar José Rufino em pé, no fundo da igrejinha, o homem parou subitamente e avermelhou-se feito beterraba.

— V-você?!

José Rufino encarou o padre com seus olhos bonitos.
– Olá, padre, lembra-se de mim?
O homem deu uma risada curta e amarga e disse:
– C-como poderia esquecer? O que quer aqui?
– O senhor. Vim falar com o senhor. Preciso de um favor.
– Favor?
– Sim, padre.
– Procure outro padre. Estou muito ocupado.
– Ocupado?
O padre reafirmou que sim, com o seu ar superior. Sentia-se cada vez mais irritado por se ver na presença daquele a quem nunca conseguiu perdoar por uma molequice do passado.
– *Num* vai me dize*r*, padre, que o senho*r* ainda gua*r*da mágoa po*r* eu, quando criança, te*r* e*r*guido a batina do senho*r*?
– Você teria se esquecido se tivesse sido com você?
– É *craro* que sim, padre.
– É por que não foi o seu *traseiro* que foi exposto aos olhos de todo mundo.
– Padre... padre... padre... Grande novidade! Traseiro todo mundo tem, é tudo *iguar*.
– Você é um bronco, mesmo.
José Rufino o interrompeu, dizendo:
– *Vô* me casa*r* com a Bianca Tomazoni. Lembra-se dela?
– S-sim. Ela destruiu a felicidade dela por sua causa, sabia?
– Sei, sim. Mas agora *tá* tudo certo. *Nóis vamo* nos casa*r*.
– Mas você já não estava casado?
– Separei. Separei *pra* poder ficar com a Bianca. Fui *atrais* dela no Rio de Janeiro e pedi *ela* em casamento. Ela já está morando comigo lá no sítio do meu pai.
– Mal posso acreditar.
– Acredite, é verdade. Sei que o senho*r* gosta dela e po*r* isso venho aqui lhe pedi*r* um favo*r*. O sonho da Bianca é casar de véu e *grinarda*, comigo, mas a Igreja *num* pe*r*mite mais o casamento no religioso. Ainda assim, quero me casar com ela no religioso e quero que o senhor nos abençoe.
– E-eu? Abençoa*r* você? Nunca! Se fizesse uma coisa dessas, estaria indo contra os mandamentos da Igreja.
– *Oia* só quem fala, a Igreja diz para perdoa*r* e se*r* perdoado, ama*r* os outros como eu vos amei e o senhor *num* segue nada do que ela diz. Deve *tá* aqui só *pra* não perde*r* as *mordomia* que a Igreja dá *pros* padre, né?
– Você me respeite, rapaz.
– E o senho*r* respeite os *mandamento* de Deus.

248

Padre Lucas mordeu os lábios, enfurecido. Carrancudo, fez um gesto impaciente. Seus olhos protuberantes agora ardiam com ardor. Um ligeiro estremecimento percorreu sua pessoa. Sua voz tinha mudado, quando falou:

– Diga o que quer de mim, desembuche, vamos, logo. Se tiver algo que eu possa fazer, farei por causa de Bianca, somente por causa dela, gosto muito dela.

Um sorriso bonito floriu na face bem escanhoada de José Rufino, um sorriso de realização.

...

Foi no dia 13 de junho que o casamento de José Rufino e Bianca Tomazoni se realizou, da melhor forma que José Rufino encontrou para realizar o sonho de Bianca de se casar vestida de noiva, ele vestido de noivo e com um padre para abençoar os dois.

Não haveria um porquê para a Igreja se opor à cerimônia, uma vez que o casamento era um casamento de quadrilha de festa junina. E, numa quadrilha, há sempre um padre que casa os noivos, independentemente de eles serem divorciados ou não.

Todos os noivos fizeram parte da dança e José Rufino estava vestido lindamente dentro de um terno bonito e Bianca dentro de um vestido maravilhoso feito pelo costureiro Armando Bellini, que queria morrer ao ver o vestido sendo arrastado pelo gramado em frente à casa da família Rufino, onde ocorreu a cerimônia.

Logicamente, foi erguido um mastro com a bandeira de Santo Antônio em homenagem ao santo, afinal, o Santo Casamenteiro havia, de certo modo, contribuído para a união dos dois.

– E viva Santo Antônio! – berrou Zé, enquanto soltava os rojões na companhia dos amigos e o mastro era erguido.

Todos gritavam "Viva!"

Outro detalhe inusitado da festa foi o bolo de casamento. Ao ser cortado, tocou música.

Foi um dia inesquecível para todos, especialmente para Bianca. Quem diria que um dia seu casamento aconteceria de forma tão inusitada quando aquela. Ninguém. Somente as grutas do coração.

Nesse ínterim, Mareliz da Silva, ex senhora José Rufino, teve a coragem de aproximar-se de Tarcísio Fontenelle e se declarar para ele. Explicou que não havia feito aquilo antes por medo da sua reação. Mas ela aprendera com um espírito de luz a expor seus sentimentos, ainda que não fossem correspondidos, porque era melhor se arrepender do que fizera do que daquilo que não fizera. Tarcísio, que sempre vira a moça com bons olhos, acabou se dando uma chance para conhecê-la melhor, ainda que à revelia de sua família. Por fim, acabou gostando do que descobriu ao lado dela e a pediu em namoro. A vida é realmente cheia de surpresas e revelações. Coisas que só o coração pode entender.

Capítulo 21

Semanas depois do casamento...
Bianca, sentindo-se uma nova mulher, uma mulher de verdade, feliz e realizada, caminhava pelo gramado rente à casa do sítio da família Rufino onde ela agora morava com o marido, trajando um lindo vestido do campo, que lhe caía muito bem e realçava lindamente os seus cabelos castanhos esvoaçando à passagem do vento. Foi nesse dia que ela recebeu, novamente, para a sua surpresa, a visita do espírito de José Murilo Carminatti.

Seus grandes cílios umedeceram-se e brilharam ao encontrar os olhos meigos e amorosos do espírito. Um lindo sorriso entreabriu os lábios do moço antes de ele se dirigir a ela:

– Está feliz?
– Estou.
– Está preparada?
– Para quê?
– Para viver os altos e baixos da vida a dois?
– Não sei. O tempo dirá.
– Boa resposta. No entanto, lembre-se de que a vida continua, quer haja felicidades, saudades ou desilusões, a vida sempre continua. Mas de mãos dadas com o amor tudo se torna mais fácil, porque o amor é, em essência, Deus. O verdadeiro amor, logicamente.
– E o que é o verdadeiro amor, José Murilo?
– Você só vai descobrir vivendo, Bianca. Deve ser muito mais do que você pensa ser hoje. O tempo lhe dirá. Com amor, com paixão, o tempo lhe dirá.

Uma lágrima brilhou entre os cílios castanhos de Bianca. Havia profunda gratidão na sua voz quando ela disse:

– Se não fosse por você...

A voz dela vacilava e José Murilo procurou fugir ao olhar cheio de admiração e profunda gratidão com que ela o olhava naquele instante. Ele se sentiu, para o seu próprio espanto, inibido.

– Preciso de um favor seu, agora – disse ele, a seguir. – Só você pode me ajudar.

Havia uma certa amargura transparecendo em sua voz.
– Um favor? – interessou-se Bianca. – É lógico. O que é?
– Preciso que visite a minha mãe.
– Sua mãe? – alarmou-se Bianca, chocada com o pedido. – Mas ela me odeia!
– Eu sei.
– Ela não vai querer me receber.
– Insista. É muito importante para mim. Para ela e também para você.

As sombras do passado passeavam agora em torno de Bianca, arrastando os ecos do passado...

Uma lágrima cobriu-lhe os olhos, e ela murmurou, procurando não deixar transparecer o receio na voz:
– Está bem, irei. Diga-me o que é para ser dito a ela e eu lhe direi. Farei o possível para ela me ouvir.

José Murilo sorriu agradecido e emocionado.

• • •

Foi na visita seguinte aos pais no Rio de Janeiro que Bianca Tomazoni Rufino teve a oportunidade de cumprir o prometido a José Murilo. Foi o próprio marido quem a levou à casa de dona Nicete Carminatti e ficou aguardando por ela na caminhonete, enquanto ela lhe falava. As mãos de Bianca estavam trêmulas, quando ela tocou a campainha da casa. Não só as mãos como o corpo.

– Dona Nicete, há uma moça querendo lhe falar – disse a empregada, após receber Bianca no portão.
– Moça? – espantou-se dona Nicete. – Que moça?
– Diz que é muito importante.
– Disse o nome?
– Não. Apenas que é uma conhecida sua. Está bem vestida. Posso deixá-la entrar?

Dona Nicete refletiu por instantes, por fim respondeu que sim. Quando seus olhos se encontraram com os de Bianca, a mulher estremeceu.
– Como vai, dona Nicete? – cumprimentou Bianca, visivelmente insegura.

A dona da casa olhava agora para ela com descaso e reprovação.
– Como ousa vir até minha casa depois de tudo o que nos fez?

O profundo rancor em sua voz era tão intenso que Bianca estremeceu. Constrangida, disse:
– Preciso muito lhe falar, dona Nicete.

O rosto de Nicete Carminatti tornou-se sombrio.
– Você é a pior pessoa que eu já conheci em toda a minha vida – desabafou, meio minuto depois.

— Não vou retrucar, dona Nicete, não posso. De fato, eu era uma moça medonha até bem pouco tempo atrás. Ainda sou, de certo modo, mas tenho procurado mudar, acredite-me.

— Mudar, você? Ninguém que conheci até hoje mudou ao longo da vida, minha cara.

— As pessoas mudam sim, dona Nicete, se se esforçarem para isso.

— Duvido muito que alguém possa mudar.

— Só os teimosos, os egocêntricos, os turrões e os hipócritas não mudam, dona Nicete.

"Eu mudei, não completamente, mas um pouco. Na verdade, não mudei, apenas despertei algo de bom em mim, algo que já existia, mas reprimia."

Sem pensar duas vezes, Nicete aproximou-se de Bianca e deu-lhe um tapa no rosto.

— Isso é pouco para você, sua ordinária — bramiu. — Muito pouco. Você merece levar uma surra bem dada, uma só não, todas aquelas que seus pais deveriam ter lhe dado e não lhe deram.

Os olhos de Bianca romperam-se em lágrimas. Os de dona Nicete também.

A empregada estava horrorizada com o que via.

Bianca, então, apertou contra os olhos um pequeno lenço até secá-los, procurou readquirir a compostura e disse:

— Preciso que a senhora me ouça, dona Nicete, por favor.

Dona Nicete, impaciente, retrucou:

— Diga logo o que quer, vamos, desembucha.

Ainda que trêmula, Bianca contou à mulher o plano que tinha armado para tirar Péricles Capistrano de sua prima Manuela, o fracasso do plano e a decisão de namorar Tarcísio Fontenelle para não acabar solteirona.

— Não me surpreendo com nada do que me disse — declarou Nicete Carminatti —, já era de se esperar uma baixeza como essa da sua parte.

— Eu sei.

Um rosado coloriu as faces morenas da visitante, que baixou o olhar, angustiada. Foi preciso muito esforço por parte de Bianca para continuar:

— Eu vim aqui, entre outras coisas, para lhe dizer que o espírito de José Murilo apareceu para mim, dona Nicete.

Os olhos de Nicete Carminatti abriram-se um pouco mais diante daquela revelação. Bianca, ainda que trêmula, prosseguiu:

— José Murilo apareceu para mim disposto a me ajudar a tomar uma grande decisão na minha vida. Uma decisão que fizesse total diferença para a minha pessoa. Eu relutei a princípio, depois, por sorte, acatei seu conselho. José Murilo estava certo, certíssimo. Era o único modo de eu ser feliz.

Nicete foi até Bianca, mirou fundo nos seus olhos e novamente deu-lhe um tapa na face.

— Não se aproveite da memória do meu filho para elevar a si própria.

— José Murilo é mais do que uma memória, dona Nicete. Ele é um espírito.

— Você não presta mesmo, nunca prestou. É capaz das piores baixezas para se elevar perante o outro.

Bianca ficou por um instante olhando, agoniada, para a mulher parada a sua frente, que parecia estar explodindo de raiva por dentro. Enfim, disse:

— Foi José Murilo quem me pediu para vir vê-la.

Dona Nicete virou-se para ela num raio e gritou:

— Cale a boca, sua ordinária! Não ouse mais falar o nome do meu filho em vão.

— Não é em vão, dona Nicete. Ouça-me, por favor.

— Fora da minha casa!

— Eu tenho um recado de José Murilo para a senhora.

— Fora da minha casa! — tornou Nicete Carminatti à beira de um colapso.

— Ouça-me, por favor — insistiu Bianca. — O que eu tenho a lhe dizer é muito importante para ele, assim como é muito importante para a senhora.

— Eu disse: fora da minha casa!

Diante da imobilidade de Bianca, dona Nicete foi até ela, agarrou firme no seu braço e a puxou para fora. Bianca livrou-se dos braços da mulher e a segurou:

— Ouça-me, por favor.

A mulher, paralisada pelos braços de Bianca, gritou:

— Fora da minha casa. Por favor, fora!

Bianca não se deixou intimidar. Direcionou dona Nicete até o sofá e a forçou a se sentar ali. A empregada continuava parada num canto da sala, assistindo a tudo, sem saber ao certo que atitude tomar diante daquilo.

— Traga um copo com água, por favor — pediu Bianca à moça.

Bianca agachou-se diante de dona Nicete e disse, procurando acalmar a voz:

— José Murilo me pediu para dizer à senhora para não se culpar mais.

Dona Nicete engoliu o choro no mesmo instante.

— O que foi que disse? — perguntou, prestando melhor atenção à Bianca.

Bianca repetiu o que disse com toda a calma de que dispunha:

— José Murilo me disse que a senhora se martiriza muito por algo que disse para sua comadre poucos dias antes de ele morrer.

Os olhos de Nicete Carminatti se abriram um pouco mais. Bianca procurou fugir ao olhar angustiado da mulher e continuou:

— Ele me disse para dizer à senhora que tudo o que aconteceu com ele naquele dia não passou de um acidente e que acidentes acontecem, infelizmente. A senhora não tem culpa do que lhe aconteceu. Suas palavras, ditas num momento de raiva, nada têm a ver com o que aconteceu a ele. Por isso ele lhe pede que não se martirize mais por isso, que se perdoe pelo que disse, que entenda que o que disse foi dito por dizer, porque a senhora estava com muita raiva naquele momento. Tudo não passou de uma coincidência.

As mãos de dona Nicete, que até então se mantinham aprisionadas entre as da moça, soltaram-se.

– Foi Hélia, não foi? – perguntou ela, olhando com muita desconfiança para Bianca, agora. – Foi Hélia Galeno, minha comadre, quem lhe pediu para vir aqui me dizer tudo isso, não foi?

– Não, dona Nicete. Foi seu filho, José Murilo, do plano espiritual.

Os olhos de Nicete fixaram-se num ponto distante, enquanto seus músculos faciais eram comprimidos por uma súbita rajada de apreensão e tristeza. Com muito tato para se expressar, Bianca prosseguiu:

– Foi José Murilo quem me fez refletir a respeito do que eu realmente queria para mim. A senhora me conhece, sabe muito bem quem eu era, o desespero que eu tinha para me casar, o desespero que toda mulher tem para se casar, e que nenhuma mulher, nenhuma como eu, abandonaria um homem no altar, de boa família, como eu fiz, se não fosse por um conselho vindo do Além por meio do seu filho, em espírito.

"Confesso à senhora que não amava José Murilo, quando ele estava vivo, mas também não o odiava. Gostava dele, apenas. Mas depois que ele apareceu para mim, em espírito, eu me apaixonei por ele, por ter se lembrado de mim e por querer me ajudar, mesmo depois de todas as barbaridades que falei dele naquele momento de raiva. A raiva nos faz dizer cada absurdo que é um absurdo ousarmos falar qualquer coisa num momento de raiva.

Nicete Carminatti levou a mão à fronte, procurando massagear o rosto, enquanto Bianca se derramava em palavras sinceras.

– José Murilo, em espírito, me ensinou muito, dona Nicete, bem mais do que a senhora pensa. E só me pediu em troca que viesse até aqui dizer tudo o que acabo de lhe dizer para que a senhora se liberte do pesadelo em que vive desde a sua morte. Ele sofre do lado de lá da vida porque a senhora sofre do lado de cá. Nenhum espírito vive em paz sabendo que um ente querido se mantém sofrendo por causa de sua morte. Morte não, passagem. Porque a morte nada mais é do que uma passagem para o mundo espiritual.

Um sorriso amargurado entreabriu os lábios firmes de dona Nicete antes de ela dizer:

– Isso não pode ser verdade. Não pode...

– Como não? A senhora sempre foi uma mulher muito religiosa e, portanto, sabe que o espírito sobrevive à morte.

— Eu nunca acreditei nisso. Para mim, não existe nada além da vida. Sou uma mulher religiosa porque fica bem na sociedade ser uma mulher religiosa, mas, no íntimo...

— Eu também era assim, dona Nicete. Ia à igreja porque ficava bem ir à igreja. Nunca dei muita trela ao que se fala sobre espiritualidade. Meu interesse sempre foi homem, casamento e filhos. Amigas, vestidos novos e perfumes caros. Bailes, salão de beleza e anéis de brilhante. Só isso. Mas José Murilo me mostrou que a vida é muito mais do que tudo isso. Vai muito além do que julga a nossa vã filosofia. A vida continua e os espíritos daqueles que tanto amamos e agora se encontram do lado de lá da vida, jamais deixaram de existir, estão vivos e, na medida do possível, procurando nos ajudar.

"Eu, sinceramente, não espero que a senhora acredite no que eu lhe disse. Sei que pode ser difícil para a senhora acreditar em algo desse tipo, como é difícil para a maioria das pessoas. Mas eu tinha de vir, era a minha obrigação."

Houve uma breve pausa até que dona Nicete perguntasse:

— Por que meu filho apareceu para você e não para mim, que sou sua mãe? O certo seria ele aparecer para mim, que tanto o amo, e não para você, que nunca o amou.

— Eu já me fiz a mesma pergunta, dona Nicete. A única resposta que obtive foi que algumas pessoas têm mais facilidade ou sensibilidade para se comunicar com os espíritos. Nascem com esse dom da mesma forma que uma criança nasce com o dom de desenhar. Não que esse dom não possa ser desenvolvido, acho que pode, mas requer empenho, estudo, meditação...

— Você disse que desistiu de um casamento a conselho de José Murilo, não?

— Sim.

— Para mim, você desistiu de se casar porque esse rapaz com quem ia se casar não passava de um matuto como todos os rapazes interioranos. Desistiu porque o rapaz por quem se apaixonou era o que podemos chamar de um *gentleman*. Confesse, nem que seja só para mim, que foi esse o verdadeiro motivo que a fez desistir do casamento.

— Engana-se, dona Nicete.

Naquele momento, ouviu-se a campainha tocar. A empregada pediu licença e foi imediatamente atender à porta. Meio minuto depois, voltou, dizendo que era José Rufino, o marido de Bianca quem estava ali, pedindo um copo d'água.

— Peça para ele entrar – pediu a patroa à moça.

Assim que José Rufino entrou na sala, dirigiu-se até a dona da casa e a cumprimentou, esticando-lhe a mão.

— Bom-dia, dona.

Nicete Carminatti olhou com grande interesse para a mão do rapaz esticada na sua direção. Ao perceber que ela não o cumprimentaria, o moço recolheu a mão e disse:

— *Descurpa* incomodar *ocês, mais tá* um calo*r* danado lá fora, *tava* já com a boca seca de sede!

Bianca postou-se ao lado do marido e disse:

— Esse é José Rufino, dona Nicete, o homem por quem me apaixonei e, a conselho de José Murilo, me fez desistir de tudo para ficar com ele.

Nicete Carminatti estava surpresa com a revelação.

Enquanto José Murilo e Bianca se dirigiam, de mãos dadas, para o local onde havia sido estacionada a velha caminhonete, o moço perguntou:

— *Tá* tudo bem com *ocê*?

— S-sim. Sinto-me bem melhor agora. Muito melhor.

E voltando os olhos para o horizonte, ela acrescentou:

— E acho que alguém mais se sente também bem melhor agora.

Ele envolveu Bianca num delicado abraço e beijou-lhe levemente os cabelos, externando o seu carinho. Meio minuto depois, a velha caminhoneta partia.

Assim que Nicete Carminatti se viu só na sala de sua casa, sentou-se à mesa que havia ali, debruçou-se sobre ela e ocultou o rosto fatigado de lutar contra um turbilhão de pensamentos trevosos. Esquecida das horas, ali permaneceu. As palavras de Bianca iam e vinham na sua mente como se fossem ondas do mar. Mais uma vez, ela se perguntou: teria realmente o espírito do filho aparecido para a ex-noiva? Bianca não mentira quando disse que havia mudado. Se não tivesse, não teria se casado com um rapaz aparentemente tão simplório como José Rufino. Se não havia mentido, não havia mentido também em relação à aparição do filho em forma de espírito. Só podia ter sido ele próprio quem a visitara. Afinal, como ela poderia saber de algo que fora dito entre quatro paredes? Ela confiava em Hélia, sabia que ela jamais diria a alguém o que ouvira de sua boca.

Portanto, José Murilo havia realmente aparecido para Bianca Tomazoni e lhe havia perdoado por tudo o que ela lhe fizera. Era inacreditável, mas ele lhe havia perdoado, algo que ela jamais faria. O perdão nunca fora o seu forte. Mudanças também não. Nem mesmo pela dor.

Nicete caminhou até o móvel onde havia um porta-retrato com a foto de José Murilo, o pegou e disse:

— Eu só queria o seu bem, José Murilo. O seu bem.

José Murilo, que estivera o tempo todo ali, presenciando o encontro de Bianca com sua mãe, envolveu-a com sua luz, procurando transmitir-lhe paz física, emocional e espiritual.

...

Naquele dia, depois do difícil encontro que teve com dona Nicete, Bianca achou por bem caminhar junto ao mar de Copacabana. O casal caminhava, de mãos dadas, conversando descontraidamente, quando José Rufino decidiu tomar uma caipirinha. Enquanto Bianca esperava pelo marido, encontrou uma de suas amigas dos tempos de colégio: Malu Frazão Delvechio.

– Bianca? Bianca Tomazoni?
– Malu?! Oi, querida.
– Querida, há quanto tempo. Por onde anda? Soube que se casou, é verdade? Quem é o felizardo? Onde está morando? Conte-me tudo, não me esconda nada.
– Sim. *Casei-me.* Moro no interior.
– Você, no interior?
– Sim. Por que o espanto?
– Porque você abominava o interior.
– As pessoas mudam...
– Não a esse ponto.
– O amor nos faz mudar.
– Então foi por amor mesmo que você casou?
– É lógico que sim, por qual outro motivo seria?
– Querida, não é segredo para nós, mulheres, que muitas se casam mais por medo de ficarem solteironas, porque a idade está pesando, para ter um apoio financeiro, do que propriamente por amor. Casamento por amor, eu diria que é muito raro.
– Pois eu me casei realmente por amor, Malu.
– Quem é o felizardo? Só pode ser um fazendeiro, e um dos mais ricos, para ter convencido Bianca Tomazoni a se mudar para o interior.
– Ele é fazendeiro, sitiante, como se diz por lá, mas não é rico. Tem um sítio nas imediações da cidade, onde moramos.
– Você morando num sítio?! Conte-me outra!
– É sério.
– Deve ser uma casa linda...
– De madeira.
– Com piscina, no mínimo.
– Um lago.
– Um lago...
– Onde muitas vezes nos banhamos, nus, especialmente no verão.

As palavras subitamente fugiram dos lábios de Malu. Bianca continuou:

— Pensamos que precisamos ter muita coisa de material na vida para sermos felizes, mas a verdade é que não precisamos disso tudo. O capitalismo quer nos fazer acreditar que sim, mas tudo não passa de manipulação, para forçar as pessoas a comprarem mais e mais, se esforçarem ao extremo para comprar coisas de que elas não precisam nem nunca vão precisar...

— Belisque a minha mão para eu saber se não estou sonhando. Essa Bianca, parada aqui na minha frente, conversando comigo, não é a mesma que conheci, que o Rio de Janeiro inteiro conheceu.

Bianca riu, alegremente.

— Ah, o Zé vem vindo aí. Deixe-me apresentá-lo.

Assim que José Rufino chegou, Bianca pegou no punho dele e disse:

— Meu bem, essa é a Malu, uma de minhas melhores amigas dos tempos de colégio.

— Se eu fosse uma de suas melhores amigas, você teria me convidado para ir ao seu casamento — comentou Malu, fazendo beicinho.

— Foi tudo muito simples, convidei só os familiares — explicou-se Bianca.

— Como vai, dona? — cumprimentou o moço, apertando firmemente a mão da moça.

O sotaque caipira de José Rufino assustou Malu tanto quanto sua beleza máscula.

— Muito prazer — respondeu ela, prestando melhor atenção no porte físico do rapaz.

Os três conversaram mais um bocadinho até José Rufino se retirar para ir apanhar mais uma caipirinha. Assim que ele se foi, Malu pegou no braço de Bianca, o apertou e disse, em tom delirante:

— Que homem! É de tirar o fôlego!

E, em tom confidencial, acrescentou:

— Você está sabendo, não está? Que o José Felício se separou da Hortência, não?

— Não estou.

— Você gostava um bocado dele, hein, Bianca? Onze anos de namoro, não é pra menos...

— Disse bem, gostava. José Felício faz parte do meu passado agora.

— Do primeiro grande amor da nossa vida a gente jamais esquece. Ele jamais morre dentro de nós.

— Malu, isso é o que as pessoas dizem, o que elas querem acreditar, mas a verdade é que o grande amor é aquele que se concretiza, que está ao seu lado para o que der e vier. O nosso grande amor é aquele que se torna real, que deixa de ser um sonho, um ideal, e se torna concreto. Ainda que não seja como a gente sonhou, ele é o que a gente pode ter de melhor. O que nós merecemos.

— Merecemos?

— É, sim. Acho que todo relacionamento que temos acontece para nós porque o merecemos. Precisamos dele para nos aperfeiçoar na vida. Conhecer-nos melhor. Conhecer nossos limites e detalhes de nossa personalidade que carecem de melhoras. Conhecer nossas potencialidades e nossa capacidade de amar.

— Quem diria que Bianca Tomazoni um dia haveria de se casar com um rapaz interiorano e ainda seria feliz ao lado dele.

Malu ia dizer "caipira", mas achou melhor manter-se fina e educada.

— Quem diria...

— A vida é realmente surpreendente.

— Uma caixinha de surpresas.

Bianca sorriu e voltou os olhos para a imensidão do mar, bem no ponto em que o mar se encontra com o céu. Lembrou-se, então, de José Murilo, de suas palavras, do bem que ele lhe fez, de seu rosto bonito, doce e fraterno. Sentiu-se novamente agradecida a Deus por tudo. Algo que só o coração pode entender...

Capítulo 22

Meses depois...

Bianca e José Rufino estavam como de hábito aconchegados numa rede presa na varanda da casa, abraçadinhos, quando Bianca avistou dois vaga-lumes.

– Veja! Vaga-lumes!

– Quando eu era menino, achava que eles eram um pisca-pisca de *Natar*, voador.

– E parecem mesmo!

Os dois riram, Fez-se um breve silêncio até que José Rufino perguntasse:

– Seja sincera com o Zé, muié. *Ocê* se arrependeu de se casar comigo?

– Não, Zé. Confesso que, a princípio, pensei que não conseguiria me adaptar à vida no sítio, mas depois, conhecendo seus pais melhor, e tudo o mais de que se pode desfrutar vivendo aqui, posso dizer que não troco essa vida daqui por nada. Gosto tanto daqui quanto gosto de você. Amo o Rio, vou amá-lo sempre, mas sinto que aqui é o meu lugar, porque é também o seu lugar. Em outras palavras: o meu lugar é onde você estiver. E todo lugar vai ser lindo porque o tenho ao meu lado. Acho que todo lugar é lindo quando se está amando.

O sorriso bonito de José Rufino iluminou sua face novamente.

– Que *bão*, *muié*, que *bão*. Eu quero *vê ocê filiz*. Muito *filiz*!

Ele abraçou a esposa ainda mais forte e depois a cobriu de beijinhos. Depois disse:

– *Ocê* viu como a *prantação tá* viçosa? É *sinar* de que *nóis vamo ter* uma boa *coieta* esse ano! *Ocê* vai *ver*. E, com uma boa *coieta*, *nóis vamo* ter dinheiro suficiente *pra* construir a nossa casa de frente *pro* lago.

– Se Deus quiser.

– E Ele há de querer, *muié*!

De fato, os campos de trigo, soja e café estavam lindos e viçosos, sinal de que haveria muita prosperidade na região. Os fazendeiros estavam contentes e otimistas.

Aconteceu, então, o inesperado. Certo dia, por volta das vinte e duas horas, todos perceberam que ia gear naquela noite e, para salvar a plantação, era preciso pôr fogo em pneus velhos, reservados especialmente para uma ocasião como aquela.

— Aonde você vai, homem de Deus? – perguntou Bianca, atônita, ao ver o marido se agitando pelo quarto.

— *Sarvá a coieta, muié!* – respondeu ele, vestindo um casaco todo remendado.

— Como?!

— Ateando fogo em pneus *véios!* E eu preciso *d'ocê, muié.*

— De mim?

— *D'ocê*, sim. De toda ajuda que conseguir.

Foi com muito esforço que José Rufino, seu pai, sua mãe e Bianca conseguiram atear fogo em todos os pneus que distribuíram ao longo das terras plantadas, com uma certa distância de um para o outro. A fumaça foi logo ganhando os céus e esquentando o ar, evitando, assim, que a geada queimasse toda a plantação.

Quando José Rufino e Bianca se encontravam novamente trancados no quarto de casal, Bianca sentou-se na cama, pendeu a cabeça e começou a chorar.

— O que foi? – perguntou José Rufino, fazendo um carinho nela.

Ela, por mais que tentasse, não conseguia responder.

— Essa vida, essa vida daqui... eu *tô* cansada dela. São mudanças demais para mim.

A velha Bianca estava de volta.

— Onde *ocê* estive*r*, *muié*, vai te*r* sempre dias que *ocê* vai se senti*r* cansada do luga*r* onde *véve*.

— Eu preciso de um tempo para mim. Essa vida não é para mim.

— *Qué dizê* que é assim?!

— Assim, o quê?

— Que vai acaba*r* a nossa história de amo*r*?

Ela fez beicinho como toda criança faz ao ser contrariada.

— Larga de manha, *muié. Ocê* me ajudou hoje a *sarvá* a *prantação*, a nossa *prantação*. Não é *maravioso*?

— Ajudei?

— É lógico que *ajudô*.

Ele enlaçou-a e a beijou:

— Se *ocê cansô* da vida aqui no sítio, tudo bem, amanhã *ocê* vai embora. Eu *te* levo lá pra casa dos teus pais. Mas só amanhã, agora *nóis vamo* dormir *abraçadinho* feito dois *pombinho*.

E o amor venceu mais uma vez as divergências e diferenças que havia entre o casal apaixonado. No dia seguinte, Bianca já havia mudado de ideia quanto a partir dali e voltar para a sua vida no Rio de Janeiro, vida essa tão luxuosa quanto vazia e solitária.

Entretanto, as alterações de humor de Bianca começaram a ser mais frequentes desde esse dia.

– O que há de errado comigo? – perguntou-se ela, estranhando o seu comportamento.

– *Ocê* deve *tá* grávida, *fia* – explicou dona Ilva.

– Eu o quê?

– *Ocê* deve *tá* grávida.

– Eu?!

Assim que José Rufino voltou para a casa, a mãe lhe deu a notícia:

– *Tô* desconfiada de que sua muié *tá* grávida, *fio*.

– É *memo*?! Que notícia boa, mãe!

A alegria foi geral. Bianca mal podia acreditar que se sentiria tão feliz ao se descobrir grávida, ainda mais ela que havia se decidido há muito tempo não ter filhos. Entretanto, tal decisão se perdeu no tempo, depois de ter se casado com José Rufino. Ele despertou nela uma vontade enorme de ter filhos com ele.

No dia seguinte, a suspeita foi confirmada. Bianca estava realmente grávida. O casal mal podia se conter de felicidade com a notícia.

– Esse é um dos *dia* mais *filiz* da minha vida, *sô* – desabafou José Rufino, ao pé do ouvido da esposa.

Bianca mal se cabia de felicidade. Assim que Manuela e dona Veridiana souberam da notícia, foram fazer uma visita à Bianca. Dona Lícia e seu Aramis também. Bianca e José Rufino não sabiam até então o quanto a vinda de uma criança poderia alegrar uma família. Era alegria que não cabia mais.

Desde a descoberta da gravidez, José Rufino mimou Bianca ao extremo. Tudo o que ela sentia vontade de comer, ele providenciava. Chegou a ir ao Rio de Janeiro só para comprar doces e pães de uma famosa e tradicional panificadora da cidade porque ela estava com vontade de comer os doces e pães do lugar.

– Não precisa ir, Zé – disse Bianca, pouco antes de o marido partir para o Rio.

– *Vô* sim, *muié*. *Num* quero *fio* meu com cara de pão, muito menos de doce! – respondeu o marido, decidido.

• • •

Foi o próprio Zé quem levou Bianca a sua primeira consulta no ginecologista. Ele aguardava na sala de espera, quando descobriu, por meio de um bate-papo com uma antiga conhecida sua, qual era a função de um ginecologista. José Rufino deixou a moça falando sozinha no mesmo instante, correu até a sala do médico e abriu a porta com um pontapé.

— *Home* nenhum põe a mão na minha *muié!* – berrou.

O médico deu um salto para trás. José Rufino foi até ele, pegou-o pelo colarinho e disse numa voz que mais parecia um rosnado de leão:

— Tire as suas *pata* de cima da minha *muié!*

— O senhor quer, por favor, me pôr no chão!

— Zé, por favor – protestou Bianca, pasma com o acontecido.

O marido, enfurecido, soltou o assustado homem, voltou-se para a esposa e disse, furioso:

— *Ocê tá* doida, *muié?!* Perdeu o juízo, por acaso?! Onde já se viu *mostrá* as *intimidade pra* um *home* que *num* é seu marido. Ainda mais entre quatro *parede, diacho.*

O médico tentou se explicar:

— Acontece que eu sou um ginecologista.

José Rufino, furioso como um touro bravo, voltou-se para ele e respondeu:

— *Tô* pouco me lixando se *ocê* é ecologista, lojista, legista ou uma boa bisca! Na minha *muié*, *home* nenhum põe o dedo. Se quiser examinar, vai ter de ser de longe, bem de longe. E na minha presença!

— O senhor é um *grosseirão*.

— E o senhor é um abusado safado.

Assim que Bianca se viu a sós com o marido dentro da caminhonete, voltando para o sitio, ela falou:

— Depois do *show* que você deu hoje no consultório médico, sou levada a crer que você não confia em mim.

— Em você eu confio, *muié*, nos *home* é que não.

— Pois o mesmo digo eu – atalhou Bianca, seriamente. – Mulher é tão rápida quanto o homem quando o assunto é sexo oposto. Quando sentem vontade de tirar uma lasquinha, elas tiram, mesmo que esse homem seja casado. Ainda mais de um homem homem como você!

— Homem homem?

— Homem com H – explicou Bianca. – Com H maiúsculo. Com jeito de homem, com cheiro de homem,

— Homem macho *ocê qué dizê, né?!*

— É!

Ele apertou a coxa de Bianca, sorriu e disse:

— *Ocê* também é uma *muié muié*, amor. Um *muierão*.

Depois que Bianca contou a sua sogra e a seu sogro o que havia acontecido àquela tarde no consultório médico, dona Ilva perguntou ao filho:

— Mas *fio*, uma *muié* grávida precisa ser examinada pelo médico. E *num* tem jeito de ele examinar sem ver as *intimidade* dela.

— *Mai tá fáci memo* que eu *vô* deixar o doutor enche os *oio* com as bela *paisagem* da minha *muié*. Nunquinha!

– Mas *fio*, na hora que o seu *fio* nascer, o médico vai ter de ver as *intimidade* da sua *muié* de *quarqué* jeito. Afinar, o fio nasce pelas *intimidade* da *muié*, esqueceu?

José Rufino bufou irritado. A mãe tentou contemporizar:

– Só se o seu fio nascer de cesariana ou com a ajuda de uma parteira. Mas parteira boa nos *dia* de hoje é *difici* de encontrar.

– Eu arranjo uma, mãe, *ah*, se arranjo. Faço *quarqué* coisa *pra* deixar o médico longe das *intimidade* da Bianca.

Só então Bianca se manifestou:

– Eu não vou ter meu filho com uma parteira, nunca! Vai ser com a ajuda de um médico, queira você queira ou não queira, Zé!

– *Iche!* A *muié virô* onça!

– Virei mesmo!

– Faz tempo que *ocê num* vira onça, *muié! Tava* até com *sardade* dessa fera!

Nisso Tijuca apareceu dentro da casa, deixando Bianca ainda mais enfurecida.

– Quantas vezes eu vou ter de dizer que não quero esse cachorro dentro de casa?! Quantas?! Fora!

Antes que a esposa ficasse ainda mais irritada, José Rufino pôs o cão para fora da casa. Tijuca permaneceu na porta, chorando baixinho, desconsolado por não ter mais a liberdade que tinha na casa e com seus donos.

Nas semanas que se seguiram, dona Ilva e dona Lícia ajudavam Bianca a preparar o enxoval do bebê. Cada roupinha que comprava ou ganhava era recebida com grande satisfação. Bianca passava horas admirando o enxoval, imaginando o bebê com ele.

...

Bianca já estava de cinco meses quando foi ao banheiro no meio da noite e começou a gritar o nome do marido. José Rufino, que dormia esparramado na cama, acordou assustado e correu até o banheiro para ver o que havia acontecido com a esposa, crente de que ela havia se assustado novamente com a dentadura do pai. Encontrou Bianca sentada no vaso, chorando, agoniada.

– O que foi, *muié*?

– *Tô* sangrando, Zé.

– O quê?

José Rufino chamou pela mãe no mesmo instante. Dona Ilva correu até lá.

– Leva sua *muié pro hospitar, fio* – aconselhou a senhora, visivelmente preocupada com o acontecido.

Com a ajuda do pai, José Rufino levou a esposa para a caminhonete e partiu com ela para o hospital onde Bianca foi atendida prontamente pelos médicos de plantão. Meia hora depois, o médico que atendeu Bianca procurou por José Rufino na sala de espera. Assim que o moço viu o doutor, perguntou:

– E aí doutor, como *tá* a minha *muié*?

– Ela está bem. No entanto, o bebê...

José Rufino mordeu os lábios para não chorar.

– Eu sinto muito – lamentou o médico. – Fizemos tudo que estava ao nosso alcance para salvar a criança, mas...

– Quero ver minha *muié*, doutor, por favor.

– Acompanhe-me.

Quando José Rufino encontrou Bianca, ela ainda se mantinha chorando, desconsolada. O marido curvou-se sobre ela, beijou-lhe a testa e disse:

– *Carma, muié. Ocê* vai ficar boa.

– Nosso filho, Zé. Nós perdemos o nosso filho.

– Que se há de fazer, *muié*? Deus quis assim... Mas Ele há de nos dar outro. *Ocê* vai ver.

Bianca fechou os olhos e chorou, sentida. José Rufino também chorou, como nunca chorara em toda a sua vida.

Capítulo 23

Os meses que se seguiram foram muito difíceis para Bianca. Por muitos momentos, ela se pegou olhando para o enxoval do bebê e pensava na alegria que teria sido sua chegada. José Rufino procurava animá-la com palavras de amor e conforto.

– Nós logo, loguinho, vamos te*r* outro *fio*, *muié*, *ocê* vai *vê*. Não *fica* triste, não. O Zé *num* gosta de vê *ocê* triste. Por favo*r*!

Nos meses que se passaram, a gravidez tão almejada não aconteceu. E quanto mais era retardada, mais e mais Bianca se via desesperada.

– Eu nunca quis ter filhos. Nunca – dizia. – Foi o Zé quem me fez mudar de ideia, quem despertou em mim essa vontade enorme de ser mãe. No entanto, agora, engravidar me parece impossível. Cada vez mais impossível.

– Não desista, *fia* – incentivava dona Ilva. – Você e o Zé ainda me darão muitos netos. Deus há de ajudar *ocês*!

Bianca quis muito acreditar nas palavras da sogra. Mas a dificuldade crescente para engravidar apagou toda a esperança que ainda restava em seu coração.

– Eu nunca mais vou conseguir engravidar, Zé – comentou ela, certo dia, com o marido.

– *Num* diga isso, *muié* – respondeu Zé Rufino, procurando alegrar a esposa.

– Não adianta eu querer me enganar, Zé. Não adianta a gente querer se enganar. Esse é o quarto indício de gravidez que perco.

– *Nóis vamo* tenta*r*, *muié*. *Nóis vamo tentá* até conseguir. Ocê *num* pode entrega*r* os *ponto* assim tão *fáci*.

– Eu tenho de ser realista.

Dona Ilva apareceu diante dos dois e disse:

– *Descurpa, fia*, eu *me* intromete*r* na conve*r*sa *d'ocês*, mas o que *ocê* precisa *memo* é de fé. Ter mais fé em Deus, fé *n'ocê*, fé na vida!

– Fé! – entusiasmou-se José Rufino, diante das palavras da mãe.

E no mesmo instante saltou de onde estava sentado, apanhou as chaves da caminhonete e disse, empolgado.

— *Vamo resorve* esse *probrema* de fé agorinha *memo!*
Sem maiores explicações, entrou na caminhonete e partiu.
— O que deu nele? — indagou Bianca, querendo muito compreender aonde o marido havia ido.
Meia hora depois, José Rufino regressava ao sítio na companhia de Padre Lucas.
— Padre, o senhor por aqui? — alegrou-se Bianca ao vê-lo.
— Olá, filha — respondeu padre Lucas, sem muito entusiasmo. — Esse demô... quer dizer, seu marido foi me procurar, insistiu muito para que eu viesse vê-la, para lhe dar uma bênção. O que há, filha?
Bianca explicou sua dificuldade para engravidar. O padre sentou-se ao lado dela, pegou em sua mão e explicou:
— Você está com tanto medo de engravidar e perder o bebê outra vez que o medo está impedindo você de segurar uma nova gravidez. Você ficou traumatizada com a perda da sua primeira gravidez. Não é para menos, é sempre um baque, não resta dúvida. Você precisa relaxar mais, acreditar mais em você e na vida e reforçar sua fé em Deus. Ter ciência de que Deus há de ajudá-la e ampará-la no processo.
— Por que Deus não me amparou antes? Por que não me ajudou a segurar o meu primeiro bebê?
— Por algum motivo que foge a nossa compreensão. Sou da opinião de que, quando uma gravidez não vinga, é porque foi melhor assim.
Ele apertou a mão dela com ternura, sorriu e acrescentou:
— Acredite que você pode engravidar e que sua gravidez triunfará no final. Diga a todo momento: "Eu posso, eu posso engravidar." Fique de frente para um espelho e diga: "Eu posso, eu posso engravidar. Deus está ao meu lado e vai me amparar." Faça esse exercício todos os dias e maravilhas acontecerão para você. Não se esqueça também de perdoar. Perdoar a vida por ter perdido a sua primeira gravidez. Perdoar a si própria por tê-la perdido. O perdão nos liberta e nos dá mais coragem e segurança para enfrentar a vida. O *perdão* é poderoso!
Ouviu-se a voz grave e marota de José Rufino soar no recinto:
— O padre, por acaso, já fez esse exercício?
Padre Lucas olhou de soslaio para o moço e disse:
— Já, sim, muitas vezes.
— Então já conseguiu me perdoar por ter erguido a batina do senhor, *né?*
Padre Lucas respondeu, fulminando o rapaz com os olhos:
— Certas coisas são imperdoáveis na vida, meu rapaz.
José Rufino coçou atrás da orelha, enquanto puxava pela memória:
— Como é *memo* aquele ditado. Faça o que eu digo, mas não faça o que eu faço.

Padre Lucas quis mais uma vez saltar sobre o moço.

Bianca Tomazoni Rufino decidiu aceitar a proposta de padre Lucas. Todo dia fazia o exercício que ele havia lhe proposto. Semanas depois, descobriu que estava grávida novamente. Mas a alegria durou pouco, pois o medo de perder a nova gravidez a tomou de apreensão. Bianca, então, lembrou-se das palavras do amigo padre e das palavras da sogra em relação à fé. "Mantenha a fé e tudo haverá de dar certo para você." Deus está ao seu lado e vai ampará-la.", "Com Deus, maravilhas acontecerão com você!".

Assim ela fez e assim sua nova gravidez teve êxito.

José Rufino se apegou ainda mais à esposa, realizando os seus desejos, tratando-a como uma verdadeira princesa.

Os desejos de grávida de Bianca tornaram-se mais intensos que na gestação anterior tanto quanto o seu humor oscilante. Piorou também a sua implicância com o pobre Tijuca. O cão foi obrigado a ficar longe da casa para poupar Bianca de irritações. Foi morar, para o seu total espanto e indignação, no curral, onde residiam as galinhas. Todos tinham muita pena do pobre cachorrinho, mas o que fazer, se Bianca implicava tanto com a criatura?

...

O bebê estava a menos de uma semana para nascer, segundo os cálculos de Bianca, quando José Rufino levou a esposa para dar um passeio de bote no lago do sítio. Durante o trajeto, Zé falou com entusiasmo a respeito da casa deles que ele, muito em breve, pretendia construir às margens do lago. Foi então que, de repente, Bianca sentiu um tremor forte no estômago e uma vertigem lhe embaçou os olhos.

– O que foi, *muié?* – perguntou o marido, diante da reação da esposa.

Nisso a bolsa *d'água* estourou.

– O bebê.

– O bebê, o que tem o bebê?

– O bebê, Zé, o bebê...

José Rufino levantou-se abruptamente, esquecendo-se de onde se encontrava. Por pouco não caiu do bote.

– Ô, *diacho*, justo aqui?!

– Volta para casa, Zé, por favor – implorou Bianca, contorcendo-se pelas contrações.

– Volto, *muié*, volto sim.

Nesse momento, o futuro papai percebeu que, por causa do seu modo brusco de se levantar devido ao susto que levara com o acontecido, ele havia deixado cair o remo no lago.

– O remo, minha Nossa Senhora Aparecida!

Seria uma tragédia, caso ele pulasse na água para apanhar o remo, uma vez que não sabia nadar e tinha trauma de água por ter quase se afogado ali quando era moleque. Entrar na parte rasa do lago era uma coisa, na parte funda era outra bem diferente, além de extremamente perigosa.

Nesse momento, Bianca gritou de dor devido a uma nova contração. José Rufino se viu perdido quanto a que atitude tomar. A nova contração de Bianca a fez gritar ainda mais forte.

— *Carma, muié. Carma.*

Subitamente, os olhos de Bianca ficaram vidrados, as costas se arquearam, um fluxo de sangue acorreu à face. Ela, então, estremeceu, as contrações se agravaram, os olhos romperam-se em lágrimas. Houve a seguir uma sucessão de guinchos, resmungos até se tornarem gritos agudos e histéricos.

José Rufino disse, de soquinho:

— *Carma, muié.* Muito *carma.* Respira fundo e procura relaxar. Vai *dá* tudo certo dessa *veiz.*

Bianca sacudiu a cabeça para cima e para baixo, querendo muito acreditar nas palavras do marido.

— Deus é *bão*. Vai ajudar *nóis* nessa hora.

Uma nova contração. Um novo grito. Ele pôs a mão na testa da esposa para limpar seu suor. Nisso as pernas de Bianca se abriram enquanto ela se contorcia ainda mais. Aquilo era sinal de que o bebê estava prestes a deixar a barriga da mamãe, lembrou José por ter visto o parto da prima.

— O bebê *tá* vindo, *muié* – disse ele, emocionado. – *Tá* vindo!

Os dentes afiados de Bianca roçavam uns nos outros tamanha a dor que sentia no momento. José Rufino teve pena dela e se pôs a rezar em silêncio para que tudo acontecesse da forma mais serena possível, que nada de mal acontecesse ao bebê nem à esposa.

Um rosnado aterrador atravessou os dentes de Bianca.

— *Vamô lá, muié*, faça esse *fio* nascer – pediu José Rufino, preparado para amparar o bebê nas mãos.

Ela, de repente, serenou, a vermelhidão do rosto desapareceu. José Rufino respirou aliviado. Mas sua tranquilidade durou pouco. No minuto seguinte, a expressão de dor voltou a se estampar no rosto de Bianca. Ela travou os dentes mais uma vez, enquanto fazia força para que o bebê nascesse.

— Eu preciso de uma parteira, homem de Deus.

— Fica *carma, muié*, eu cuido de tudo. Já vi o parto da minha prima e já ajudei a Doroteia a *ter* seus porquinho.

— Eu não sou uma porca, Zé!

— É tudo a *mema* coisa, *muié!*

269

Ao lembrar que a tia fervera um balde d'água para fazer o parto da prima, ele pegou a garrafa de uísque que havia levado consigo e lavou suas mãos com o liquido.

– Pronto! – exclamou. – *Tô* pronto! Vamô lá!

José Rufino parecia autoconfiante, mas o medo se insinuava em seus olhos.

– Ai, minha Nossa Senhora Aparecida, como eu gostaria que a mãe tivesse aqui. Tudo eu, tudo eu!

Os cabelos castanho-escuros de Bianca estavam molhados de suor, seu rosto impassível e inexpressivo. A artéria da garganta pulsava visivelmente. Com a ajuda do pai, a criança veio ao mundo.

José Rufino não conseguiu mais se conter, derramou-se em lágrimas assim que confortou o bebê em suas mãos. E, após ajeitá-lo sobre seu colo, cortou o cordão umbilical com seu canivete previamente lavado com uísque. Então, amarrou o cordão umbilical da criança e a ergueu.

– É um menino – gritou emocionado. – Um menino lindo!

Bianca, recompondo-se, chorou com o marido.

– *Óia*, amo*r*, o nosso *fio*. O nosso *fião!*

Bianca olhava para a criança nos braços de José Rufino, tomada de emoção. Nisso, ouviu-se seu Chico, às margens do riacho, chamando pelo filho.

– *Fio, tá* tudo bem aí? De quem é essa criança, *home?*

– É meu, pai! Meu *fio!* Seu neto!

– Neto?! Ora, *diacho*, já nasceu?!

– Sim, pai! Já! Agora nos tira daqui! O remo caiu no lago.

– Pode deixa*r, fio.*

E com um assovio, seu Chico chamou por Tijuca, que veio correndo ao chamado.

– Tijuca, leva essa corda lá pro Zé, tá ouvindo? É muito importante.

O cão abanou o rabo, empolgado. Voltando-se para o filho, seu Chico disse:

– *Fio*, chama o Tijuca, senão ele *num* nada até aí e leva a corda *pr'ocê.*

José Rufino sorriu e começou a chamar pelo cachorro. Aos seus chamados, o cão entrou na água e nadou na direção do bote, levando consigo a corda que seu Chico havia amarrado na sua barriga. Para receber o animal, José Rufino pôs o bebê nos braços de Bianca.

– Agora é sua *veiz* de segura*r* o menino – disse.

Bianca acolheu o filho com o entusiasmo e o carinho que toda mãe reserva para a sua criança.

José Rufino, então, tirou o cão da água, ajeitou-o no bote, segurou firme a ponta da corda enquanto seu pai puxava o bote para a margem do lago. Logo o bote ancorou e ele pôde sair de dentro dele com o filho e a esposa.

Enquanto seu Chico acudia Bianca, José Rufino seguiu na frente, a passos ligeiros, com o bebê nos braços para entregar a sua mãe que saberia, com certeza, que providências tomar a seguir.

Tijuca seguiu ao seu lado, latindo, eufórico, parecendo compartilhar de tamanha alegria.

Dona Ilva, Bianca e o bebê foram levados de caminhonete por José Rufino até o hospital onde o bebê recebeu os cuidados médicos. Quando tudo se assentou, José Rufino voltou-se para a esposa e comentou:

– *Ocê* vê como é a vida, *muié*? Todo mundo dizia que o bebê ia ser *muié*, gente que nunca errou nesse tipo de previsão e, no entanto, nasceu *home*. Até a mãe *errô*.

– Erra*r* é humano, *fio* – explicou dona Ilva, feliz por agasalhar o seu novo neto em seu colo. – Mas saiba que foi a minha primeira vez.

José Rufino, acariciando os cabelos da esposa, perguntou a seguir:

– E então, *muié*? Que nome *nóis vamo* da*r pro* nosso *fio*? Que nome *ocê* que*r* da*r pro* garoto?

A resposta de Bianca saltou-lhe à boca:

– Eu gostaria que ele se chamasse José... José Murilo.

– José Murilo – repetiu José Rufino, parecendo saborear cada sílaba. – Eu gosto. Então, *tá* combinado. O menino vai se chama*r* José Murilo.

– *Precisamo* brinda*r* esse grande momento com uma boa cachaça – empolgou-se seu Chico. – *Vô* pega*r* os *copo* e a *marvada*.

E foi assim que José Murilo Tomazoni Rufino veio ao mundo. Trouxe alegria aos pais, avós e familiares, como só as crianças sabem trazer ao planeta.

Capítulo 24

Assim que pôde, José Rufino agradeceu a Tijuca pelo que ele havia feito por eles. Bianca presenciou a cena entre os dois e se sentiu, apesar de não querer admitir, tocada por aquilo. José, abraçado ao cão, voltou-se para a esposa e disse:

– *Ocê* devia agradecer ao Tijuca, *muié*.

Bianca, que no momento segurava o filho no colo, riu diante do comentário.

– Só me faltava essa! Agradecer a um cão...

– Os *animar* também têm coração, *muié*. Coração e sentimento.

Bianca desdenhou das palavras do marido.

Dias depois, uma forte tempestade caiu sobre aquelas terras. O que Tijuca mais abominava na vida eram tempestades como aquela. O cão não latia, uivava de medo por causa do zunido do vento e dos raios que estalavam no céu. Seus uivos eram tão fortes que podiam ser ouvidos até mesmo em Passaredo.

José Rufino, já deitado debaixo das cobertas, virava de um lado para o outro, morrendo de pena do cachorrinho.

– O pobre Tijuca *tá* desesperado – comentou com a esposa. – *Ocê* sabe, eu já *te* disse que o pobre coitado morre de medo de tempestade. O pobrezinho nunca ficou sozinho em dia de tempestade assim, *muié*.

– Você deveria ter pena do seu filho, Zé, preocupar-se com ele e não com um animal.

– Mas, *muié*, o nosso *fio tá* dormindo que nem um anjo, não tem por que se preocupar com ele agora, mas o Tijuca...

Bianca fez uma careta e bufou. Por fim, disse:

– Está bem, pode ir buscar o danado. Mas que ele fique na cozinha, não me passe da cozinha.

José Rufino saltou da cama, vestiu uma camisa, apanhou o guarda chuva e foi buscar o cão. Assim que voltou para a casa, enxugou o animal e a si próprio e depois procurou acalmar o vira-lata, agasalhando-o em seus braços fortes e lhe falando palavras de amor. Tijuca parecia, de repente, um bebê nos braços do moço.

Desde então, Tijuca, com permissão de Bianca, passou a dormir novamente dentro da casa, mas na cozinha, nada de entrar nos outros aposentos. O mais inacreditável era que, mesmo depois de Bianca tê-lo tratado tão mal, ele ainda balançava o rabinho para ela, de felicidade, toda vez que a via.

...

Assim que José Murilo Tomazoni Rufino ficou maiorzinho, José Rufino comentou com a esposa:

– Nosso *fio* é a *tua* cara, *muié*.
– Que nada, Zé. Ele é a sua cara.
– Nada disso, *muié*. Ele é *ocê* cuspida e escarrada.
– Só porque você quer...

E a divergência de opinião só cessou quando o desejo de se amarem explodiu dentro dos dois.

Um mês depois, realizou-se o batizado do menino. Os padrinhos de batismo do garoto foram Manuela e Péricles Capistrano.

Seis meses depois do nascimento de José Murilo, Bianca engravidou de Vitória. Foi uma gravidez vivida de forma mais leve e otimista. Sua chegada foi outra grande festa para a família. O batizado foi feito também por padre Lucas, a pedido mais uma vez de Bianca. Até César Tomazoni e a esposa vieram do Rio de Janeiro para a cerimônia.

Vitória era uma menina mimosa. O rostinho era redondo e rosado, os cabelos eram castanhos e encaracolados, como o dos anjos que se veem nas bíblias ilustradas. Nos olhos claros, reluzia o eterno entusiasmo dos sonhos.

Assim os anos foram passando...

...e as alegrias que os filhos trazem para os pais foram podendo ser vividas por José Rufino e Bianca Tomazoni Rufino.

Alegrias como a de ouvir os filhos falando suas primeiras palavras, chamando-os de papai e mamãe, dando os seus primeiros passos, curtindo suas primeiras festinhas de aniversário e fazendo suas primeiras proezas inesquecíveis.

Outra grande alegria para o casal e os filhos durante esses anos foi a mudança deles para a casa bonita e arejada que José Rufino mandou construir em frente ao lago da propriedade dos pais. Era uma casa ampla e confortável, com quatro quartos, sala para três ambientes, copa e cozinha gigantescas, com o pé direito alto, o teto todo em madeira envernizada, linda de se ver, o chão, em tábuas largas, com sinteco, e uma varanda espaçosa e arejada, de onde podia se assistir ao pôr-do-sol, sentado ou numa cadeira de balanço ou numa rede gostosa e confortável. Bianca podia dizer que o sítio da família Rufino era um lugar onde os sonhos são reais. Ao menos os seus.

Durante esses anos...
Manuela e Péricles também tiveram seus filhos: um casal de gêmeos, Thiago e Marinela, e, depois, uma outra menina que recebeu o nome da avó materna, Éster, em homenagem a ela. Assim como eles haviam sido escolhidos para batizar José Murilo, eles escolheram José Rufino e Bianca para batizar um dos gêmeos.

Tarcísio Fontenelle se casou com Mareliz da Silva à revelia da família do moço. Tiveram uma menina que recebeu o nome de Débora. Por complicações durante o parto, Mareliz ficou impossibilitada de ter outros filhos. O acontecido foi muito triste para a moça, que pretendia ter muitos deles. Foi o próprio marido quem lhe sugeriu adotar uma criança no futuro, para que a esposa pudesse realizar seu sonho de ter a casa cheia de filhos e também para que a adoção realizasse o sonho de uma criança órfã de ter uma família. Assim fizeram, quando acharam que era o momento certo para a adoção.

César e Elisana Tomazoni, devido às dificuldades para a moça engravidar, acabaram também optando por adotar uma criança, uma menina, que se chamava Luiza e já tinha três anos de idade. Dois anos depois da adoção, como acontece com muitas mulheres que encontram dificuldades para engravidar, Elisana engravidou e nove meses depois deu à luz a um menino, que recebeu o nome de Douglas.

Hugo Giacomelli se casou finalmente com Gertrudes Oliveira depois de 16 anos de namoro. Com ela, teve três filhos e com uma moça, num dia de bebedeira, outro.

Camilo se casou com Ducília Martinho, mas se divorciou cinco anos depois. Ele, então, se juntou com Inês Sabino, que já tinha um filho do primeiro casamento que também acabara em divórcio.

Maju, após conhecer muitos braços, acabou morando com Joca, o jardineiro da família Tomazoni. Com ele, teve uma filha e ganhou duas enteadas, filhas das ex-namoradas do homem.

Surpresas...
Para a surpresa de todos, devido ao seu tremendo carisma, José Rufino foi convidado para se candidatar a prefeito de Passaredo. Tão surpreendente quanto o convite foi ele ter aceitado e depois ter ganhado as eleições.

Bianca jamais pensou que haveria de ser, um dia, a primeira dama de uma cidade, mas gostou do que aconteceu. A população de Passaredo também, pois nunca haviam tido uma primeira dama tão engajada em trabalhos sociais.

O mandato de José Rufino foi tão formidável que o partido exigiu que ele se candidatasse a uma reeleição. Assim ele fez e ganhou o segundo mandato. Depois do segundo, tirou umas férias. Quatro anos depois, candidatou-se pela terceira vez, mas perdeu, entretanto foi reeleito na quarta candidatura.

Apesar de todo o corre-corre que a política trouxe para o casal, eles jamais perderam o romantismo um com o outro.

Como dizia o próprio José Rufino: "Ca*sar*, te*r fio*, envelhece*r* juntinho deve ser *bão* demais. Toma*r* café da manhã junto, banho de riacho, fica*r* embaixo das cobe*rta* no frio... *Eta* coisa boa, né?"

E ele estava certo, sabia Bianca agora mais do que ninguém.

Não deixaram de dar também atenção aos filhos que cresciam fortes e viçosos assim como os primos, causando grande alegria às famílias.

Despedidas...
É lógico que houve momentos de profunda tristeza durante esses anos, afinal, a vida não é feita somente de momentos alegres. Numa tarde, quando José Rufino, Bianca e os filhos regressaram ao sítio de uma quermesse em Passaredo, encontraram Tijuca morto. Todos sabiam que o cãozinho já estava em idade avançada, mas procuravam esquecer que sua morte seria breve e inevitável para não sofrerem sua perda.

Foi um dia triste para a família Rufino, como é para todos aqueles que aprendem a viver na companhia de um cão, apegam-se a ele profundamente e passam a tê-lo como um membro de sua família.

Foi com grande tristeza e muitas lágrimas que José Rufino, os filhos e os sogros levaram o cão para ser enterrado no jardim florido rente à casa da família.

Bianca jamais fizera ideia do quanto Tijuca era importante para o marido, os sogros e para os filhos. José Rufino amava o cão como a um filho. Por isso, todos ficaram amuados por dias, após sua morte. Bianca não fazia ideia de que ela também sentiria a perda daquele que ela tanto odiara a princípio. Odiou, mas depois amou. Não somente por ele ter, indiretamente, salvado sua vida e a do filho, mas também por ele ser encantador, um encanto que ela não conseguia manter-se alheia. Quem diria que ela aprenderia tanto sobre a vida, com um cãozinho, ainda mais um vira-lata? Quem diria!

Diante da tristeza do marido, Bianca procurou confortá-lo com palavras.

– Uns nascem, uns morrem, a vida é mesmo assim. Um eterno ciclo.

– Não gostaria que fosse assim, *muié*. *Num* gosto de me separar de quem tanto amo, de quem é importante para mim.

José Rufino mirou fundo nos olhos da esposa e disse:

– *Num* quero que *ocê* morra antes de mim, *muié*. Não quero sofrer sua morte.

— Eu também não quero que você morra antes de mim, Zé. Não suportaria a dor de perder você. No entanto, um de nós dois irá primeiro. Isso é certo, tão certo quanto a morte. E teremos de encarar a separação, ainda que seja dolorosa, o que se há de fazer?

O marido abraçou a esposa, agarrando-se a ela como se dependesse de seu apoio para não cair no abismo.

Em memória do cão, uma foto de Tijuca foi mantida num porta-retrato dentro da casa da família.

Houve, certamente, outras perdas dolorosas ao longo desses anos. Afinal, a vida é feita de gente que chega e gente que parte, um eterno ciclo entre o mundo terrestre e o mundo espiritual. No entanto, por mais que todos soubessem que essas perdas seriam inevitáveis, ninguém nunca está preparado para despedidas desse tipo. É algo sempre muito difícil de ser encarado e superado por todos.

Quando José Murilo Rufino atingiu a maioridade, optou por fazer a faculdade de agronomia. Nessa época, já namorava Luiza, filha de Tarcísio e Mareliz.

Vitória Rufino, ao terminar o ensino médio, decidiu cursar Direito. Sua entrada na faculdade foi recebida com grande alegria pela família. Nessa época, ela já namorava Renato, filho adotivo de Tarcísio e Mareliz.

Depois de formado, José Murilo e Vitória Rufino se casaram, com a diferença de um ano entre os dois casamentos, que foram vivenciados com a mesma emoção que José Rufino e Bianca tiveram ao se casarem.

Vieram, então, os netos do casal, transformando a vida de José Rufino e Bianca novamente numa grande festa. Diante dos netos, os dois pareciam regredir no tempo, voltavam a ser criança, tão criança quanto eles.

Poucas casas da região viviam tão repletas de gente como a morado dos Rufinos. Era gente saindo e entrando constantemente. Almoços e churrascos na companhia de um batalhão. Padre Lucas, já bastante idoso, se mantinha fiel à amizade que tinha por Bianca. Ainda que houvesse passado tantos anos na companhia dos filhos do casal e agora dos netos do casal, ele ainda guardava ressentimento pelo que José Rufino havia lhe feito no passado. Só esquecia o episódio quando se deliciava com as caipirinhas feitas pelo próprio José Rufino. Embriagado, chegava a ter longos papos com o Zé, como se ele fosse o seu melhor amigo.

Só o coração realmente pode entender o que acontece com as pessoas. Só o coração pode realmente explicar o que une as pessoas. Uniões que transformam e despertam todos para a vida, para outros sentidos da vida, para aquilo que realmente importa nela: o amor.

53 anos depois do início da nossa história

Bianca, com 83 anos e José Rufino, com 75. Ambos haviam se tornado um casal de idosos, bonitos.

O sol caía no horizonte, quando Bianca encontrou o marido sentado na cadeira de balanço da varanda que cercava a casa dos dois e disse:

– Nosso neto acabou de ligar, Zé, para nos contar que passou na faculdade.

José Rufino voltou-se para ela e se mostrou contente com a notícia. A esposa curvou-se e beijou-lhe os lábios. Prestando melhor atenção ao marido, Bianca perguntou:

– O que há? O que se passa dentro dessa cabecinha?

– *Tava* lembrando do dia em que puxei *ocê pra* dentro do lago pela primeira *veiz*.

– Foi numa tarde linda de verão assim como esta. Lembro-me até do grito que eu dei ao sentir aquela água fria tocar o meu corpo e você me abraçando para me aquecer. Meia hora depois, a água parecia quente como água fervente para fazer o café.

Risos.

– Quantos e quantos verões a gente se jogou na água e se beijou, Zé, lembra?

– Lembro, *muié*. Como eu poderia esquecer?

– E os invernos em que a gente ficava de frente para lareira, namorando, fazendo amor...

– Esses eu também não poderia esquecer, *muié*. Nada que eu vivi ao *teu* lado se apagou da minha mente, nem do meu coração...

– Quantos momentos bonitos que o dia a dia nos trouxe, Zé. Quantas razões para viver...

Ela tornou a se curvar sobre o marido e a beijá-lo nos lábios doce e demoradamente.

– Eu o amo, Zé. Sei que *ocê* já está cansado de me ouvir dizer isso, mas eu repito e repito que é para você nunca se esquecer, nem do outro lado da vida. Nunca!

Ele levantou-se, abraçou-a e ficou dançando com ela, dois para lá, dois para cá, enquanto cantava em seus ouvidos a inesquecível canção de Tom Jobim:

"Eu sei que vou te amar, por toda a minha vida eu vou te amar..."

Uma semana depois, por volta das quatro horas da tarde, depois de fazer a sesta, Bianca foi procurar o marido na varanda, na cadeira de balanço, seu lugar predileto de passar a tarde. Para seu desespero, ela o encontrou caído ao lado da cadeira. Um grito atravessou-lhe a garganta assim que o viu. Ela ajoelhou-se ao lado dele e, aos prantos, gritou seu nome. A empregada veio correndo ver o que havia acontecido. Minutos depois, José Rufino era levado para o hospital da cidade, de ambulância. Bianca seguia atrás do veículo num carro guiado por um dos empregados do sítio.

José Rufino foi atendido imediatamente pelo médico da família. Bianca permaneceu ao seu lado o tempo todo, suplicando a Deus por sua melhora. Assim que os filhos souberam do acontecido, correram para lá e puderam confortar a mãe. Para alívio de todos, José Rufino recobrou a lucidez.

– Ô, Zé – murmurou Bianca, acariciando seus cabelos. – *Ocê* me deu um susto danado.

Ele, parecendo ter dificuldades para respirar, disse:

– *Descurpa*, *muié*, não pude *evitar*.

– Olá, papai – disse Vitória. – Estamos torcendo por sua melhora.

O filho expressou seus sentimentos por meio dos olhos e do carinho que fazia no braço do pai.

Exames e mais exames foram feitos. Enquanto isso, José Rufino permaneceu internado no hospital.

– *Muié* – disse ele, certa manhã. – *Tô* com muita vontade de *comer* aquela torta de limão que só *ocê* sabe *fazê*.

– Vou perguntar para o médico se você pode...

– Que se lasque o médico, *muié*.

– Não é assim, Zé!

– Quando *ocê* tava grávida dos *nosso fio*, eu fui *atrais* de tudo o que *ocê* tinha vontade de *comer*, lembra?

– No meu caso, era diferente, eu *tava* grávida, Zé. Por acaso *ocê tá* grávido agora, *tá*?

Fazendo beicinho, o velho Zé disse:

– Por favor, *muié*.

– Está bem, Zé. Vou trazer um pedacinho da torta para você.

– Que pedacinho que nada. Se for *pra* comer só um pedacinho, então *num* quero.

– Larga de ser teimoso, Zé!

O marido amarrou o cenho. Por um momento, parecia a velha Bianca do passado, cheia de "não me toques não me reles", melindres e mais melindres.

Com a permissão do médico, Bianca serviu ao marido a bendita torta de limão que ele amava tanto. O velho Zé comeu com uma boca gostosa, lambuzando-se todo.

– Brigado, *muié*! *Ocê num* sabe como *ocê* me fez *filiz*.

Dias depois, José Murilo estava novamente diante do pai.

– Papai. – disse o filho, pousando carinhosamente a mão por sobre o braço do pai, estendido sobre a cama.

– Olá, fio.

– C-como o senhor está?

– Indo, fio.

O filho sorriu, enquanto sua mão acariciava agora suavemente os cabelos do pai, como se procurasse distribuir-lhe a paz.

– Estou torcendo por sua melhora, papai. Todos nós.

As palavras sinceras de José Murilo Rufino fizeram o pai comprimir as pálpebras e lacrimejar.

– O senhor sabe, não sabe? O quanto nós amamos o senhor. Todos nós.

– Sei sim, *fião*. Eu também amo *ocês um monte*.

José Murilo olhou o pai, procurando sorrir, porém as lágrimas aprisionadas fugiram de repente. Ele tentou se dominar. Entretanto, em pouco, soluçava, beijando desesperadamente a mão do pai que amava tanto.

José Murilo e Vitória estavam ao lado da mãe, quando o médico deu o resultado dos exames. Explicou que o câncer de José Rufino estava em grau muito avançado e que uma operação poderia salvá-lo, acompanhado depois de sessões de quimioterapia.

– Eu sinto muito... – completou o médico.

Os olhos de Bianca fecharam-se, tamanho o desespero. Os filhos abraçaram a mãe, procurando confortá-la em seus braços.

– Seu pai tem de sair dessa – murmurou Bianca, em meio ao pranto.

– Vamos fazer tudo o que estiver ao nosso alcance para curá-lo, mamãe – disse Vitória, entre lágrimas. – Disso a senhora pode estar certa.

José Rufino passou pela cirurgia para a retirada do câncer, mas os médicos, assim que o abriram, fecharam-no. Não havia mais nada que pudessem fazer.

A notícia foi recebida pela família com grande tristeza. Mas todos procuraram se manter alegres diante de José Rufino para que ele não perdesse as esperança de se curar daquilo tudo. Desde então, o velho Zé Rufino não deixou mais o hospital. Para amenizar as dores que começaram a ser crescentes, os médicos passaram a lhe dar pequenas doses de morfina. Aparentemente, ele se mostrava bem, mas por dentro só Deus sabe a dor que ele sentia. E ele se mantinha sereno e tranquilo, como se não sentisse nada de ruim dentro de si, por causa de Bianca, para não fazê-la sofrer.

Caía uma leve garoa por sobre Passaredo quando Bianca voltou para o hospital e encontrou o marido acamado, cochilando. Ela aproximou-se do esposo e ficou por alguns segundos admirando seu semblante adormecido. Bianca Tomazoni Rufino sorria para ele embevecida por poder contemplá-lo, quando ele despertou.

– Desculpe, não queria acordá-lo – disse ela. – Quis apenas admirá-lo dormindo... Há tempos que não faço isso... O corre-corre diário vai nos privando dessas pequenas alegrias da vida.

— E *ocê* considera uma alegria me ver dormindo?
— Sim. Uma das muitas que você me propicia.
Ela curvou-se e beijou-lhe a testa. Ele disse a seguir:
— Estava sonhando.
— Sonhando... comigo?
— De certa forma, sim. Sonhando com o dia em que José Murilo nasceu...
— Eu me lembro... foi um dia tão emocionante. Inesquecível.
— Sim, *inesquecíve*. Uma das maiores *alegria* que já vivi na vida. Pena que elas *passa* tão rápido.
— Pena que percebemos que deveríamos dedicar melhor o nosso tempo às alegrias da vida quando elas já não podem mais ser vividas. É por isso que a vida deve ser eterna, realmente, pois só a eternidade pode nos permitir viver o que o tempo e o espaço daqui não nos permitem... mas não vamos falar disso agora. Como *ocê tá*, Zé?
— *Tô* indo, *muié*.
— Zé...
— Fala, *muié*.
— Não me deixe sozinha, por favor.
— *Ocê* nunca vai ficar sozinha, *muié*.
— Ocê me prometeu, Zé, que nunca haveria de morrer antes de mim e promessa é divida.
— Eu sei, *muié*. Se prometi, *tá* prometido. Eu *num* quero *ocê* sofrendo por nada desse mundo, *muié*. *Num* quero de jeito nenhum!
Ela curvou-se sobre o marido, beijou-lhe os lábios, demoradamente. Procurou transmitir, por meio do beijo, todo o seu afeto e amor.
— Eu *te* amo, *muié* – declarou ele no minuto seguinte.
— Eu também, Zé.
Infelizmente, o estado de José Rufino foi se agravando cada vez mais. Com isso, as doses de remédios para fazê-lo suportar a dor foram sendo triplicadas. Ninguém, nas suas condições, conseguiria se manter vivo diante de tudo aquilo. Ele, no entanto, resistia à dor que parecia atingir-lhe a alma.
— Eu nunca vi uma pessoa nessa idade resistia tanto, ainda mais com um câncer como o dele – comentou o médico com um colega de profissão.
— Para tudo há uma exceção – opinou o profissional.
— É como se houvesse algo além das altas doses de remédios mantendo-o vivo.
— O que seria?
— Só Deus sabe.

Capítulo 25

Semanas depois...
José Murilo foi até o sítio onde viviam os pais e encontrou a mãe se preparando para voltar ao hospital.
— Filho?
— Olá, mamãe.
Ao esconder o rosto no regaço materno, Bianca aproximou seus lábios do ouvido direito do filho, trêmulos de emoção, e sussurrou, baixinho, ao pé do seu ouvido:
— Que bom tê-lo aqui, José Murilo.
O filho afastou o rosto e sorriu para ela, envolvido no carinho de sua voz. Depois, adquirindo um tom sério, falou:
— Passei no hospital antes de vir para cá. Pensei que a senhora já estivesse por lá.
— Vim tomar um banho e preparar uns pratos para o seu pai. A comida do hospital é horrível. Seu pai a abomina.
— Mamãe.
— Sim, filho.
— Papai me disse certa vez que não poderia morrer antes da senhora porque sabia que a senhora iria sofrer muito.
— E ele está certo.
— Eu sei. Não só a senhora vai sofrer com sua morte como todos nós, todos que o amam imensamente.
No rosto de Bianca, surgiu uma expressão de dor, e, para não gemer, ele cerrou os olhos e comprimiu os lábios. Com tato, o filho acrescentou:
— O papai está sofrendo muito, mamãe.
— Eu sei, filho. O que posso fazer além do que já faço para ajudá-lo?
— Venho lhe pedir, mamãe, encarecidamente que liberte o papai de toda essa dor pela qual ele está passando, de todo esse martírio que ele está vivendo. Ele não partirá, mamãe, não enquanto a senhora não pedir a ele que parta, que lhe garanta que vai ficar bem após a sua partida, que vai procurar se manter inteira para continuar cumprindo a missão que lhe cabe cumprir na Terra.

— Não me peça o impossível, José Murilo.
— Ele está sofrendo muito, mamãe.
— E eu não estou?!
— Todos nós estamos, ainda assim, mamãe, não é justo mantê-lo na dor para nos poupar de uma dor maior. Seria muito egoísmo da nossa parte.

Ao ouvir a voz suplicante de José Murilo, Bianca abriu os olhos vermelhos e lacrimejantes e falou, desesperada:

— Meu filho, seu pai é a minha vida. Eu acordo pensando nele, passo o dia ao lado dele, durmo pensando nele. Eu não sei o que é viver sem tê-lo ao meu lado. Ele é como o ar que eu respiro, o alimento que me nutre. O que vai ser de mim sem ele, filho? O quê?

— Mãe...

— Não me peça o impossível, filho. Não exija de mim o que eu não posso dar... Eu não vou suportar vê-lo morto. Alguém suporta? Ninguém. Se suportam, é porque fingem suportar. No íntimo, ninguém suporta perder quem ama.

— Tire um tempo para refletir a respeito, mamãe.

José Murilo beijou a mãe com emoção, tentando trazê-la novamente para a calma.

— Não precisa temer a morte, mãe. Ela nada mais é do que uma passagem para um outro plano, um libertação para aqueles que se desesperam de dor dentro de um corpo físico fragilizado.

— Essas palavras de conforto de nada me servem, nada me acalma, só me revoltam contra a vida. Contra tudo! Seu pai e eu somos uma coisa só, nos tornamos uma coisa só depois que a vida ou o destino nos uniu. Separar-me dele é o mesmo que ter de me separar de uma parte do meu corpo. Não aceito.

Ele, acariciando-lhe o rosto, pediu-lhe em súplica:

— Reflita, mamãe. Por favor, reflita.

A luz dos olhos de Bianca Tomazoni pareceram se apagar totalmente naquele instante.

Naquela tarde, quando Bianca voltou para o hospital, ela pediu ao marido o mesmo que ela lhe pedia todos os dias: "Não vá, Zé, fique. Não me deixe só, por favor. Você me prometeu." Um sorriso ainda que de leve transparecia na face contorcida de dor do velho José Rufino.

Nas semanas que se seguiram, o quadro clínico do enfermo se agravou, José Rufino passava a maior parte do tempo dormindo, só despertava quando Bianca falava com ele. Nem respostas às suas perguntas ele conseguia dar direito.

Um dia, quando a revolta não pôde mais ser contida dentro de Bianca, ela explodiu. Voltou-se para a vida e disse:

— O que é isso, *vida*? Já não basta eu ter sido obrigada a me separar, por meio da morte, de todos aqueles que eu tanto amava? A dor da perda de cada pessoa que eu tanto amei ainda está aqui latejando dentro do meu peito. Arde, avassaladoramente.

Cada palavra sua era para ela uma chicotada em pleno rosto.

— Primeiro, foi aquele cão que eu tanto odiei e do qual depois acabei gostando. Tijuca...

"Depois, foi a dor que senti com a perda do papai, depois com a perda da mamãe, depois com a perda de tio Alípio, mais tarde com a perda de tia Veridiana e com as dos meus sogros. Com as perdas, enfim, de todas as pessoas que se aproximaram de mim ao longo da vida.

"Agora, chega, vida, chega! De José Rufino eu não posso me separar. Ele é meu. Ele é a minha alma. Por isso, imploro, não o leve de mim. Faça-o resistir a essa maldita doença o quanto puder. Por mim, por ele, por meus filhos e netos."

As mãos de Bianca, aos 83 anos de idade, agasalhavam seu próprio rosto na esperança de lhe transmitir paz e coragem.

Ainda que seus olhos estivessem turvos pelas lágrimas, Bianca pôde contemplar a chegada de um espírito de luz no local. Pensou tratar-se de José Murilo, em espírito, que há mais de 50 anos não via, que nunca mais a visitara desde que soubera que ela havia finalmente se encontrado no amor. Um sorriso amargurado entreabriu os lábios firmes de Bianca ao se ver novamente na presença de um ser iluminado.

— José Murilo, é você? — perguntou ela, procurando focar os olhos na direção do espírito.

O espírito não respondeu sua pergunta, por isso ela a repetiu. Mas o espírito não deixou que dissesse a palavra final, cortou sua frase com uma pergunta:

— Diante de toda essa situação, você só está pensando em você, Bianca. Somente em você e não em seu marido.

— Engano seu. Estou pensando em nós dois.

— Não. Está pensando somente em si mesma. Na dor que VOCÊ vai sentir com a partida de seu marido para o plano espiritual. Se estivesse pensando nele, libertá-lo-ia dessa dor. Porque é, acredite-me, uma dor pavorosa. Se você o ama realmente, liberte-o dessa dor. Permita que ela parta para o lado de cá da vida, onde ele pode se recuperar.

— Ele é o que eu tenho de mais precioso na vida. Tudo isso aqui, essa casa, esse sítio, os bens materiais que conquistamos com o trabalho durante todos esses anos, a herança que meu pai me deixou, tudo, enfim, pouco me importa, nada vale mais para mim do que José Rufino. Leve tudo o que eu tenho de material, tudo, simplesmente tudo no lugar dele, pelo amor de Deus. Mas não me separe dele, VIDA, por favor, eu lhe imploro. Não nos separe.

– Quem ama jamais se separa, Bianca. Quando um amor se declara, nem a morte separa. Um dia vocês haverão de se reencontrar e poderão continuar trilhando juntos os caminhos do horizonte, a longa estrada da vida.

Bianca volveu seu rosto, assombrada, em cujos olhos as lágrimas cintilavam. Depois, acariciou suavemente os cabelos, como se procurasse distribuir um pouco de paz.

– Se você o ama de verdade, liberte-o dessa dor – repetiu o espírito na melhor de suas intenções.

Bianca tremeu diante daquelas palavras.

•••

Os olhos de Bianca Tomazoni Rufino estavam ansiosos e tristes quando ela entrou no quarto do hospital em que o marido estava internado. Ela o contemplou, amorosa e demoradamente, estirado sobre a cama, parecendo um boneco sem vida e sem alma. Havia uma expressão de dor agora em sua face, era de pena, de pena por vê-lo naquelas condições tão deprimentes. Ela não queria chorar, mas foi em vão, o pranto foi mais forte do que ela. As palavras do espírito voltaram a ecoar na sua cabeça: "Se você o ama de verdade, liberte-o dessa dor." "Quando um amor se declara, nem a morte separa." "Se estivesse pensando nele, libertá-lo-ia dessa dor. Porque é, acredite-me, uma dor pavorosa. Se você o ama realmente, liberte-o dessa dor. Permita que ele parta para o lado de cá da vida, onde pode se recuperar."

Bianca, então, respirou fundo, enxugou as lágrimas com os próprios dedos, respirou mais uma vez e beijou a fronte tão sem vida de José Rufino. Depois, acariciou-lhe suavemente os cabelos, como se procurasse devolver-lhe a vida. Quando reergueu o rosto, havia uma névoa ainda mais forte de tristeza, deformando-lhe a face.

Ela pousou, então, sua mão trêmula sobre a mão dele, entrelaçou seus dedos na esperança de lhe transmitir vida e coragem e procurou dizer o que acreditava ser necessário dizer. Moveu os lábios por muitas vezes sem conseguir dizer uma palavra sequer. As palavras pareciam acorrentadas a sua garganta. Por fim, Bianca articulou apenas duas sílabas:

– Zé.

José Rufino não deu sinal algum de que a havia ouvido. Bianca continuou:

– Vá, Zé. Pode ir. Entregue-se para os braços de Nossa Senhora que ela vai acolher você e ampará-lo nessa travessia – entre os cílios castanhos, brilharam novas lágrimas, enquanto murmurava. – Pode ir, Zé, um dia a gente se reencontra na eternidade. Vá, meu amor, pode ir. Liberte-se desse corpo que não pode mais abrigar seu espírito. Liberte-se dessa dor horrível. Você não merece. Ninguém merece.

Nada no semblante de José Rufino mudou. Não houve reação alguma da parte dele, indicando que ele havia escutado aquelas palavras. Nada, simplesmente nada.

– Vá, meu amor... – tornou Bianca agarrando cada vez mais forte a mão do marido.

– Vá – repetiu ela, num fio de voz.

Só então ela percebeu que precisava soltar de sua mão para que ele partisse, pois o gesto não correspondia as suas palavras.

Voltando os olhos para a sua mão entrelaçada com a dele, Bianca, com grande esforço foi desprendendo da mão do marido. Seus lábios tremiam agora, seu corpo todo, também.

– Vá em paz – repetiu Bianca, desprendendo de uma vez por todas da mão de José Rufino. – Vá em paz, meu amor.

Assim que a mão dele ficou totalmente livre, o espírito de José Rufino foi se libertando do seu corpo físico de forma serena e tranquila. Bianca ouviu então o seu último suspiro dentro do corpo que abrigara seu espírito.

Ela imediatamente levou a mão à boca, procurando conter o choro para que o espírito do marido partisse em paz, sem se martirizar por tê-la deixado só.

Seus olhos brilhavam, emocionados, e havia agora alívio pairando sobre o seu coração. A tristeza e o desespero que ela pensou sentir naquele momento não apareceram, o choro era pela emoção de libertar, por amor, o marido de toda aquela dor.

Bianca passou a mão pela cabeça de José Rufino, externando o seu carinho. Seus lábios se aproximaram dos do marido, trêmulos de emoção, e deram-lhe um último beijo. Um beijo que lhe deu a certeza de que ele levaria, para onde quer que fosse, a luz do seu amor, iluminando a estrada da sua vida, eterna...

José Rufino faleceu aos 75 anos de idade. Amando, amando como poucos...

Capítulo 26

Dois anos depois...

Bianca caminhava ao lado da neta, Annabella, filha mais nova de José Murilo. As duas seguiam pelo caminho que levava até o lago do sítio da família Rufino. Bianca, ainda que amparada com uma bengala, caminhava disposta, corpo ereto, saudável.

– Isso aqui era tudo mato quando eu vim morar no sitio com o seu avô – comentou, girando o pescoço ao redor. – Não tinha toda essa beleza que você vê hoje.

Annabella olhou para o lugar, tentando imaginar o passado. Bianca voltou-se para a neta, olhou-a com admiração e disse:

– Eu era uma moça fisicamente muito semelhante a você nessa época, querida. Meu rosto era rosado como o seu, meus olhos também refletiam todo esse entusiasmo da juventude e meus cabelos eram tão castanhos e anelados como os seus agora. Também caíam sobre os meus ombros de forma graciosa como o seu.

Bianca suspirou antes de acrescentar:

– Só havia uma diferença entre nós duas. Minha personalidade era completamente diferente da sua. Eu era uma moça pedante e petulante. Nem eu mesma me aguentava. Por isso vivia irritada e dando murro em ponta de faca. Infeliz com tudo, deixava tudo ainda mais infeliz. Eu vou dizer uma coisa para você, minha neta, algo que a vida me ensinou: quanto mais chata e cricri você é, mais a sua vida torna-se chata e cricri. Quando dizem que a vida é uma escola, é a mais pura verdade. Eu sou a prova disso. Ela está sempre nos dando lições para aprendermos a ser uma pessoa melhor e, consequentemente, mais feliz.

– As lições que a vida nos dá são as mesmas para todos, vovó?

– Não, filha. Difere de um ser humano para o outro.

– Por quê?

– Porque creio que nem todos precisam das mesmas lições. As lições que a vida lhe dá são somente aquelas que você realmente precisa aprender porque vai ser benéfico para você em algum lugar da vida, aqui ou noutro plano.

– Todos aprendem as lições, vovó?

– Não. Muitos se recusam terminantemente, por teimosia, estupidez, pelo lado negativo do ego e da vaidade.

"Quando percebemos que a vida é mesmo uma escola, constatamos que há realmente uma força por trás dela, uma força do tamanho do universo, preocupada conosco, sempre disposta a despertar o melhor de nós. Essa força é, na minha opinião, a maior comprovação de que Deus existe."

Annabella gostou do que ouviu. Enlaçou a avó pelas costas, apertando-a carinhosamente e disse:

– Será que eu vou ser tão feliz ao lado de Fabiano quanto a senhora foi ao lado do vovô?

– É lógico que sim, querida.

A neta sorriu para a avó, envolvida pelo carinho da sua voz, e disse a seguir:

– O amor da senhora e do vovô foi tão bonito, tão sincero, tão real.

– É, mas não pense que quem ama tanto quanto eu e seu avô nos amamos e nos respeitamos deixa de passar por trancos e barrancos ao longo da vida. Eles acontecem para todos. Levou um bocado de tempo para que eu e seu avô nos acertássemos. Foi um período cheio de altos e baixos, *tapas* e beijos. Depois de casados, houve momentos em que eu quis ir embora, largar tudo isso daqui para nunca mais voltar. Mas tudo não passava de chilique de mulher mimada. Por causa desse mimo, eu, quase, muitas vezes, pus toda a minha felicidade ladeira abaixo.

"O mimo, assim como tudo, é bom; quando demais, só nos faz cometer bobagens e perder oportunidades.

"Para um casamento dar certo, florescer e se manter sempre florido até o fim da vida, sua tataravó dizia que um casal precisa comer pelo menos um saco de sal de 50 quilos. Um cada um. No sentido figurado da palavra, é lógico."

– A senhora fala sério?

– Sim, e em certos casos é preciso comer até dois, muitas vezes três, quatro...

Annabella refletiu até Bianca acrescentar:

– O casamento é também uma escola. Uma matéria da escola da vida. Uma das mais importantes. Você tem que se dedicar a ela, estudar com afinco, arregaçar as mangas e dar o melhor de si, se quiser obter o melhor. É a lição que mais a faz crescer, despertar para a vida. Não é fácil, requer paciência e atenção, jogo de cintura e entusiasmo.

"Mas não se preocupe, minha neta. Todos nós somos capazes de tirar de letra essa matéria. Entre no casamento com seu noivo com o pé direito, com pensamento positivo, com o coração disposto a dar o melhor de si para fazer essa união feliz."

As mãos da neta mantinham-se entrelaçadas à da avó, escutando-a com emoção.

– Falam tanto em alma gêmea hoje em dia. Acho, sinceramente, que a senhora era a alma gêmea do vovô. Não?

– Sim. Nossos destinos foram cruzados pelos céus. Não só o nosso, mas o de todos. Até mesmo os amores e relacionamentos, que tivemos e terminaram em separação, foram traçados por um propósito muito claro: aprender grandes lições juntos.

"Todo aquele por quem a gente se apaixona tem algo a nos ensinar. É a pessoa certa para nos fazer aprender uma ou mais lições. Acredito nisso, pois você convive com muitas pessoas e se apaixona somente por uma, sendo essa, muitas vezes, não tão bonita quanto uma outra que vive ao seu lado ou uma que esteja interessado em você. Então, eu pergunto: por que haveria você de se apaixonar especificamente por uma, se a união de vocês não fosse providenciada pelos céus, feita para lhes ensinar algo de positivo?"

Annabella concordou e, a seguir, perguntou:

– O que seria da vida sem amor?

– Nada. Simplesmente nada. O amor é tudo. Está certo quem diz que é o amor que move o mundo. Basta imaginar um mundo sem amor para ver que não sobra nada.

Um bonito sorriso brincou nos lábios de Bianca ao rememorar os dias e noites de amor que viveu com o marido. Ainda com a mente voltada para o passado, ela comentou:

– Eu e seu avô fizemos a nossa vida valer a pena e a impressão que eu tenho hoje é de que sempre vivi ao lado dele, mesmo no período em que vivemos longe um do outro. Por isso, creio que as almas se encontram quando nós dormimos. Elas se encontram e namoram e se encantam uma pela outra muito antes de a gente se conhecer. Encontram-se e namoram num plano a que só o inconsciente tem acesso.

Neta e avó trocaram um doce olhar.

– Eu amo a senhora, vovó.

– Eu também a amo muito, minha neta. Muito.

No rosto de Annabella estampava-se agora imensa alegria.

– Vamos voltar para a casa? – sugeriu.

– Pode ir, querida. Quero ficar um pouquinho aqui, sozinha, olhando para o céu.

– Tem certeza?

– Sim. Vá, eu vou logo em seguida.

A neta beijou a avó e seguiu caminho, parando a cada cinco, dez passos, para olhar para trás e observar se estava tudo bem com a avó. Bianca continuava parada no mesmo lugar com os olhos repousando no horizonte.

– Você está aí, Zé? Pode me ouvir? – perguntou ela ao invisível.

Silêncio. Não houve nada mais do que o silêncio como resposta.

– Sei que está – continuou Bianca, mesmo não obtendo resposta. – Sei que está em algum lugar do cosmos, falando alto, com sua voz de trovão, no seu português errado, divertido e ao mesmo tempo apaixonante. Sei que está...

Voltaram à memória de Bianca, naquele momento, os muitos momentos que marcaram sua vida ao lado de José Rufino, o homem que ela tanto amava.

Pela sua mente, ela rememorou o primeiro encontro dos dois. O dia em que ele, de caminhonete, passou por sobre a poça *d'água* e a deixou enlameada da cabeça aos pés. Fula da vida, ela ia esganá-lo com as mãos. Depois, lembrou-se do dia em que ele foi se encontrar com ela na igreja matriz da cidade, ao invés de Péricles Capistrano, e do choque que ela levou ao vê-lo ajoelhado no genuflexório olhando para ela com um olhar maroto e ladino. Voltou à memória a seguir o dia em que eles viajaram para Jaboticabal do Sul para comprar o bendito perfume francês para Mareliz. O calor que ela passou na viagem, toda irritação que teve com ele assoviando ardido e cantando desafinado na cabine da caminhonete e depois o cheiro dos porcos que ele carregou na carroceria, infestando o ar. O show que ele deu na perfumaria deixando-a morta de vergonha.

O dia em que ele jogou pipoca no escurinho do cinema. O dia em que ele se declarou para ela e o dia em que ele foi buscá-la no aeroporto.

As noites de amor e as noites que passaram ao luar sentados na rede, namorando, como dois eternos apaixonados.

Os olhos dele cheios d'água ao ver o nascimento dos filhos, da emoção de ser eleito e reeleito prefeito da cidade. Depois, o casamento dos filhos e, mais tarde, a chegada dos netos.

José Rufino estava certo quando defendia o casamento e dizia: "De que vale essa vida se *num* for *pra* gente ser *filiz*... Se não fo*r pra nóis viver* ao lado de quem nos *faz filiz, num é memo?*"

Bianca suspirou, emocionada e comentou consigo mesma:

– Você tinha razão, Zé. Toda razão.

Um sorriso bonito despontou em sua face tomada de lágrimas. Ela respirou fundo, derramando outras mais e completou:

– A gente logo se encontra Zé, com a graça do Pai, a gente logo se encontra.

Bianca enxugou as lágrimas com um lenço e voltou para a casa da fazenda que fora construída com grande carinho pelo marido para abrigar toda a sua família.

Bianca Tomazoni Rufino faleceu 15 anos depois dessa data, aos 100 anos completos. Manteve-se lúcida até esse dia, amando José Rufino como amara a vida inteira. José Rufino estava lá, no dia em que Bianca fez a passagem de um plano para o outro. Estava lindo como sempre, sorrindo, aguardando por ela de braços abertos e, depois, agasalhando-a no seu abraço terno e cheio de luz cósmica. Ele ainda era o mesmo Zé, atropelando-se nas palavras de amor que sempre lhe dissera ao pé do ouvido, palavras que vinham do coração, que brotavam da paixão que só o coração pode entender...

Sucesos Barbara

Suas verdades o tempo não apaga

No Brasil, na época do Segundo Reinado, em meio às amarguras da escravidão, Antonia Amorim descobre que está gravemente doente. Diante disso, sente-se na obrigação de contar ao marido, Romeu Amorim, um segredo que guardara durante anos. No entanto, sem coragem de dizer-lhe olhos nos olhos, ela opta por escrever uma carta, revelando tudo. Após sua morte, Romeu se surpreende com o segredo, mas, por amar muito a esposa, perdoa-lhe........................
Os filhos do casal, Breno e Thiago Amorim, atingem o ápice da adolescência. Para Thiago, o pai prefere Breno, o filho mais velho, a ele, e isso se transforma em revolta contra o pai e contra o irmão.

O desgosto com ambos leva Thiago para o Rio de Janeiro onde ele conhece Melinda Florentis, moça rica de família nobre e europeia. Disposto a conquistá-la, Thiago trama uma cilada para afastar o noivo da moça e assim consegue cortejá-la.

Essa união traz grandes surpresas para ambos e nos mostra que atraímos na vida tudo o que almejamos, porém, tudo na medida certa para contribuir com nossa evolução espiritual. Tudo volta para nós conforme nossas ações; cada encontro nos traz estímulos e oportunidades, que se forem aproveitados, podem ajudar o nosso aprimoramento espiritual e o encontro com o ser amado mobiliza o universo afetivo.

Breno Amorim, por sua vez, é levado pela vida a viver encontros que vão permitir que ele se conheça melhor e se liberte das amarras que o impedem de ser totalmente feliz. Encontros que vão fazê-lo compreender que a escravidão é injusta e que ajudar o negro escravo é o mesmo que ajudar um irmão a quem muito se ama a ser livre para encontrar a felicidade, que é um direito de todos. Não importa cor, raça, religião nem *status* social.

Esta é uma história emocionante para guardar para sempre no seu coração. Um romance que revela que **suas verdades o tempo não apaga** jamais, pois, geralmente, elas sempre vêm à tona e, ainda que sejam rejeitadas, são a chave da libertação pessoal e espiritual.

Um dos livros mais elogiados pelos leitores.

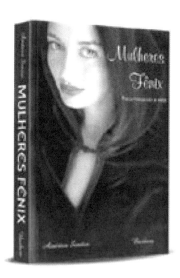

Mulheres Fênix – Recomeçando a Vida

Em vez de ouvir o típico "eu te amo" de todo dia, Júlia ouviu: "eu quero me separar, nosso casamento acabou". A separação levou Júlia ao fundo do poço. Nem os filhos tão amados conseguiam fazê-la reagir. "Por que o *meu* casamento tinha de desmoronar? E agora, o que fazer da vida? Como voltar a ser feliz?"

Júlia queria obter as respostas para as mesmas perguntas que toda mulher casada faz ao se separar. E ela as obtém de forma sobrenatural. Assim, renasce das cinzas e volta a brilhar com todo o esplendor de uma mulher Fênix.

Da mesma forma sobrenatural, Raquel encontra dentro de si a coragem para se divorciar de um homem que a agride fisicamente e lhe faz ameaças; Carla revoluciona sua vida, tornando-se mais feliz; Deusdete descobre que a terceira idade pode ser a melhor idade; e Sandra adquire a força necessária para ajudar sua filha especial a despertar o melhor de si. Baseado em histórias reais, *Mulheres Fênix* conta a história de mulheres que, como o pássaro Fênix da mitologia, renascem das cinzas, saem do fundo do poço e começam uma vida nova, sem mágoa, sem rancor, mais feliz e com mais amor.

Um livro para erguer o astral de quem entrou numa profunda depressão por causa de uma separação, uma traição, um noivado ou namoro rompidos, por não conseguir um amor recíproco, por se sentir solitário, velho e sem perspectiva de vida, por não encontrar, enfim, saída para o seu problema.

Um romance forte, real, para deixar as mulheres mais fortes num mundo real.

Quando é Inverno em Nosso Coração

Clara ama Raymond, um humilde jardineiro. Então, aos dezessete anos, seu pai lhe informa que chegou a hora de apresentar-lhe Raphael Monie, o jovem para quem a havia prometido em casamento. Clara e Amanda, sua irmã querida, ficam arrasadas com a notícia. Amanda deseja sem pudor algum que Raphael morra num acidente durante sua ida à mansão da família. Ela está no jardim, procurando distrair a cabeça, quando a carruagem trazendo Raphael entra na propriedade.

De tão absorta em suas reflexões e desejos maléficos, Amanda se esquece de observar por onde seus passos a levam. Enrosca o pé direito numa raiz trançada, desequilibra-se e cai ao chão com grande impacto.

– A senhorita está bem? – perguntou Raphael ao chegar ali.

Amanda se pôs de pé, limpando mecanicamente o vestido rodado e depois o desamassando. Foi só então que ela encarou Raphael Monie pela primeira vez. Por Deus, que homem era aquele? Lindo, simplesmente lindo. Claro que ela sabia: era Raphael, o jovem prometido para se casar com Clara, a irmã amada. Mas Clara há muito se encantara por Raymond, do mesmo modo que agora, Amanda, se encantava por Raphael Monie.

Deveria ter sido ela, Amanda, a prometida em casamento para Raphael e não Clara. Se assim tivesse sido, ela poderia se tornar uma das mulheres mais felizes do mundo, sentia Amanda.

Se ao menos houvesse um revés do destino...

Quando é inverno em nosso coração é uma história tocante, para nos ajudar a compreender melhor a vida, compreender por que passamos certos problemas no decorrer da vida e como superá-los.

Se Não Amássemos Tanto Assim

No Egito antigo, 3400 anos antes de Cristo, Hazem, filho do faraó, herdeiro do trono se apaixona perdidamente por Nebseni, uma linda moça, exímia atriz. Com a morte do pai, Hazem assume o trono e se casa com Nebseni. O tempo passa e o filho tão necessário para o faraó não chega. Nebseni se vê forçada a pedir ao marido que arranje uma segunda esposa para poder gerar um herdeiro, algo tido como natural na época. Sem escolha, Hazem aceita a sugestão e se casa com Nofretiti, jovem apaixonada por ele desde menina e irmã de seu melhor amigo.

Nofretiti, feliz, casa-se prometendo dar um filho ao homem que sempre amou e jurando a si mesma destruir Nebseni, apagá-la para todo o sempre do coração do marido para que somente ela, Nofretiti, brilhe.

Mas pode alguém apagar do coração de um ser apaixonado a razão do seu afeto? **Se não amássemos tanto assim** é um romance comovente com um final surpreendente, que vai instigar o leitor a ler o livro outras tantas vezes.

Quando o Coração Escolhe

(Publicado anteriormente com o título: "A Alma Ajuda")

Sofia mal pôde acreditar quando apresentou Saulo, seu namorado, à sua família e eles lhe deram as costas.

– Você deveria ter-lhes dito que eu era negro – observou Saulo.

– Imagine se meu pai é racista! Vive cumprimentando todos os negros da região, até os abraça, beija seus filhos...

– Por campanha política, minha irmã – observou o irmão.

Em nome do amor que Sofia sentia por Saulo, ela foi capaz de jogar para o alto todo o conforto e *status* que tinha em família para se casar com ele.

O mesmo fez Ettore, seu irmão, ao decidir se tornar padre para esconder seus sentimentos (sua homossexualidade).

Mas a vida dá voltas e nestas voltas a família Guiarone aprende que amor não tem cor, nem raça, nem idade, e que toda forma de amor deve ser vivida plenamente. E essa foi a maior lição naquela reencarnação para a evolução espiritual de todos.

A lágrima não é só de quem chora

Christopher Angel, pouco antes de partir para a guerra, conhece Anne Campbell, uma jovem linda e misteriosa, muda, depois de uma tragédia que abalou profundamente sua vida. Os dois se apaixonam perdidamente e decidem se casar o quanto antes, entretanto, seus planos são alterados da noite para o dia com a explosão da guerra. Christopher parte, então, para os campos de batalha prometendo a Anne voltar para casa o quanto antes, casar-se com ele e ter os filhos com quem tanto sonham.

Durante a guerra Christopher conhece Benedict Simons de quem se torna grande amigo. Ele é um rapaz recém-casado que anseia voltar para a esposa que deixara grávida. No entanto, durante um bombardeio, Benedict é atingido e antes de morrer faz um pedido muito sério a Christopher. Implora ao amigo que vá até a sua casa e ampare a esposa e o filho que já deve ter nascido. Que lhe dissesse que ele, Benedict, os amava e que ele, Christopher, não lhes deixaria faltar nada. É assim que Christopher Angel conhece Elizabeth Simons e, juntos, descobrem que quando o amor se declara nem a morte separa as pessoas que se amam.

A Lágrima não é só de quem chora é um romance emocionante do começo ao fim.

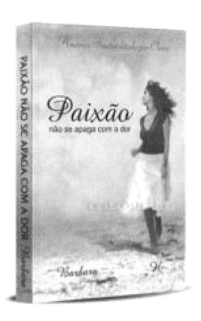

Paixão Não se Apaga com a Dor

Esta é uma história repleta de segredos, suspense, e descobertas!

Fala de uma paixão que transformou vidas, famílias e despertou tanto alegria quanto dor. Uniu o mundo espiritual ao mundo terrestre, revelando que há mais mistérios entre o céu e a Terra do que julga a nossa vã filosofia. Há mais influência do mundo espiritual sobre o mundo terrestre do que pensamos.

Uma história que nos faz compreender que o amor possessivo nos cega e nos distancia da verdadeira essência do amor. Pois o amor verdadeiro é capaz de nos orientar ao longo de nossas vidas e nos desprender de instintos negativos que não nos permitem compreender que **paixão não se apaga com a dor**, liberta! Sem que fechemos as portas do coração nem as janelas da alma.

Um romance, enfim, surpreendente e inesquecível para se guardar para sempre na memória.

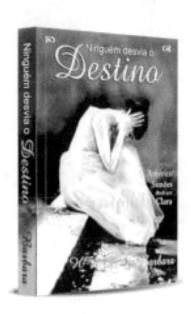

Ninguém desvia o destino

Heloise ama Álvaro. Os dois se casam prometendo serem felizes até que a morte os separe.

Surge então algo inesperado.

Visões e pesadelos assustadores começam a perturbar Heloise.

Seria um presságio? Ou lembranças fragmentadas de fatos que marcaram profundamente sua alma em outra vida?

Ninguém desvia o destino é uma história de tirar o fôlego do leitor do começo ao fim. Uma história emocionante e surpreendente. Onde o destino traçado por nós em outras vidas reserva surpresas maiores do que imagina a nossa vã filosofia e as grutas do nosso coração.

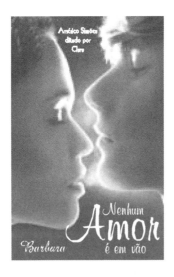 

Nenhum amor é em vão

Uma jovem inocente e pobre, nascida numa humilde fazenda do interior do Paraná, conhece por acaso o filho do novo dono de uma das fazendas mais prósperas da região. Um rapaz elegante, bonito, da alta sociedade, cercado de mulheres bonitas, estudadas e ricas.

Um encontro que vai mudar suas vidas, fazê-los aprender que **nenhum amor é em vão**. Todo amor que acontece, acontece porque é a única forma de nos conhecermos melhor, nos perguntarmos o que realmente queremos da vida? Que rumo queremos dar a ela? Pelo que vale realmente brigar na nossa existência?

Deus nunca nos deixa sós

Teodora teve medo de lhe dizer a verdade e feri-lo a ponto de fazê-lo abandoná-la para sempre e deixá-la entregue à solidão e a um sentimento de culpa pior do que aquele que já vinha apunhalando o seu coração há tempos. Sim, a verdade, acreditava Teodora, iria doer fundo em Hélio. Tão fundo quanto doeria nela se soubesse que o marido havia se casado com ela apenas por interesse financeiro, disposto a se divorciar dela em poucos anos para poder ficar com quem realmente amava, ou pensava amar.

Deus nunca nos deixa sós conta a história de três mulheres ligadas pela misteriosa mão do destino. Uma leitura envolvente que nos lembra que amor e vida continuam, mesmo diante de circunstâncias mais extraordinárias.

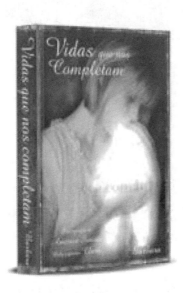

Vidas que nos completam

Vidas que nos completam conta a história de Izabel, moça humilde, nascida numa fazenda do interior de Minas Gerais, propriedade de uma família muito rica, residente no Rio de Janeiro.

Com a morte de seus pais, Izabel é convidada por Olga Scarpini, proprietária da fazenda, a viver com a família na capital carioca. Izabel se empolga com o convite, pois vai poder ficar mais próxima de Guilhermina Scarpini, moça rica, pertencente à nata da sociedade carioca, filha dos donos da fazenda, por quem nutre grande afeto.

No entanto, os planos são alterados assim que Olga Scarpini percebe que o filho está interessado em Izabel. Para afastá-la do rapaz, ela arruma uma desculpa e a manda para São Paulo.

Izabel, então, conhece Rodrigo Lessa, por quem se apaixona perdidamente, sem desconfiar que o rapaz é um velho conhecido de outra vida.

Uma história contemporânea e comovente para lembrar a todos o porquê de a vida nos unir àqueles que se tornam nossos amores, familiares e amigos... Porque toda união é necessária para que vidas se completem, conquistem o que é direito de todos: a felicidade.

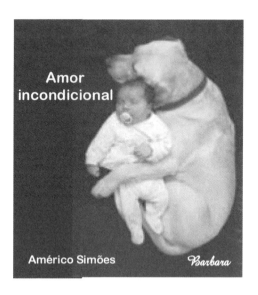

Amor inconcional

Um livro repleto de lindas fotos coloridas com um texto primoroso descrevendo a importância do cão na vida do ser humano, em prol do seu equilibrio fisico e mental. Um livro para todas as idades! Imperdível!

Lançamentos para 2011

A outra face do amor (Lançamento 2011)

As palavras de Verônica ainda estavam ecoando na mente de Nathalia.

– Eu não sei o que é pobreza. Eu só conheço a riqueza, o luxo. Mesmo dentro da barriga da minha mãe eu só vivi cercada de riqueza, luxo e poder. Ouro, prata, diamantes... Se quer saber realmente o que sinto, pois bem, não faço questão alguma de conhecer a pobreza. Nunca fiz. Tanto isso é verdade que eu jamais, em momento algum, visitei a dependência dos empregados. Só tenho olhos para o que é rico, próspero e belo.

– Mas sua melhor amiga é paupérrima.

– Évora? Sim, ela é paupérrima. Coitada, ela e a família não têm onde cairem mortos. É, nem tudo é perfeito. Para tudo há sempre uma exceção, não é o que dizem? Évora é a exceção. Eu gosto dela, sempre gostei, sua condição social miserável nunca conseguiu prejudicar nossa amizade como eu pensei que aconteceria. Não é incrível como a vida nos surpreende?

Nathalia se perguntou mais uma vez: por que uns nascem para conhecer somente o luxo e a riqueza e outros somente a pobreza?

Dias depois, Évora entrava na propriedade de Verônica acompanhada do noivo, ansiosa para apresentá-lo a amiga.

– Será que ela vai gostar de mim, Évora? – perguntou o noivo.

– Vai e muito. Tanto que lhe dará o emprego de que tanto precisa e por meio do qual poderemos ter, finalmente, condições de nos casarmos.

Minutos depois o rapaz era apresentado a Verônica.

– Ele não é formidável, Verônica? – perguntou Évora.

– Sim, Évora, ele é formidável – concordou Verônica olhando com grande interesse para o tímido e pobre rapaz que também não tinha, como se diz, onde cair morto.

Por Entre as Flores do Perdão (Lançamento 2011)

Um dos médicos mais respeitados do país, uma sumidade na sua área, que salvara inúmeras vidas, vê-se revoltado com Deus por não conseguir salvar a vida de quem tanto ama. A revolta o faz desgostoso com seu trabalho e põe em risco a vida de pessoas que dependem dele para continuarem vivas. Põe em risco a sua missão. Missão que todos precisam cumprir para descobrir dentro de si o verdadeiro sentido da vida.

Por entre as flores do perdão é uma história que fala de vida real, da busca do perdão quando não restou dentro de si mesmo nada além de desilusão e rancor. Um livro tocante. Necessário. Profundo. Imperdível.

A vida continua (Lançamento 2011)

Uma mulher de quarenta e poucos anos de idade perde o interesse pela vida após a perda de um ente querido. Descrente de Deus, sem estímulos para viver, ela se enterra dentro de seu próprio apartamento, fechando-se para a vida, apenas aguardando a morte.

Certo dia, chega uma carta que lhe revela algo que a surpreende e a aborrece profundamente. Surpreende-a pois lhe informa que uma tia muito distante lhe deixara, de herança, a casa no litoral onde vivera com o marido até o fim de sua vida e a aborrece porque terá de ir até o local para limpar a casa, pô-la à venda, já que ela não a quer, pois não vê por que ficar com ela.

Sua ida até a cidade do litoral lhe permite descobrir um lado da tia que jamais tomou conhecimento, algo surpreendente, que faz com que ela descubra coisas que nunca pensou existir em si mesma e na vida. Tudo isso a faz ver Deus com novos olhos e compreender o universo em que vivemos com os sentidos da alma.

O romance "A vida continua...", inspirado numa história real, leva o leitor a descobrir junto com a personagem principal da história, outros lados de si mesmo, da vida, da morte, do cosmos e até mesmo de Deus, podendo assim resgatar o prazer de viver ao longo da estrada da vida.

Um romance espírita maravilhoso. Emocionante e inesquecível.

Sem amor eu nada seria...

1937. Explode a segunda guerra mundial. Um alemão, nazista, para proteger sua mulher amada, Sarah, uma judia, dos campos de concentração nazista, esconde-a num convento, onde ela conhece Helena, uma freira, grávida, de cujo pai da criança guarda segredo. Por se achar uma pecadora e imoral, Irmã Helena pede a Sarah que crie seu filho como se tivesse nascido dela própria. Diante do desespero de Helena e da adorável criança, Sarah aceita o pedido. Helena achando-se indigna de continuar no convento, abandona o lugar. Entretanto, ao passar por um bairro saqueado pelos nazistas, com pilhas e mais pilhas de judeus brutalmente assassinados, ela ouve o choro de um bebê. Em busca do seu paradeiro, encontra a criança agasalhada no meio dos braços de uma judia morta a sangue frio. Helena pega a criança, a amamenta e a leva consigo. Porque acredita que Deus a fez salvar aquele bebê para se redimir do seu pecado. Assim, Helena cria o menino como se fosse seu filho, ao lado de sua mãe, uma mulher católica fervorosa. E seu bebê é criado por Sarah em meio a judaísmo. O tempo passa e o destino une todos, no futuro, para mostrar que somos irmãos, não importando raça, credo, condição financeira ou religião.

A Solidão do Espinho

Ele foi preso, acusado de um crime hediondo. Alegou inocência, mas as evidências o incriminaram. Veredicto: culpado. Sentença: prisão perpétua. Na prisão, ele conhece a irmã de um dos carcereiros, que se apaixona perdidamente por ele e acredita na sua inocência. Visto que não há como prová-la, ela decide ajudá-lo a fugir para que possam construir uma vida juntos... Uma família linda. Longe daquela injustiça do passado.

Mas a estrada da vida é para muitos cheia de espinhos e quem não tiver cuidado vai se ferir. Sangrar. Só mesmo um grande amor para cicatrizar os ferimentos, superar desilusões, reconstruir a vida...

"A Solidão do Espinho" conta uma história de amor como poucas que você já ouviu ou leu.

Entre outros...

Promoção

Preencha seus dados nesta folha, depois destaque-a do livro, junte com as demais que encontrar nos livros *Ninguém desvia o destino*, *Deus nunca nos deixa sós*, *Nenhum amor é em vão* e *Paixão não se apaga com a dor* e envie todas, as 5 páginas juntas, devidamente preenchidas, dentro de um único envelope, ao endereço da Editora Bárbara e receba um livro de Américo Simões, inteiramente de graça. Uma cortesia da Bárbara Editora para você completar a sua coleção.

Nome: ....
Endereço:..,
n°................................... Bairro:................................
Cidade:............................ Estado:............. CEP........................
Fone:............................ RG:................................
E-mail:...
Página referente ao livro **"Só o coração pode entender"**

Cadastre-se e mantenha-se informado sobre os novos lançamentos da Editora.

Informações
Blog da Editora Bárbara: http://barbaraeditora.blogspot.com
www.barbaraeditora.com.br

Contato com **Américo Simões**:
americosimoes@estadao.com.br
No **Orkut:** Américo Simões
No **Facebook:** Américo Simões
Blog: http://americosimoes.blogspot.com

Para adquirir um dos livros ou obter informações sobre os próximos lançamentos da Editora Barbara, escreva para:

BARBARA EDITORA
Av. Dr. Altino Arantes, 742 – 93 B
Vila Clementino – São Paulo – SP
CEP 04042-003
(11) 5594 5385
E-mail: barbara_ed@estadao.com.br
www.barbaraeditora.com.br